医事法研究　第10号

　　　　　は　し　が　き

　例年になく寒い冬と早春が終わり，ようやく本格的な春が来た時期に，「特集　変革期の医事法学」と銘打った記念すべき『医事法研究』第10号が刊行される運びとなった。最近，最高裁大法廷が，医事法に関連する重要な判断を示したことから，医事法学の実践的意義が再確認され，医事法学も展望のある変革期にあることを自覚せざるをえない。そのような趣旨の本号の企画内容を簡潔に述べておきたい。

　第1部の「論説」では，大きく3つの点についてクローズアップした。クローズアップ①「強制不妊手術に関する最高裁大法廷令和6年7月3日判決をめぐって」では，「強制不妊手術に関する最高裁大法廷判決の意義 ── 憲法の観点から」（稲葉実香），「強制不妊手術に関する最高裁大法廷判決の意義 ── 旧優生保護法の医事法学的考察」（永水裕子），「強制不妊手術に関する最高裁大法廷判決の意義 ── 実務家の観点から」（神谷恵子・神谷竜光），という複眼的観点から，強制不妊手術に関して国の不作為の違法性を正面から認めた画期的な最高裁大法廷令和6年7月3日判決の意義をそれぞれ専門家に深く論じていただいた。また，クローズアップ②「性別変更の手術要件違憲無効の最高裁大法廷令和5年10月25日決定をめぐって」では，この画期的な最高裁大法廷決定の意義について，「違憲無効決定を受けて：今後の法的性別の在り方に対するドイツ法比較を交えた一考察」（石嶋舞）および「性同一性障害者特例法手術要件違憲大法廷決定の憲法学的意義について」（辛嶋了憲）が，それぞれ鋭い分析・検討を加えている。さらに，クローズアップ③「新たな問題へのチャレンジ」では，「"scienceploitation"を行う営利目的医療Xの特徴・基準と被害」（一家綱邦）が再生医療やがん治療の自由診療に関する課題を解決する意欲的な試みを提示し，「再論・医療関係者の医療行為実施後の説明義務について（3）」（手嶋豊）が，連載ながら，論題についてさらに深掘りしている。

　第2部「国内外の動向」では，まず第1に，「〈講演〉トリカブト事件と私」（大野曜吉）が掲載された。これは，2023年6月30日に開催された日本中毒学会第42回大会の「温故知新」というシンポジウムで行われた講演を，2024年1月6日に開催された第74回「医療と司法の架橋（BMJ）」研究会（当時の代表・甲斐克則，現代表・山口斉昭）において再度講演していただいたものである。日本を代表する法医学者の一人である演者は，若い頃，難事件とされたトリカブト事件に

i

果敢に取り組まれて見事に解決に導き，大きな功績を残された。その模様は，2024年8月にテレビでも放映された。私もそれを拝見したが，演者の学問的姿勢に感銘を受けた。そして，本稿からもそれが窺える。第2に，「第54回日本医事法学会研究大会」（加藤摩耶）は，2024年10月19日（土）・20日（日）に広島市の広島大学東千田キャンパスにて開催された第54回日本医事法学会大会の模様について正確かつ詳細に記載している。開催校の関係者のご尽力により，内容の濃い充実した研究大会になったことを，かつて広島大学に在籍した者として，謝意を表したい。

「医事法ポイント判例研究」では，〈1〉「凍結保存精子を用いた生殖補助医療によって生まれた子が，女性に性別を変更した生物学的な父に対して認知を求めることの可否（最判令和6年6月21日）」（神野礼斉），〈2〉「統合失調症の治療のため任意入院した患者が無断離院をして自殺をした場合において，病院の設置者に無断離院の防止策についての説明義務違反が否定された事例（最判令和5年1月27日）」（西山健治郎），〈3〉「臓器売買あっせん事件（東京地判令和5年11月28日）」（甲斐克則）が掲載された。いずれも，医事法研究上重要な判例である。

最後に，書評として，甲斐克則編『高齢社会と医事法（医事法講座第14巻）』について専門家による丹念な論評（武藤眞朗）が掲載された。

かくして，第10号記念号の内容も充実したものとなったことについて，執筆者各位に謝意を表したい。私は，本年3月末で早稲田大学を定年退職するが，今後も地道にさらなる企画を継続して，医事法研究の行く末を見守っていきたい。また，若手研究者・実務家の投稿も期待したい。

2025年3月

甲斐　克則

『医事法研究』第10号

〈目　次〉

はしがき(i)

───── 第 1 部　論　　説 ─────

クローズアップ①

強制不妊手術に関する最高裁大法廷令和6年7月3日判決をめぐって

◆1◆　強制不妊手術に関する最高裁大法廷判決の意義
　　　　── 憲法の観点から………………………………… 稲葉　実香… 1
　　Ⅰ　旧優生保護法下の強制不妊手術をめぐる訴訟の概要（2）
　　Ⅱ　旧優生保護法について（4）
　　Ⅲ　最高裁判決の検討（7）
　　Ⅳ　検討されなかった問題（19）

◆2◆　強制不妊手術に関する最高裁大法廷判決の意義
　　　　── 旧優生保護法の医事法学的考察 ……………… 永水　裕子… 23
　　Ⅰ　はじめに（24）
　　Ⅱ　優生保護法の概要とその問題点（25）
　　Ⅲ　優生保護法の制定過程と人権に対する意識（29）
　　Ⅳ　おわりに（39）

◆3◆　強制不妊手術に関する最高裁大法廷判決の意義
　　　　── 実務家の観点から ……………… 神谷惠子・神谷竜光… 43
　　Ⅰ　はじめに（44）
　　Ⅱ　本判決の概要（45）
　　Ⅲ　医学会連合報告書，旧優生保護法調査報告書を踏まえた
　　　　本判決の補充（51）
　　Ⅳ　下級審判決の経過と本判決を踏まえた評価（54）
　　Ⅴ　本判決の構成と本判決の意義（63）

### クローズアップ②
#### 性別変更の手術要件違憲無効の最高裁大法廷令和5年10月25日決定をめぐって

◆4◆ 違憲無効決定を受けて：今後の法的性別の在り方に対するドイツ法比較を交えた一考察 ………… 石嶋　舞… *65*
  Ⅰ　はじめに（*66*）
  Ⅱ　判例要旨（*68*）
  Ⅲ　本判例に係る考察（*70*）
  Ⅳ　おわりに（*87*）

◆5◆ 性同一性障害者特例法手術要件違憲大法廷決定の憲法学的意義について ……………………………… 辛嶋　了憲… *89*
  Ⅰ　はじめに（*90*）
  Ⅱ　三段階審査の採用（*93*）
  Ⅲ　「自己の意思に反して身体への侵襲を受けない自由」の定立（*96*）
  Ⅳ　二者択一論の登場（*102*）
  Ⅴ　おわりに（*108*）

### クローズアップ③
#### 新たな問題へのチャレンジ

◆6◆ "scienceploitation"を行う営利目的医療Xの特徴・基準と被害 ………………………………………… 一家　綱邦… *111*
  Ⅰ　はじめに（*112*）
  Ⅱ　Xに該当する医療実践はどのようなものか（*114*）
  Ⅲ　Xが患者等にもたらす被害は何か（*117*）
  Ⅳ　Xが医学・医療と社会にもたらす被害は何か（*121*）
  Ⅴ　おわりに（*124*）

◆7◆ 再論・医療関係者の医療行為実施後の説明義務について（3） ……………………………………………… 手嶋　豊… *127*
  Ⅰ　はじめに
  Ⅱ　医療行為実施後の説明に関するこれまでの議論状況

Ⅲ　近時の下級審判決における事後の説明が問題となった事案
　　　Ⅳ　事後の説明を妨げる事情 ── 賠償責任保険との関係
　　　　（以上，6号）
　　　Ⅴ　アメリカの法状況（以上，7号）
　　　Ⅵ　アメリカ以外の諸外国の法状況（*128*）
　　　　1　はじめに（*128*）
　　　　2　カナダの法状況について（*128*）
　　　　3　オーストラリアの法状況について（*135*）
　　　Ⅶ　検　　討（以下，次号）

━━━━　第2部　国内外の動向　━━━━

◆1◆　〈講演〉トリカブト事件と私……………………………大野　曜吉… *141*

◆2◆　第54回日本医事法学会研究大会………………………加藤　摩耶… *171*
　　　Ⅰ　はじめに（*172*）
　　　Ⅱ　公募ワークショップ及びミニワークショップ①〜④（*172*）
　　　Ⅲ　個別報告（*176*）
　　　Ⅳ　ポスター発表（*178*）
　　　Ⅴ　シンポジウム（*179*）
　　　Ⅵ　おわりに（*182*）

医事法ポイント判例研究

〈1〉凍結保存精子を用いた生殖補助医療によって生まれた
　　子が，女性に性別を変更した生物学的な父に対して
　　認知を求めることの可否
　　最判令和6年6月21日民集78巻3号315頁………………神野　礼斉… *183*

〈2〉統合失調症の治療のため任意入院した患者が無断離院
　　をして自殺をした場合において，病院の設置者に無断
　　離院の防止策についての説明義務違反が否定された事例
　　最判令和5年1月27日判例時報2578号5頁……………西山　健治郎… *193*

〈3〉臓器売買あっせん事件
（東京地判令和5年11月28日判例集未登載，令和5年11月28日
東京地方裁判所刑事第8部宣告 令和5年特(わ)第497号
臓器の移植に関する法律違反被告事件）……………………甲斐　克則… *207*

|書　評|

**甲斐克則編『高齢社会と医事法（医事法講座第14巻）』**
（信山社，2024年）………………………………………武藤　眞朗… *219*

## 執筆者紹介 (掲載順)

**甲斐克則**(かい　かつのり)
早稲田大学元教授，広島大学名誉教授
1982年九州大学大学院法学研究科博士課程単位修得退学，博士（法学）
《主要著作》『責任原理と過失犯論』（成文堂，2005年，〔増補版〕2019年），『終末期医療と刑法［医事刑法研究第7巻］』（成文堂，2017年），『人体情報と刑法［医事刑法研究第8巻］』（成文堂，2022年），『医事法講座』第1巻〜第14巻（編著，信山社，2009〜2024年），『ブリッジブック医事法〔第2版〕』（編著，信山社，2018年），『医事法辞典』（編集代表，信山社，2018年），『法益論の研究』（成文堂，2023年）

**稲葉実香**(いなば　みか)
金沢大学法科大学院教授
京都大学大学院法学研究科博士後期課程単位取得退学
《主要著作》「リプロダクティヴ・ライツの権利性とその主体」法律時報96巻4号（2024年），「日本の生殖補助医療法の立法過程　── 専門家の軽視と国民的議論の不在」金沢法学66巻1号（2023年），「生殖補助医療と親子関係（1）（2・完）── 男性のリプロダクティヴ・ライツにかんする一考察」金沢法学63巻2号（2021年），同64巻2号（2022年），「性同一性障害者特例法における性別適合手術の強制と憲法13条」医事法研究4号（2022年）

**永水裕子**(ながみず　ゆうこ)
桃山学院大学法学部教授
2004年上智大学大学院法学研究科法律学専攻博士後期課程単位取得退学
《主要著作》『生殖医療と医事法』甲斐克則編（共著，信山社，2014年），『小児医療と医事法』甲斐克則編（共著，信山社，2016年），Medical Law in Japan（3rd edition）（WoltersKluwer, 2020）（共著），『医学研究・臨床試験の倫理　わが国の事例に学ぶ』井上悠輔・一家綱邦編（共著，日本評論社，2018年），「生殖補助医療における『子の福祉』について」いほうの会編『医と法の邂逅第4集』（尚学社，2023年）

**神谷惠子**(かみや　けいこ)
弁護士（神谷法律事務所）
慶應義塾大学法学部卒業
《主要著作》『倫理コンサルテーションハンドブック〔第2版〕』堂囿俊彦＝竹下啓編（共著，医歯薬出版，2024年，初版2020年），「未決勾留中の被告人の治療と国の転送義務（最一判平成17年12月8日）」医事法判例百選〔第3版〕』（有斐閣，2022年），『患者安全への提言　群大病院医療事故調査から学ぶ』（共編，日本評論社，2019年）

**神谷竜光**(かみや　たつみつ)
弁護士（神谷法律事務所）
東京大学法科大学院修了，法務博士（専門職）
《主要著作》「性犯罪の保護法益とあるべき条項：法制審議会刑事法（性犯罪関係）部会試案の問題点」東海法学64号（共著，2023年），「常習犯・累犯の加重処罰規定及び常習累犯窃盗罪に対する批判的検討（1）〜（3）」東海法学61〜63号（共著，2021〜2022年），「判批」論究ジュリスト19号（2016年）

石嶋　舞（いしじま　まい）
ゲーテ大学フランクフルト・アム・マイン法学部研究員（Wissenschaftliche:r Mitarbeiter:in）
2018年に早稲田大学大学院法学研究科にて博士号（法学）取得。同年4月からヨハネス・グーテンベルク大学マインツで，2019年以降は日本学術振興会海外特別研究員として同大学で研究を継続，2024年にドイツ研究振興協会（DFG）研究資金を取得し，ゲーテ大学フランクフルト・アム・マインに移動。
《主要著作》「生殖能力と登録上の性別が乖離した場合に要される法的対応に関する一考察 ── 性同一性障害者特例法の改正を念頭に（上）（下）」早稲田法学93巻4号（2018年），94巻1号（2018年），「Rechtliche Anerkennung der Geschlechtsidentität und Familiengründung von trans* Personen in Japan」Zeitschrift für Japanisches Recht Bd. 28 Nr. 56（2023）S. 213-232，「ドイツにおけるジェンダー・アイデンティティの法的保護：自己決定法」水野紀子＝窪田充見編集代表『家族と子どもをめぐる法の未来　棚村政行先生古稀記念論文集』（日本加除出版，2024年）

辛嶋了憲（からしま　りょうけん）
広島大学大学院人間社会科学研究科助教
2022年一橋大学大学院法学研究科法学・国際関係専攻博士後期課程修了，博士（法学）
《主要著作》「連邦憲法裁判所における一般的平等原則審査の変遷」一橋法学18巻3号（2019年），「ドイツ一般的平等原則における審査モデルの一検討 ── フスター・モデルを中心に」一橋法学19巻2号（2020年），「ドイツ平等原則審査手法の歴史的展開 ── 恣意禁止原則前史」一橋法学20巻2号（2021年），「監護要件としての麻疹予防接種証明決定」自治研究100巻9号（2024年）

一家綱邦（いっか　つなくに）
国立がん研究センター研究支援センター生命倫理部部長，
早稲田大学大学院法学研究科博士課程修了，博士（法学）
《主要著作》Tsunakuni Ikka et al. Difficulties in ensuring review quality performed by committees under the Act on the Safety of Regenerative Medicine in Japan. STEM CELL REPORTS 18（3）p613-617（2023），Tsunakuni Ikka et al. Does the Act on the Safety of Regenerative Medicine in Japan ensure "Safety"?: Implications of low adverse event reporting. STEM CELL REPORTS 18（2）p2297-2299（2023），. Tsunakuni Ikka, Taichi Hatta, Misao Fujita. Amendments to ASRM: Can we move away from a "Therapeutic Haven"?. Stem Cell Reports 19（12）p1648-1650（2024），「再生医療法に基づくがん治療の現状 ── 安全性・有効性が未確立な医療行為を"治療"と称することを可能にする法制度の問題」腫瘍内科31巻5号（2023年）

手嶋　豊（てじま　ゆたか）
大阪経済法科大学法学部教授，神戸大学名誉教授
早稲田大学法学部卒業，京都大学大学院法学研究科博士課程中退
龍谷大学，広島大学，筑波大学，神戸大学を経て現職
《主要著作》『医事法入門〔第6版〕』（有斐閣，2022年），『新注釈民法（15）医療事故』（有斐閣，初版2017年，第2版2024年），『医事法判例百選〔第3版〕別冊ジュリスト258号（共編，2022年），『リーガルクエスト民法Ⅲ 債権総論』（共著，有斐閣，2022年）

執筆者紹介

**大野曜吉**（おおの　ようきち）
日本医科大学名誉教授
1954年生。東北大学大学院医学研究科修了。東北大学助手，琉球大学助手・同助教授，日本大学助教授を経て，1992年より日本医科大学教授（法医学）。2019年定年退職。
《主要著作》Y. ohno, et al., The Influence of Tetrodotoxin on the Toxic Effect of Aconitine in vivo. Tohoku J. Exp. Med. 167: 155-158, 1992., Y. Ohno. The experimental approach to the murder case of aconite poisoning. J. Toxcol. -Toxin Review-. 17（1）: 1-11, 1998., Y. Ohno. Tetrodotoxin-Mediated Delay in Aconitine Toxicity: A Murder in Okinawa. Forens. Sci. Rev.. 26（2）: 139-1q44, 2014.,「トリカブト毒性のフグ毒による遅延作用 ―― 沖縄トリカブト殺人事件」法医学の実際と研究60号（2017年）

**加藤摩耶**（かとう　まや）
岡山商科大学法学部准教授
2004年広島大学大学院社会科学研究科博士課程後期単位取得退学
《主要著作》「安楽死の意義と限界」甲斐克則編『終末期医療と刑法（医事法講座第4巻）』（信山社，2013年），「医師法17条にいう「医業」と医行為の射程 ―― タトゥー事件控訴審判決」医事法研究2号（2020年），「介護職と医行為」甲斐克則編『医行為と医事法（医事法講座第12巻）』（信山社，2022年）

**神野礼斉**（じんの　れいせい）
広島大学大学院人間社会科学研究科教授
2000年広島大学大学院社会科学研究科修了，博士（法学）
《主要著作》「凍結保存精子を使用して死後生殖によって生まれた子をめぐる認知請求の可否（東京高判平18.2.1）」判例タイムズ1226号（2007年），「法律上の親子関係と血縁 ―― ドイツ法を中心として」深谷格ほか編『大改正時代の民法学』（成文堂，2017年），「成年後見制度と医事法」甲斐克則編『高齢社会と医事法（医事法講座第14巻）』（信山社，2024年）

**西山健治郎**（にしやま　けんじろう）
村田・西山法律事務所，弁護士・医師
東北大学医学部医学科卒業，早稲田大学大学院法務研究科修了，法務博士
《主要著作》「無資格者のエックス線照射を再考する ―― 医師の指示の有無と医師法違反又は診療放射線技師法違反の成否の検討」只木誠他編『甲斐克則先生古稀祝賀論文集［下巻］』（成文堂，2024年），「判例紹介 統合失調症の任意入院患者に対する無断離院防止策の説明義務」年報医事法学39号（2024年），「Column 摂食障害と法律」精神科 Resident 4巻3号（2023年），「アルコール依存にり患している対象者について，心神喪失等の状態で重大な他害行為を行った者の医療及び観察等に関する法律による入院決定をした原々決定を取り消した原決定に同法42条1項，64条2項の解釈適用を誤った違法があるとされた事例」医事法研究7号（2023年）

**武藤眞朗**（むとう　まさあき）
東洋大学名誉教授，東洋大学大学院法学研究科客員教授
1991年早稲田大学大学院法学研究科博士後期課程満期退学
《主要著作》「正当化原理としての優越的利益原理と治療行為の正当化」只木誠他編『甲斐克則先生古稀祝賀論文集［下巻］』（成文堂，2024年），「自殺行為・自傷行為の阻止と緊急救助の押しつけ」山口厚他編『実務と理論の架橋 ―― 刑事法学の実践的課題に向けて』（成文堂，2023年），「不作為の本質をもつ行為 ―― 遺棄行為の概念を素材として」山口厚他編『高橋則夫先生古稀祝賀論文集［下巻］』（成文堂，2022年），「医師にのみ許容される行為 ―― タトゥー施術事件控訴審判決を契機として」東洋法学63巻3号（2020年）

# 第1部 論　説

クローズアップ①
強制不妊手術に関する最高裁大法廷令和6年7月3日判決をめぐって

◆ 1 ◆

## 強制不妊手術に関する最高裁大法廷判決の意義
―― 憲法の観点から

稲葉　実香

Ⅰ　旧優生保護法下の強制不妊手術をめぐる訴訟の概要
Ⅱ　旧優生保護法について
Ⅲ　最高裁判決の検討
Ⅳ　検討されなかった問題

## I　旧優生保護法下の強制不妊手術をめぐる訴訟の概要

　平成8年改正前の優生保護法（以下「旧優生保護法」または「旧法」という）に基づく強制不妊手術（以下「優生手術」という）については、2018年1月30日に仙台で国家賠償を求める最初の訴訟が提起されたのを契機に、全国11地裁に対し計39名の優生手術の被害者およびその配偶者（うち6名は訴訟係属中に死亡）が提訴した。これらは、旧優生保護法が違憲無効であるとして、国会議員の立法行為やそれを改廃しなかった立法不作為、厚生大臣が優生手術を推進した違法、大臣が旧法を廃止し優生政策を抜本的に転換すべき義務を怠った不作為等について、国家賠償法1条1項に基づき損害賠償を請求したものである。
　2024年7月3日、最高裁判所大法廷はそのうちの5つの訴訟における12名の原告（うち2名死亡）について、判断をくだした（以下「本判決」）[1]。筆者に与えられたテーマは憲法の視点からのこの「大法廷判決の意義」であるが、旧優生保護法の憲法上の権利侵害についてはすでに下級審でも認めているところであり、最高裁ではそれほど詳細に検討されているわけではない。また、大法廷判決の最大の特徴である除斥期間の主張が権利濫用または信義則違反に当たるとした点は、むしろ民法の議論が中心となると思われるので、詳細については永水論文に譲ることとし、本稿では下級審も視野に入れつつ、憲法上の権利侵害が裁判所においてどう評価されたかについて検討することとしたい[2]。
　提起された訴訟の判決年月日一覧は表1のとおりである[3]。賠償を認めたものを○、認めなかったものを×で示している。このほかに、札幌、仙台、神戸、東京、徳島、福岡、大分の各地裁に提訴されたものがあるが、2024年9月13日に係属中の全件について和解により終結させる合意が原告団・弁護団と国との間で成立し、同月30日には基本合意書が取り交わされた。また、仙台地裁に提訴されたが原告死亡取り下げとなったものが1件ある。以下、本稿では事件番号と審級を組み合わせ、I-3判決というように示す。

---

（1）同日の上告審判決は同様の内容であるが、詳細な少数意見が付されているのはⅥ-3判決のみであり、他の4判決の少数意見はⅥ-3判決の同人の少数意見を引用しているので、「本判決」はⅥ-3の判決文による。
（2）下級審判決の数は21にのぼり、それぞれの評釈をあわせると膨大な数になるので、本稿では先行研究を列挙することはせず、引用の限りにおいてその出典を示すこととする。
（3）これらの情報については、旧優生保護法被害弁護団公式サイト（http://yuseibengo2.stars.ne.jp/）より。

〈第1部①〉 1 強制不妊手術に関する最高裁大法廷判決の意義〔稲葉実香〕

表1 旧優生保護法訴訟判決一覧

| 事件 | 第一審（1） | 控訴審（2） | 上告審（3） |
|---|---|---|---|
| Ⅰ | 仙台地判令和元年5月28日<br>（判時2413・2414号3頁）× | 仙台高判令和5年6月1日<br>（賃社1831・1832号88頁）×<br>（訟月70巻1号1頁） | 最大判令和6年7月3日<br>破棄差戻<br>（令和5年（オ）第1341号<br>令和5年（受）第1682号）<br>（賃社1865・1866号97頁） |
| Ⅱ | 東京地判令和2年6月30日<br>（判時2554号35頁）　　× | 東京高判令和4年3月11日<br>（判時2554号12頁）　　○ | 最大判令和6年7月3日<br>上告棄却<br>（令和4年（受）第1411号）<br>（裁判所ウェブサイト） |
| Ⅲ | 大阪地判令和2年11月30日<br>（判時2506・2507号69頁）× | 大阪高判令和4年2月22日<br>（判時2528号5頁）　　○ | 最大判令和6年7月3日<br>上告棄却<br>（令和4年（受）第1050号）<br>（裁判所ウェブサイト） |
| Ⅳ | 札幌地判令和3年1月15日<br>（判時2480号62頁）　　× | 札幌高判令和5年3月16日<br>（賃社1824号17頁）　○ | 最大判令和6年7月3日<br>上告棄却<br>（令和5年（受）第1323号）<br>（裁判所ウェブサイト） |
| Ⅴ | 札幌地判令和3年2月4日<br>（判タ1491号128頁）　× | 札幌高判令和5年6月16日<br>　　　　　　　　　　× | 最一決令和6年7月4日<br>上告不受理＊ |
| Ⅵ | 神戸地判令和3年8月3日<br>（民集78巻3号535頁）× | 大阪高判令和5年3月23日<br>（民集78巻3号601頁）○ | 最大判令和6年7月3日<br>上告棄却<br>（令和5年（受）第1319号）<br>（民集78巻3号382頁） |
| Ⅶ | 大阪地判令和4年9月22日<br>（判タ1522号228頁）　× | 大阪高判令和6年1月26日<br>（裁判所ウェブサイト）○ | |
| Ⅷ | 熊本地判令和5年1月23日<br>（裁判所ウェブサイト）○ | | |
| Ⅸ | 静岡地判令和5年2月24日<br>（裁判所ウェブサイト）× | | |
| Ⅹ | 仙台地判令和5年3月6日<br>（判時2579号73頁）　○ | 仙台高判令和5年10月25日<br>（判時2579号64頁）　○ | 最一決令和6年7月4日<br>上告不受理 |
| Ⅺ | 名古屋地判<br>令和6年3月12日<br>（裁判所ウェブサイト）○ | | |
| Ⅻ | 静岡地浜松支判<br>令和6年5月27日<br>（裁判所ウェブサイト）○ | | |
| ⅩⅢ | 福岡地判令和6年5月30日<br>（裁判所ウェブサイト）○ | | |

＊　Ⅴ事件については，第一審，控訴審とも優生手術がされたという認定がなされなかった。

## Ⅱ　旧優生保護法について[(4)]

　判決の検討に入る前に，旧優生保護法の制定経緯と内容を簡単に振り返る。なお，以下の記述には，人権上不適切な語句や表現が含まれるが，法文や当時の議論における言葉遣いはそのまま引用した。

### 1　制定の経緯

　旧優生保護法は，1948年の第2回国会において，「優生上の見地から不良な子孫の出生を防止する」ことを目的として制定された。その背景には，戦後の国土喪失・戦災による荒廃・経済難と人口増加（復員・引揚者，ベビーブーム）による食糧不足への対応の一つとして，産児制限が必要であったが，これが逆淘汰につながる懸念が示されたことがある。また，当時横行していた危険なヤミ中絶の根絶も目的の一つであった。

　本法律は議員提出法案として提案され，優生手術についてはあまり議論もないままに，衆参共に全会一致で可決され，7月13日に公布，9月11日に施行された。1952年には，優生手術の施行例が極めて少ないことから手続きを簡略化するとともに，優生手術の対象を配偶者や非遺伝性の精神病・精神薄弱に拡大する改正が，やはり優生手術についてはほとんど議論されないまま，衆参いずれも全会一致で可決され，5月17日に公布された。

　この点につき，本判決の草野補足意見は，「本件において注目すべきことは，本件規定の違憲性は明白であるにもかかわらず，本件規定を含む優生保護法が衆・参両院ともに全会一致の決議によって成立しているという事実である。これは立憲国家たる我が国にとって由々しき事態であると言わねばならない。なぜならば，立憲国家の為政者が構想すべき善き国家とは常に憲法に適合した国家でなければならないにもかかわらず，上記の事実は，違憲であることが明白な国家の行為であっても，異なる時代や環境の下では誰もが合憲と信じて疑わないことがあることを示唆しているからである。」と警鐘を鳴らしている。

　旧優生保護法にかんしては，その制定・改正の時のみならず，その後の平成8年（1996年）の優生条項削除・母体保護法への改正時にも，さらに，仙台訴訟提訴を契機に2019年4月24日に制定された一時金支給法，本判決を受けて制定され

---

（4）本稿の記載する事実やデータは，特に断り書きのない限り，2023年6月19日に衆参両院の厚生労働委員会から共同提出された「旧優生保護法に基づく優生手術等を受けた者に対する一時金の支給等に関する法律第21条に基づく調査報告書」の記述に基づくものである（https://www.sangiin.go.jp/japanese/ugoki/r5/230619_houkokusho.html）。

た後述の補償金支給法の立法過程においても，すべては法案提出前に与党内部や政党間の妥協で決まっており，国会ではまったく議論がなされていない。仮に平成8年改正時に国会審議が活発に行われ，それが広く報道されていれば，犠牲者らはそのとき，20年以上も早く，自らの被害に気づくことも可能であったはずである。このような国会軽視の立法活動は，主権者たる国民をないがしろにするもののみならず，実際に国家の行為によって被害を受けた人々の救済が遅れる一因となり，人権侵害をいたずらに引き延ばすこともあるということを，本件は示している。

## 2 優生手術の対象

### （1）医師の認定による優生手術（3条1項）

3条1項は，各号に該当するという医師の認定により，本人の同意ならびに配偶者があるときはその同意を得て不妊手術を行うことができるとするものであり，このうち1～3号が優生目的のものである。但書は，未成年者，精神病者，精神薄弱者について「この限りでない」としており，優生手術の対象外とするものであるが，実際には20歳未満に対する3条に基づく優生手術が，記録に残っている昭和30年以降で380件ある。また，4条および12条は「精神病，精神薄弱」をカバーしており，未成年の除外規定もないので，但書の者が優生手術の対象にならなかったわけではない。

### （2）審査を要件とする優生手術（4条）

4条は別表に掲げる疾患の罹患者について，「その疾患の遺伝を防止するため優生手術を行うことが公益上必要であると認めるとき」(5)（傍点筆者。以下同じ）は，医師は優生保護審査会（以下「審査会」という）に優生手術の適否の審査を申請しなければならないとし，5条以下に審査会の審査とその結果に対する再審査・取消訴訟について定めていた。

### （3）精神病者等に対する優生手術（12条）

12条は1952年改正によって追加されたものであり，別表第1号・第2号に掲げる「遺伝性のもの以外の精神病又は精神薄弱」の罹患者について，保護義務者の同意があった場合は医師は審査会に優生手術の適否の審査を申請することができ

---

(5) 公益上の必要性とは，「優生上の見地から不良な子孫の出生するおそれがあると認められるとき，すなわち，法の別表に掲げる疾病にかかっていることが確認され，且つ，産児の可能性があると認められるときをいうものであって，単に狂暴又は犯罪等によって公共に危険を及ぼすだけでは，これに当らないこと。」（「優生保護法の施行について」昭和28年6月12日厚生省発衛第150号）とされていた。

るとし，13条に審査会は罹患の事実および優生手術が「本人保護のために必要であるかどうか」を審査して適否を決定すると定めていた。なお12条に基づく優生手術については，再審査や取消訴訟は認められていなかった。

以上を整理したものが以下の**表2**である。太線内は，本人の同意が不要なものである。

平成8年改正が施行され優生条項が廃止されるまでの優生手術の最終的な実施件数は，3条1項1～3号に基づくものが8,518件，4条に基づくものが14,566件，12条に基づくものが1,909件，計24,993件ということである。

なお，旧法には不妊手術の外にも，優生目的の人工妊娠中絶（14条）についての規定が置かれ，1項は3条1項各号と同じ場合に本人および配偶者の同意を得て人工妊娠中絶を行うことができると定め，3項で精神病者・精神薄弱者については保護義務者の同意をもって本人の同意とみなすことができる旨を定めていた。

表2　旧優生保護法の定める優生手術の対象

| | | 本人 | 配偶者 | 四親等内血族 |
|---|---|---|---|---|
| 遺伝性精神病質 遺伝性身体疾患 遺伝性奇形 | | 3条1項1号 医師の認定＋本人・配偶者の同意 | | 3条1項2号 |
| 精神病 精神薄弱 | 遺伝性 | 4条（別表一，二） | 3条1項1号（1952年拡大） | |
| | 非遺伝性 | 12条（1952年拡大）保護者同意＋審査会決定 | | |
| 癲疾患 | | 3条1項3号 | | |
| 別表 | 一　遺伝的精神病 | 4条 医師の申請 ＋ 優生保護審査会の決定 | | |
| | 二　遺伝的精神薄弱 | | | |
| | 三　顕著な遺伝性精神病質 | | | |
| | 四　顕著な遺伝性身体疾患 | | | |
| | 五　強度な遺伝性奇形 | | | |
| | その他厚生大臣の指定 | | | |

## Ⅲ 最高裁判決の検討

### 1 概　　要

本判決は，国家による除斥期間の主張を「権利濫用」「信義則違反」として退けたことが画期的であり，高く評価されるべきポイントである。この判決を受けて，優生手術の被害者に1500万円，配偶者に500万円，人工妊娠中絶を受けさせられた人に200万円の補償金を支給することを定める「旧優生保護法に基づく優生手術等を受けた者等に対する補償金等の支給等に関する法律」（補償金支給法）が制定され，2024年10月17日に公布された。

他方，本判決においては，立法目的やその手段としての不妊手術の強制がいかなる憲法上の権利を侵害するのかについて，それほど詳細な検討はせず，比較的あっさりと13条および14条1項に対する侵害を認めている。これはおそらく，それまでに原告らの強制不妊手術の被害を認定した下級審判決がすべて例外なく，その立法目的と目的達成手段の双方について，憲法13条違反，14条1項違反に当たるということを詳細に認定しており，国側もそれについて争わなかったためであると思われる。

なお，下級審判決の中には，旧法が個人の尊厳に立脚したものとはいえず立法裁量の限界を逸脱したとし，憲法24条2項違反を認めたものもあるが（Ⅳ-1，Ⅳ-2，Ⅵ-1）[(6)]，最高裁はこれについて触れていない。

### 2 立法目的について
（1）大法廷判決

本判決においては，旧法の優生手術に関する規定（以下「本件規定」）の立法目的は，専ら優生上の見地，すなわち「不良な遺伝形質を淘汰し優良な遺伝形質を保存することによって集団としての国民全体の遺伝的素質を向上させるという見地から，特定の障害等を有する者が不良であるという評価を前提に」，当人とその一定範囲内の親族に「不妊手術を受けさせることによって，同じ疾病や障害を有する子孫が出生することを防止することにあると解される」とし，憲法13条は個人の尊厳と人格の尊重を宣言しているところ，本件規定の立法目的は「特定の障害等を有する者が不良であり，そのような者の出生を防止する必要があるとする点において，立法当時の社会状況をいかに勘案したとしても，正当とはいえないものであることが明らか」であり，本件規定はそのような立法目的の下で特定

---

(6) Ⅵ-2判決は違憲の立法裁量を認めた余地はないとしてこれを否定した。

個人に対して「生殖能力喪失という重大な犠牲を求める点において，個人の尊厳と人格の尊重の精神に著しく反するものといわざるを得ない」と判示した。

(2) 下級審判決

下級審においては，いずれの判決も，上記の立法目的が憲法の理念に反し不合理であり許容しがたいとする点で共通しているが，その表現にはいくらかの差異が見られる。特定の障害や疾病を有する者を一律に不良と評価しその出生を防止しようとする点をもって，個人の尊重に反するとするもの，非人道的であるとするもの，差別的思想に基づくものであるとするものがある（重複もある）。これらをざっくりと分析するならば，特定の障害や疾病を有する者を一律に不良と評価し，優性思想に基づきその子孫の出生を防止するという立法目的が，個人を人格として尊重するという理念に反するとともに人格価値の平等に反する行為であり，その手段として本人の意に反して生殖能力を奪うこと，身体への高度な侵襲という権利侵害の深刻さを重視すると，非人道的という評価につながっているように思われる。

また，国家がこれらの訴訟において，立法目的や目的達成手段の合理性，それらを支える立法事実について何ら主張立証していないことを，その正当性・合理性の欠如が明らかであることの傍証とする判決もあり（Ⅲ-1，Ⅳ-1，Ⅵ-1，2，Ⅶ-1），また，非遺伝性疾患に対する優生手術はそもそも立法目的との合理的関連性を欠いていることを指摘する判決もある（Ⅲ-1，Ⅶ-1）。

(3) 個人の尊厳と人格の尊重

最高裁は「個人の尊重」という憲法13条前段の文言ではなく，あえて「個人の尊厳と人格の尊重」という言葉を用いている点が注目に値する[7]。

13条前段の解釈をめぐっては憲法学説も一様ではないが，多くの学説は後段の幸福追求権と一体的に理解し，憲法の保障する個人の人権を基礎づける理念として理解している。他方で，国際人権条約では「人間の尊厳」というカテゴリにおいて，「人を人格を有する存在として扱い，モノとして扱わない」という理念から，奴隷や人身売買，人体実験の禁止など，いくつかの権利を定めている。「人間の尊厳」は，人格をもつ存在としてその意思を尊重するという意味では「個人の尊重」と重なり合うが，それにとどまらず，「たとえ本人の自由意思によっても，人をモノとして扱うことは許されない」という客観的公序の役割も担っている。

---

(7) この言葉は目新しいものではなく，初出は最大判昭和23年3月24日集刑1号535頁。最近では朝鮮学校やアイヌをめぐる差別問題の文脈でこの用語が用いられている（名古屋地判平成30年4月27日判時2400号20頁，札幌地判令和6年4月18日）。

〈第1部①〉 1　強制不妊手術に関する最高裁大法廷判決の意義〔稲葉実香〕

　旧法3条1項は，法文上は本人の同意を要件としており，「本人の意に反する強制」に当てはまらない部分がある。実際には本人の同意がなかったり，騙されて同意したりしたケースも多かったようであるが，本判決は，「専ら優生上の見地から特定の個人に重大な犠牲を払わせようとするものであり，そのような規定により行われる不妊手術について本人の同意を求めること自体が個人の尊厳と人格の尊重の精神に反し許されない」のであって，同意があることをもって強制にわたらないということはできないし，そのような不妊手術を自ら希望することは通常考えられないが，「周囲からの圧力等によって本人がその真意に反して不妊手術に同意せざるを得ない事態も容易に想定されるところ，同法には本人の同意がその自由な意思に基づくものであることを担保する規定が置かれていなかったことも鑑みれば，……本人の同意を得て行われる不妊手術についても，これを受けさせることは，その実質において不妊手術を強制するものであることに変わりはないというべきである」と述べている。

　この点につき，Ⅺ-1判決はより詳細に，「優生保護法が成立するに当たって特段の異論が出た形跡がないことからすると，当時，遺伝性の疾患等のある者は劣った者であり，そのような者が増加するべきではないという認識が我が国の社会に相当程度広まっていたことがうかがわれる。……上記の認識が社会に相当程度広まっていることにより，遺伝性の疾患等のある者である本人自身が，自分は劣った者であり，子どもをもうけるべきではない旨の規範を内面化していることが多かったものと考えられる。そこで，遺伝性の疾患等のある者である本人自身が，家族や医師から優生手術を勧められた際，十分な説明を求めたり，優生手術を行うか否かを検討する機会を十分に求めたりすることができず，自由な意思によらずに同意するおそれも高かったものといえる。」と述べている。このような観点からすると，大法廷があえて「個人の尊厳と人格の尊重」という言葉を使ったことには深い意味がある(8)。

## 3　憲法13条について
（1）大法廷判決

　上記目的の達成手段となる不妊手術の強制について，大法廷判決は，「憲法13条は，人格的生存に関わる重要な権利として，自己の意思に反して身体への侵襲

---

(8) 小泉良幸「旧優生保護法意見国賠訴訟大法廷判決」新・判例解説 Watch 憲法 No.238 は，「「同意」は，自らが不良の存在であって，国民全体の遺伝的素質の向上という集団目標のために不妊手術を受けるべき存在であることの自認であり，それを国が求めること自体が，人格の根源的な平等性の国家による否定を意味する」と述べる。

を受けない自由を保障しているところ，不妊手術は，生殖能力の喪失という重大な結果をもたらす身体への侵襲である」から，上記自由に対する重大な制約に当たるとし，正当な理由に基づかずに不妊手術を強制することは許されないとした。

　ここでは，生殖能力の喪失は侵襲の重大性を基礎づけるものにすぎず，人格的生存に関わる重要な権利としてはあくまで「意に反する身体への侵襲を受けない権利」のみが挙げられている。また，正当でない立法目的の下で「生殖能力喪失という重大な犠牲を求める点」が「個人の尊厳と人格の尊重の精神に著しく反する」とも述べ，手段の違憲性を強調する文脈でも使われているが，ここでもあえて「権利侵害」ではなく「犠牲」という言葉を使用している。

（２）下級審判例

　下級審においては，むしろ自己決定権，幸福追求権あるいは人格権に含まれる「子を産み育てるか否かについて意思決定をする自由」を権利侵害の中心に据える判決が多い。最近の判決では，すでに数多の判決でこれらの内容については詳しく検討されているためか，簡単に二つの権利侵害を並列に並べるものもある（XI～XIII）が，身体への侵襲については，手術が国家により強制されることを権利侵害として評価するか，その侵襲の強度性と結果の不可逆性から目的達成手段の不合理性，暴力性，非人道性を基礎づけ旧法の違憲性を強めるものとして言及されているものが多い。

（３）リプロダクティヴ・ライツ

　優生手術が，性同一性障害者特例法の手術要件にかんする大法廷判決[9]で確立した「自己の意思に反して身体の侵襲を受けることのない権利」を害するものであることは間違いない。ただ，被害者側からすると，強制的に手術を受けさせられたということも大きな苦痛ではあるだろうが，一度きりの手術の苦痛よりもはるかに，その結果として「子供を産み育て，子孫を残すという生命の根源的な営みを否定」（VI-1，VI-2，VIII-1）されたこと，「実子を持つかどうかについて意思決定をする余地が強制的に奪われ，必然的に，そのような意思決定を前提とした生涯を送る機会も奪われるとともに，そのような意思決定ができないことを前提とした生涯を送ることを余儀なくされることとなった」（II-1），「子を産み育てる意思を有していた者にとってその幸福の可能性を一方的に奪い去り，個人の尊厳を踏みにじるもの」「優生手術を受けた者は，もはやその幸福を追求する可能性を奪われて生きがいを失い，一生涯にわたり救いなく心身ともに苦痛を被り

---

（９）最大判令和5年10月25日民集77巻7号1792頁。

〈第1部①〉 1 強制不妊手術に関する最高裁大法廷判決の意義〔稲葉実香〕

続ける」(I-1) ことこそが，自分の人生を台無しにした重大な権利侵害であろうし，ほとんどの下級審がそれを憲法上の権利侵害であると認めている。

「リプロダクティヴ・ライツ」という概念自体が新しいものであり，その外縁が不明確であって保障内容を確定することが困難であるとする意見[10]がある。これが多義的であり，消極的自由にとどまらず，生殖補助医療へのアクセス権や，パートナー間での子をもうけることの合意権[11]なども含む概念であることはたしかであり，それらすべてが憲法上の権利であるというわけではない[12]。

旧優生保護法をめぐる一連の裁判でも，裁判所の判断において明確に「リプロダクティブ権」と称したのはI-1判決のみであり，多くはこの言葉に全く触れずに，ただし「子を産み育てるかどうかの意思決定の自由／権利」が憲法13条の保障する幸福追求権，自己決定権，人格権または個人の私生活上の自由の一内容であるということははっきりと認めている。わずかにこの言葉に触れている判決も，「実子をもつかどうかについて意思決定をすること……これを，原告が主張する「リプロダクティブ・ライツ」ないしそれに包摂される概念というかどうかはともかく，……」(II-1)，「子をもうける自由が，子を産み育てることを希望する者にとって幸福の源泉となるものであることに鑑みると，これをリプロダクティブ権と称するかはともかく…」(XII-1)と，留保つきでの言及にとどまっている[13]。

---

(10) 青井未帆「「憲法13条に違反するが，『救済』されないのは仕方ない」が意味すること── 仙台地判2019（令和元）年5月28日」法セミ64巻8号（2019年）55頁参照。
(11) 大阪高判令和2年11月27日判時2497号33頁。
(12) 拙稿「リプロダクティブ・ライツの権利性とその主体」法律時報96巻4号（2024年）23頁。
(13) 東京地裁はすでに「リプロダクティブ権」が判例上確立したと考えているようである。「人格権ないし人格の利益とは，明文上の根拠を有するものではなく，生命又は身体的価値を保護する人格権，名誉権，プライバシー権，…リプロダクティブ権，…その他憲法13条の法意に照らし判例法理上認められるに至った各種の権利利益を総称するものである…」（下線筆者，以下同じ）（東京地判令和6年2月26日裁判所ウェブサイト），「リプロダクティブ権は，主として性及び生殖に関する自己決定権を意味する用語であり，第一次的には，子の出産に焦点を当てた権利であると解される。」（東京地判令和5年1月25日判タ1519号234頁），また結婚詐欺事件で，相手方が婚姻を信じ生殖補助医療を中断し，子をもうける機会を奪ったことを「リプロダクティブ・ライツの侵害」であるとして不法行為を認定した例もある（東京地判令和4年8月25日）。
　また，前掲注（9）判決宇賀反対意見は，「本件規定は，生殖に関する自己決定権であるリプロダクティブ・ライツの侵害という面においても重大な問題を抱える。……リプロダクティブ・ライツも，憲法13条により保障される基本的人権と解してよいと思われるところ，自認する性別と法的性別を一致させるために，自己の生殖能力を喪失させる生殖腺除去手術を不本意ながら甘受しなければならないことは，過酷な二者択一を迫るも

生来の不妊，あるいは後天的な（病気や事故による）不妊の人もいるので，子を産み育てるという結果までをこの権利の保障内容に含むことは適当ではない。しかしながら，「子を産み育てるか否かについて意思決定の機会」を「国家が奪う」ことが権利侵害であるという，国家に対する消極的自由権の側面については，憲法上の権利と構成すべきである。すなわち，憲法上保障される「子を産み育てるかどうかについて意思決定をする自由」とは，そのような機会，人生における可能性を，国家が恣意的に奪ったり，介入したりしないことであると解釈すべきである。その観点では，上述の下級審判例はまさに権利侵害の本質をついている。

　それにもかかわらず，最高裁が優生手術についてこの点についての権利侵害をまったく正面から取り上げなかったことは，「人生において，子を産み育てるか否かの意思決定をする機会が国によって奪われない」という憲法上の権利を最高裁が承認しなかった，ということであると解される[14]。

　生殖機能の喪失自体は「人としての価値や尊厳に直接かかわるものではな」く，旧優生保護法の問題は「優生思想の下，それが一方的に奪われたこと」であり，優生思想が社会に深く浸透したことによって差別や偏見を被ったという「人としての尊厳に対する毀損」であって，「リプロダクティヴ権を強調することは，原告らが被った被害の全貌を見えにくくする」という指摘もある[15]。しかしながら，そうすると差別的ではない正当な目的によるものであれば（そのようなものがあるとすれば），国家は，国民の生殖能力を奪ったり出産を強制したりする立法をすることも可能であり，それに対して国民は憲法上の権利侵害を主張できないということになるので，これを完全に排除することは妥当ではないように思われる[16]。

---

　　　のであり，リプロダクティブ・ライツに対する過剰な制約であると考える。」とする。
(14) 小泉・前掲注(8)は，生殖医療技術が産み分けなどの「新しい優性思想」との臨界領域にまで踏み込んでいることを挙げ，判例があえてこの権利に言及しなかったことの意味を「一度熟考に値する」とする。
(15) 小山剛「旧優生保護法仙台地裁判決を受けて　人としての尊厳」判時2413・2414号(2019年) 18頁。
(16) なお，旧優生保護法がそのような法律制定により国民の差別意識を固定化・助長したように，一定のカテゴリの人から生殖能力を奪うということが「子孫を残すべきではない」というレッテルを貼ることにつながり，「人としての尊厳を毀損する」ような深刻な差別を生む危険性が存在することについて，拙稿・前掲注(12)27頁。

## 4 憲法14条1項について

### (1) 大法廷判決

「憲法14条1項は，法の下の平等を定めており，この規定が，事柄の性質に応じた合理的な根拠に基づくものでない限り，法的な差別的取り扱いを禁止する趣旨のものである……。しかるところ，本件規定は，〔1〕特定の障害等を有する者，〔2〕配偶者が特定の障害等を有する者及び〔3〕本人又は配偶者の4親等以内の血族関係にある者が特定の障害等を有する者を不妊手術の対象者と定めているが，上記のとおり，本件規定により不妊手術を行うことに正当な理由があるとは認められないから，上記〔1〕から〔3〕までの者を本件規定により行われる不妊手術の対象者と定めてそれ以外の者と区別することは，合理的な根拠に基づかない差別的取扱いに当たるものといわざるを得ない」とし，本件規定は憲法14条1項に違反するとした。

### (2) 下級審判例

下級審においては，旧法の目的である優生思想そのものを差別的であると評価したり，優生条項が，不良な子孫の出生を防止するという優生思想に基づいて，特定の障害や疾患を持つ社会的弱者に対し不合理な差別的取り扱いをするものであることを，共通して認めていた。

とりわけ，憲法の定める平等原則は，実質的平等を達成するために弱者を保護するものであるところ，「優生条項は，憲法がよって立つ人格価値の平等を真っ向から否定し，実質的平等を図るためにより保護されるべき…社会的弱者に特別に不利益を与えて，不合理な差別的取扱いを定めるものであって，法の下の平等に反することは明らかであるから，憲法14条1項に違反する。」とした判決（Ⅵ-2）は注目に値する。

### (3) 人格価値の平等

本判決のいう優生手術の実施に正当な理由が認められないというのは，13条のところで述べられた，特定の障害等を有する者を不良としてそのようなものの出生を防止する必要があるという正当ではない立法目的の下で，特定の個人に対して生殖能力の喪失という重大な犠牲を求めるという点で個人の尊厳と人格の尊重の精神に著しく反するということである。これを「合理的な根拠に基づかない」と表現しているが，そうすると優生手術の対象としてどのように範囲を定めても，それは「合理的な根拠に基づかない差別的取扱い」となる。

旧優生保護法の立法目的からすれば，本来，非遺伝性の疾患は対象から外されるべきであるが，最高裁は，その過剰包摂について検討しないまま，一定のカテゴリの人を「不良」として子孫を残すべきでないとした立法目的をもって，差別

と評価した。これは，「人格の価値がすべての人間について同等であり，従つて人種，宗教，男女の性，職業，社会的身分等の差異にもとずいて，あるいは特権を有し，あるいは特別に不利益な待遇を与えられてはならぬという大原則を示したものに外ならない」[17]という，いわゆる第一関門の審査[18]において，旧優生保護法は許されないと判断したものと評価できる[19]。

ただし，上記判例が続けて，「しかしながら，このことは法が，国民の基本的平等の原則の範囲内において，各人の年令，自然の素質，職業，人と人との間の特別の関係等の各事情を考慮して，道徳，正義，合目的性等の要請より適当な具体的規定をすることを妨げるものではない」としていわゆる第二関門の審査を予定しており，他の判例においても第二関門の審査で「そのような区別をすることに合理的な根拠が認められ」るかどうかを判断してきたことにかんがみると[20]，同じ言葉を使いながらその意味する審査レベルが全く異なるのは非常に分かりにくい印象がある。

## 5　憲法17条について
（1）大法廷判決

除斥期間は，不法行為をめぐる法律関係の速やかな確定を意図した規定であると解されるところ，「立法という国権行為，それも国民に憲法上保障されている権利を違法に侵害することが明白であるものによって国民が重大な被害を受けた本件においては，法律関係を安定させることによって関係者の利益を保護すべき要請は大きく後退せざるを得ないというべきであるし，国会議員の立法行為という加害行為の性質上，時の経過とともに証拠の散逸等によって当該行為の内容や違法性の有無等についての加害者側の立証活動が困難になるともいえない」ので，同条の趣旨が妥当しない面があるというべきである。

その上で，国は憲法違反の規定に基づいて「約48年もの長期間にわたり，国家

---

(17)　最大判昭和25年10月11日刑集4巻10号2037頁。
(18)　佐藤幸治『日本国憲法論〔第2版〕』（成文堂，2020年）233頁。
(19)　小泉・前掲注(8)。
(20)　尊属殺にかんする最大判昭和48年4月4日刑集27巻3号265頁は，「尊属殺の法定刑は……あまりにも厳しいものというべく，上記のごとき立法目的，すなわち，尊属に対する敬愛や報恩という自然的情愛ないし普遍的倫理の維持尊重の観点のみをもってしては，これにつき十分納得すべき説明がつきかねるところであり，合理的根拠に基づく差別的取扱いとして正当化することはとうていできない。」としているが，周知のとおりこれはその加重が甚だしいことをもって合理性を否定したものであり，尊属というカテゴリの人格価値に差異をつけたことそのものを否定したものではない。

〈第1部①〉 1　強制不妊手術に関する最高裁大法廷判決の意義〔稲葉実香〕

の政策として、正当な理由に基づかずに特定の障害等を有する者等を差別してこれらの者に重大な犠牲を求める施策を実施してきたもの」であり、さらにその実施に当たり、「審査を要件とする優生手術を行う際には身体の拘束、麻酔薬施用又は欺罔等の手段を用いることも許される場合がある」旨の通知を発出するなどして優生手術を積極的に推進し、その結果、少なくとも約25,000人が本件規定に基づいて不妊手術を受け、生殖能力の喪失という重大な被害を受けるに至ったということに鑑みると、本件規定の立法行為に係る国の責任は極めて重大であるといわざるを得ない。

　また、「法律の規定は憲法に適合しているとの推測を強く国民に与える」上、主たる対象者が特定の障害等を有する者であり、権利行使について種々の制約のある立場にあったと考えられることからすれば、本件規定が削除されていない時期に、不妊手術の被害者が、本件規定が憲法違反だと主張して国賠請求権を行使することを期待するのは極めて困難であったというべきである。平成8年の優生条項削除後も、国が「不妊手術は適法であるという立場をとり続けてきたことからすれば、……請求権の行使を期待するのが困難であることに変わりはなかったといえる。」

　加えて、「本件では、国会の立法裁量権の行使によって国民に憲法上保障されている権利を違法に侵害するものであることが明白な本件規定が設けられ、これにより多数の者が重大な被害を受けたのであるから」、国家賠償請求権を定める「憲法17条の趣旨をも踏まえれば、本件規定の問題性が認識されて平成8年に本件規定が削除された後、国会において、適切に立法裁量権を行使して速やかに補償の措置を講ずることが強く期待される状況にあった」にもかかわらず、国はその後も長期間にわたって、本件規定による不妊手術は「適法であり、補償はしないという立場をとり続けてきたものである。」

　以上の諸事情に照らすと、本件訴えが除斥期間の経過後に提起されたということの一事をもって損害賠償責任を免れることは、「著しく正義・公平の理念に反し、到底容認することができないというべきである」。「上記請求権が除斥期間の経過により消滅したものとすることが著しく正義・公平の理念に反し、到底容認することができない場合には、裁判所は、除斥期間の主張が信義則に反し又は権利の濫用として許されないと判断することができると解するのが相当である。」

（2）下級審判例

　これまでの下級審は、民法旧724条後段を、ほぼ一貫して従来の判例に従って除斥期間と解し（消滅時効と解したのはX-2判決のみ）、多くの判決では除斥期間の起算点を損害発生時すなわち優生手術の時とした上で（Ⅲ-2判決は母体保護法

施行前日まで権利侵害が続いたとし，ここを起算点とする），「著しく正義・公正に反する特段の事情」を認めて除斥期間の制限をすることで被害者に対する賠償を認めようとしてきた。「著しく正義・公正に反する特段の事情」としては，人権侵害が強度で被害が甚大であること，国が立法・施策により差別・偏見を正当化・固定化・助長したという事情，そのために訴訟提起の前提となる情報や相談機会へのアクセスが著しく困難な環境におかれ，自己が受けたのが優生手術であったことを認識するのが困難であったため権利行使ができなかったことなどが挙げられた。

　除斥期間の効果が生じない期間としては，時効の法意に照らし，権利行使を不能・著しく困難とする事情が解消された時から6か月とするものが多く，具体的には仙台訴訟提起，あるいはそのニュースを知って相談などの機会を得てから6か月とするものが多かったが，2019年4月に成立・施行された一時金支給法が請求期間と定めた5年間としたもの（Ⅱ-2），優生手術を受けたということを証明する医師の診断書や意見書を入手してから6か月としたものもある（Ⅶ-2，Ⅻ-1）。

　もっとも被害者救済に寄り添ったのはⅥ-2判決であり，「本件訴訟においてもなお，……優生条項が一審原告らの前記憲法上の権利等を違法に侵害するものであることを認めず，それまでに殊更に作出したと評価できるところの，その明白性を一審原告らが認識するのを妨げられている状況を持続させていると評価せざるを得ない」として，国が「優生条項を憲法の規定に違反していると認めた時，又は，優生条項が憲法の規定に違反していることが最高裁判所の判決により確定した時のいずれか早い時期から6か月」は除斥期間の効果が生じないとした。なお，この判決は「社会経済政策上の積極的な目的による制約に服する財産権においても，特別の犠牲を受忍させるときは憲法上補償を受ける権利が保障されていることに照らしても，そのような立法を行った被控訴人が，私人間を規律する民法の除斥期間の適用により賠償（補償）責任を免れることは，そもそも私法法規を支配する個人の尊厳を基本原理とする日本国憲法が容認していないことは明らか」であり，「優生手術という特別な犠牲を課した控訴人らに対してむしろ憲法に基づき補償する責任を負っており，それを執行するための立法措置を執る義務があるにもかかわらず，それを長期にわたってこれを怠った結果であるところの補償規定の欠缺や除斥期間の適用を制限する規定の欠缺を根拠にその責任を免れるとするのは，明らかに正義・公平の理念に反するというべきである。」と述べており，国家賠償というよりも補償だと捉えている節があるとの指摘がある[21]。

　さらに，最近の判決では，「除斥期間の適用が制限され，その効果は生じない」

〈第１部①〉　１　強制不妊手術に関する最高裁大法廷判決の意義〔稲葉実香〕

(XIII-1) としたもの，さらに大法廷判決と同様に，「権利を行使しないまま除斥期間が経過した場合にも，違法に優生手術を受けた者等が権利行使をすることが許されず，権利行使をすることが極めて困難となる原因を作った被告は損害賠償義務を免れるということは，著しく正義・公平の理念に反する。このような場合，不法行為をめぐる法律関係の速やかな確定という民法724条後段の趣旨はもはや妥当しないものというべきである（これは，被害者側の認識のいかんを問わず一定の時の経過によって法律関係を確定させるという除斥期間の制度に内在する制約であるといえる。）。したがって，上記の場合には，民法724条後段の効果は生じないものと解するのが相当である。」(XI-1) とするものも出てきていた。

（３）若干の検討

民法旧724条の解釈についてはここでは立ち入らないが，国家賠償請求権を定める憲法17条との関係において若干の検討をすることとする。

国家賠償法４条が「国又は公共団体の損害賠償の責任については，前３条の規定によるの外，民法の規定による。」と定めていることから，国家賠償請求権は特別な定めがない限り，損害賠償請求権（民法709条）と同じものであり，初めから除斥期間つきの権利であるという解釈が民法学では主流であったようである。

憲法学においては，国家がその政策として行った立法・行政・司法の行為については，その性質上，民法上の損害賠償請求権とは異なる部分があるという考え方がある[22]。実際に，国賠法２条は公の営造物の設置・管理について民法とは異なる無過失責任を導入しており，民法とは異なる扱いをすべき事情があるのに特別の定めがないことが憲法17条に反するという主張は十分に可能である[23]。

最高裁は，郵便法違憲判決[24]において，「憲法17条は，……その保障する国又は公共団体に対し損害賠償を求める権利については，法律による具体化を予定している。これは，……公務員のどのような行為によりいかなる要件で損害賠償責任を負うかを立法府の政策判断にゆだねたものであって，立法府に無制限の裁

---

(21) 上田健介「旧優生保護法違憲訴訟によせて」判時2585号（2024年）13頁。補償構成を採るのであれば，立法がなくとも憲法29条３項を根拠とする直接請求が可能となる。

(22) 佐藤・前掲注(18)394頁は，裁判官・検察官・司法警察員・国会議員などについて"特殊な公務員"として特に配慮すべきことはないかが課題であるとする。

(23) 国家賠償責任が代位責任か自己責任かということも大きな論点であるが，民法の使用者責任（715条）との関係なども大きく関係することを踏まえ，本稿では立ち入らない。なお，最三判令和２年７月14日民集74巻４号1305頁宇賀補足意見が「代位責任説，自己責任説は，解釈論上の道具概念としての意義をほとんど失っているといってよい」としていることにつき，上田健介「原田コメントへの再応答」法時94巻１号（2022年）113頁。

(24) 最大判平成14年９月11日民集56巻７号1439頁。

量権を付与するといった法律に対する白紙委任を認めているものではない」と判示し，「国又は公共団体の損害賠償責任を免除し，又は制限する法律の規定が同条に適合するものとして是認されるものであるかどうかは，当該行為の態様，これによって侵害される法的利益の種類及び侵害の程度，免責又は責任制限の範囲及び程度等に応じ，当該規定の目的の正当性並びにその目的達成の手段として免責又は責任制限を認めることの合理性及び必要性を総合的に考慮して判断すべきである」とし，国賠についての違憲審査が可能であることを示した。

この判断枠組みに則るのであれば，優生手術の犠牲者に対する損害賠償責任を免除することによって達成しようとする目的は，（当時は）立法が違憲ではなかったという国家の自己弁護に過ぎず，これについてはこれまでの判示において完全に否定されているのであるから，損害賠償責任を免除する正当性はないように思われる。

この点につき，Ⅱ-2判決は，憲法の最高法規性と公務員の憲法尊重擁護義務から，「憲法違反の法律に基づく施策によって生じた被害の救済を，憲法より下位規範である民法724条後段を無条件に適用することによって拒絶することは，慎重であるべきである」とし，加えて，国賠請求権が憲法17条に基づいて保障された権利であることから，「権力を法的に独占する国と私人との関係が問題となっている本件において，本来，対等な私人間の関係を規律する法律である民法の条文の適用・解釈に当たっては，公務員の違法な行為に対して救済を求める国民の憲法上保障された権利を実質的に損なうことのないように留意しなければならないというべきである」と述べ，特別の賠償のための立法をすべきであったという文脈で憲法17条を用いている。

民法の除斥期間の正当化理由としては，①証拠の散逸による立証困難からの救済，②法的安定性や取引の安全の保護，③「権利の上に眠る者は保護しない」，④紛争の早期解決と裁判所の負担軽減があるとされる[25]が，本判決は，立法という国権行為によって憲法上保障される権利を違法に侵害し国民に重大な被害を与えた本件においては法律関係の早期安定によって関係者の利益を保護すべき要請が大きく後退するとして②を，時の経過とともに証拠の散逸等によって加害者側の立証活動が困難になるとはいえないとして①を否定し[26]，除斥期間の「趣

---

[25] 上田健介「国家賠償請求権の除斥期間と憲法 —— 旧優生保護法訴訟をめぐって」法時93巻12号（2021年）118頁。

[26] ただし，公文書も保管期間が過ぎたものは廃棄されるので，証拠の散逸がまったく国家に該当しないわけではない。実際に，優生手術についての記録も，実施数約25,000件に対し，保管されている資料は6,700件余，うち個人が特定できるものは3,000件余しかな

旨が妥当しない面がある」とした。また，立法行為にかかる国の責任の重大性と，被害者の権利行使が困難な状況を国が作出していた点を指摘し，③を否定していると考えられる。さらに，憲法17条から早期に国家が被害者への補償措置を講じることが期待されたにもかかわらず，その後も長期間にわたって旧法が適法であり補償しないという立場をとり続けた点は，④を国自らが否定したと捉えることが可能である[27]。

これらを総合して，最高裁は除斥期間の適用を「制限」するのではなく，その主張自体を信義則に反し権利濫用にあたるとして退けた。どのように制限するにしてもそれなりの問題や矛盾が生じていた[28]ことにかんがみると，英断であったといえる。また，2017年民法改正により724条の20年が除斥期間ではなく消滅時効であると明記されたことも，この判断に資した可能性がある。実際に，Ⅸ判決や本判決の宇賀意見は時効の構成を採用している。

## Ⅳ　検討されなかった問題

旧優生保護法の目的の違憲性，および，その手段である優生手術による重大な人権侵害については，Ⅲで論じたところであるが，大法廷が扱わなかった問題について，以下に検討する。

### 1　規制範囲の過剰性

旧法は，優生保護という目的に比しても以下のような点で過剰な規制がなされていた。

（1）非遺伝性の疾患

1952年改正では，意図的に非遺伝性の精神疾患・知的障害が対象とされた。この時の立法事実も，「優生手術の数が少ない」という理由でやみくもに数を増やそうとしたものであり，優生保護という目的を外れたものである。

（2）当時の知見では遺伝性と誤認されていた疾患

優生手術や妊娠中絶の対象となった疾患には，ハンセン病（癩疾患）のよう

---

　　い（厚生労働省「旧優生保護法関係資料の保管状況調査の結果について」（2019年3月1日付）https://www.mhlw.go.jp/stf/newpage_01166.html）。
(27) 草野補足意見は，除斥期間の正当化理由の一つとして不法行為をしたものとされる者が「自己実現を妨げられない利益」があるとしつつ，行為者が国家の場合は「善き国家の構想・実現を妨げられない利益」はむしろ除斥期間の主張が信義則違反・権利濫用として許されないと解すべきことの積極的根拠を提供するとする。
(28) 上田・前掲注(21)は，法的安定性や規範創造の程度，個々の被害者の救済の可能性について，詳細に検討している。

に，当時は遺伝病とされていたが現在の知見ではそうでないことが明らかになっているものがあった。これは当初は違法とはいえないが，その疾患が遺伝性ではないということが明らかになれば，可及的速やかに削除すべきものであった。

（3）遺伝性のものと非遺伝性のものが混在する症状

優生手術の対象として別表中に列挙されたものは，疾患名というよりも症状名で示されたものも多く，その原因疾患は遺伝性のものもあるが遺伝性でない疾患によっても引き起こされうるものも数多くあったし，また遺伝性を否定できないがリスク要因にすぎないものも対象とされていた点で，過剰な規制であった。

（4）当時から遺伝性について疑義のあった疾患

当時から，医師らにより遺伝性かどうかが疑わしいと指摘されていたものも含まれていたが，その点について詳細な審議はされなかった。別表第三は「顕著な遺伝的精神病質」として顕著な犯罪傾向や性欲異常を挙げているが，これらについても疑問である。

## 2 適用の違法性

（1）適用範囲の過剰

そもそも法の対象ではない後天性の障害などに対しても，法に基づく優生手術が行われていた。明らかに後天性の疾病や障害（高熱後の聴覚障害や事故による身体障害など），脳性麻痺のように先天性であっても遺伝ではないケースでも，「その身体では子供が育てられない」という理由で優生手術を受けさせられた人も存在した。さらに，何の障害もないにもかかわらず，反抗期の問題行動のせいで手術を受けさせられた人や，一人目の子に障害の疑いがあったために二人目の中絶と不妊手術を受けさせられた人が，今回の訴訟の原告の中にも存在した。

本判決は，「本件規定により」行われた不妊手術ということを繰り返しているが，形式的には旧法の優生条項に基づくものであっても，それが本来の適用対象以外のケースに適用された点で当時においても違法であり，これらの人に対する優生手術を「本件規定に基づいて行われた不妊手術」としたのは，事実認定に不備があるという評価も可能である。

（2）本人同意について

4条の別表に掲げる疾患の罹患者，12条の非遺伝性精神疾患・知的障害の罹患者については，そもそも法律が本人の同意を不要としていたが，同意を求めていた3条1項のケースで，精神疾患や知的障害ではない成人者についても，親の同意をもって本人の同意とみなすような運用が行われていた。

（3）術式について

不妊手術は施行規則1条により4つの術式に限られており、旧法28条は「何人も、この法律の規定による場合の外、故なく、生殖を不能にすることを目的として手術又はレントゲン照射を行つてはならない」と定めていたが、実際には禁止されている放射線（コバルト）照射を行った例や、施設の要望により、自分で始末できない女性の生理を止めるために子宮摘出・卵巣摘出を行った例、男性に睾丸摘出を行った例などが報告されている（Ⅵ、Ⅷ）。

（4）優生保護審査会について

旧法4条及び12条に定める優生手術については審査会の許可が必要とされていたが、審査会もまともに機能しているとはいいがたかった。定足数を満たさない会議も多く、近親者に精神疾患患者が存在せず遺伝性に疑義があるにもかかわらず優生手術が適当と判断されたり、精神薄弱と脳性麻痺を誤診したりしたケースが報告されている。

さらに、障害者施設やハンセン病施設への入所時に、審査会の審査を経ないで組織的に不妊手術が行われることもあった。

## 3　違憲・違法の評価について

以上のように、旧優生保護法の問題は、単に法律が違憲であったというだけでなく、その違憲の法律においても対象とされるべきでなかった疾患を含み、対象とされていなかった疾患にも適用され、さまざまに手続きの違法もあり、こうした違法な適用に対する救済も補償もなかったというように、重層的・複合的に違憲・違法が重なったものであったといえる。

最高裁判決および補償金支給法は、不妊手術の犠牲者に対し一律の補償を認めたが、違憲な法律さえ対象としていなかった疾患であるのに不妊手術を受けさせられた者や、遺伝性の証明なく、あるいは同意なく、誤診や違法な手続きで不妊手術を受けさせられた者、法で禁じている生殖腺の除去という、不妊のためには過剰でありかつ深刻な健康被害をもたらしうる術式を用いられた者などに対しては、さらなる権利侵害があったとみることも可能である。

もっとも、当時の法律に照らして合法であれ違法であれ、違憲な法律に基づく不妊手術が行われたという損害は変わらず、結果として侵害された権利は同一であると評価することには一理ある。Ⅱ-2判決は、何らの障害もなかった原告について、「優生条項自体が違憲であると認められる以上、仮に優生条項上の手続を履践していたとしても、本件優生手術が違法であること自体は何ら影響されないからである」「優生手術の被害者が、国賠法1条1項に基づき、損害賠償を請求

するためには，優生保護法の優生条項に基づき，自らの同意なく優生手術を受けさせられたことの立証が必要であり，かつこれで足りるというべきである」と述べているのは，この考えによるものであろう（ただし，法に定める適正な手続きが履践されていれば，障害が否定され被害が生じなかった可能性がある）。

　本来対象でなかった人の損害を，障害に基づいて手術対象とされた人の損害より高く見積もることは，結果として人格価値に不当な差異を設ける結果となるので，裁判による事案解決においては採用し得ない。この理由から，最高裁はあえて違憲な法律に照らして合法なケースと違法なケースを区別しなかったものと推測されるが，適法性がないがしろにされていたのは行政が猛省すべき点である。

　ただし，生殖腺を除去された人については，身体に必要な性ホルモンの分泌がなくなることで健康障害を惹起することは不可避である。また，優生手術の後遺障害で大きな健康被害を受けた例もあったようである。これらについては，「子を産み育てるかどうかの意思決定の機会」「自己の意思に反する身体への侵襲」のほかに，違法な手術による健康被害あるいはその治療に要した費用を損害として認定し，別途賠償額を算定する余地があったように思われる。とはいえ，それももうかなり昔のことであるので，医院にかかったカルテや診療明細等が残っていると期待できず，不妊手術との因果関係を証明することも困難であろうから，一律救済とすることには十分な合理性があったといえよう。

　（追記）本研究は科研費基盤研究（C）（課題番号19K01419）の助成を受けたものである。

## ◆ 2 ◆
# 強制不妊手術に関する最高裁大法廷判決の意義
―― 旧優生保護法の医事法学的考察

永水　裕子

Ⅰ　はじめに
Ⅱ　優生保護法の概要とその問題点
Ⅲ　優生保護法の制定過程と人権に対する意識
Ⅳ　おわりに

## I　はじめに

　最高裁令和6年7月3日大法廷判決民集78巻3号382頁（令和5年（受）第1319号）（以下，「令和6年判決」とする）は，優生保護法の目的は，立法当時の社会状況を勘案したとしても正当とは言えず，強制優生手術だけでなく任意の優生手術に関する規定も憲法13条および14条1項に違反し，国家賠償法1条1項の適用上，違法の評価を受けると判示した。さらに，国が除斥期間の主張をしたことについて，そのような主張が信義則違反又は権利濫用となる場合もありうるとして，最判平成元年12月21日民集43巻12号2209頁（以下，「平成元年判決」とする）を覆し，判例変更を行った[1]。すなわち，平成元年判決が，改正前民法724条後段の規定を除斥期間であるとし，不法行為に基づく損害賠償請求が除斥期間経過後に提起された場合には，裁判所は，当事者からの主張がなくても，除斥期間の経過により同請求権が消滅したものと判断すべきであって，除斥期間の主張が信義則又は権利濫用であるという主張は失当であると判示したのに対して，本判決は，優生保護法の下における優生手術に対する損害賠償請求権について，除斥期間の経過により本件請求権が消滅したものとして上告人である国が損害賠償を免れることは，「著しく正義・公平の理念に反し，到底容認することができ」ず，「除斥期間の主張が信義則違反又は権利濫用となる場合」もありえ，本件において国が除斥期間を主張することは，信義則に反し，権利の濫用として許されないとした。

　本稿においては，この最高裁大法廷判決を受けて，同法の目的および優生手術に関する規定の違憲性は明白であるにもかかわらず，これらの規定を含む優生保護法が衆・参両院ともに全会一致の決議によって成立しているという「立憲国家にとって由々しき事態」[2]がなぜ生じたのかという視点から，優生保護法の概要，優生保護法の制定過程を見ていくとともに，優生保護法が採った優生政策がまかり通った理由と今後同じことを繰り返さないためにどうすべきかについて考

---

（1）除斥期間に関する判示に対する検討については，香川崇「除斥期間の判例変更の意義」ジュリ1605号（2025年）61頁，松本克美「除斥期間に関する判例変更」法セ837号（2024年）34頁，小笠原奈菜「判批」法教530号（2024年）107頁，内田暁「判批」新・判例解説 Watch 民法（財産法）No. 264（2024年），原田大樹「判批」法教532号（2025年）112頁等参照。令和6年判決の憲法的評価については，小泉良幸「判批」新・判例解説 Watch 憲法 No. 238（2024年），西村裕一「判批」法教530号（2024年）105頁等参照。令和6年判決の解説として，鷹野旭「旧優生保護法違憲最高裁大法廷判決の解説」ジュリ1605号（2025年）67頁がある。

（2）最大判令和6年7月3日草野耕一裁判官補足意見。

察する[3]。

## Ⅱ　優生保護法の概要とその問題点[4]

### 1　優生保護法の概要

　優生保護法は，第2回国会において昭和23（1948）年6月28日に成立し，同年7月13日に公布され，同年9月11日に施行された法律であるが，「優生上の見地から不良な子孫の出生を防止するとともに，母性の生命健康を保護すること」を目的とするものであった。

　同法において，優生手術とは，「生殖腺を除去することなしに，生殖を不能にする手術で命令をもつて定めるもの」と定義され，優生保護法施行規則（昭和24年厚生省令第3号）1号において，優生手術の術式は，精管切除結さつ法，精管離断変位法，卵管圧挫結さつ法および卵管間質部けい状切除法と定めており，第28条により，「何人も，この法律の規定による場合の外，故なく，優生手術を行つてはならない」ことが定められていた。

　同法上，優生手術には，本人の同意および配偶者（届出をしないが事実上婚姻関係と同様な事情にある者を含む）がいる場合にはその者の同意を得て行われる「任意の優生手術」（3条）と疾患の遺伝を防止するため優生手術を行うことが公益上必要であると認められたときに本人の同意なく行われる「強制優生手術」（4条）があった。

　制定時において，「任意の優生手術」は，①本人又は配偶者が遺伝性精神変質症，遺伝性病的性格，遺伝性身体疾患又は遺伝性奇形を有しているもの（1号），②本人又は配偶者の四親等以内の血族関係にある者が，遺伝性精神病，遺伝性精神薄弱，遺伝性精神変質症，遺伝性病的性格，遺伝性身体疾患又は遺伝性奇形を有し，且つ，子孫にこれが遺伝する虞れのあるもの（2号），③本人又は配偶者が，癩疾患に罹り，且つ子孫にこれが伝染する虞れのあるもの（3号）等に該当する場合に，本人の同意および配偶者がいる場合にはその者の同意に基づき行うことができると規定されていたが，その後，昭和24年法律第216号（1949

---

（3）　同様の問題意識を有する論稿として，水林翔「我が国における優生法制の成立とその論理」流経法学19巻2号（2020年）95頁以下，同「個人化する優生思想 ── 優生保護法下／後の日本社会」法教525号（2024年）45頁以下がある。なお，「旧優生保護法に基づく優生手術等を受けた者に対する一時金の支給等に関する法律第21条に基づく調査報告書」（令和5年6月）の第1編「旧優生保護法の立法過程」，岡田靖雄『優生保護法の時代を生きる ── ある精神科医の戦後史』（六花出版，2024年）等も参照した。

（4）　岡村美保子「旧優生保護法の歴史と問題 ── 強制不妊手術問題を中心として」レファレンス816号（2019年）3頁以下。

年）により，第3条第1項第1号中「遺伝性精神変質症，遺伝性病的性格」を「遺伝性精神病質」に改め，同項第2号中「遺伝性精神変質症，遺伝性病的性格」を「遺伝性精神病質」に，「有し，且つ，子孫にこれが遺伝する虞れのあるもの」を「有しているもの」に，昭和27年法律第141号（1952年）により，1号を「本人若しくは配偶者が遺伝性精神病質，遺伝性身体疾患若しくは遺伝性奇型を有し，又は配偶者が精神病若しくは精神薄弱を有しているもの」に改める等の改正が行われた。なお，「精神薄弱」とは知的障害のことである。

「強制不妊手術」については，制定当時，「医師は，診断の結果，別表に掲げる疾患[5]に罹つていることを確認した場合において，その者に対し，その疾患の遺伝を防止するため優生手術を行うことが公益上必要であると認めるときは，前条の同意を得なくとも，都道府県優生保護委員会に優生手術を行うことの適否に関する審査を申請することができる」と規定され，5条から9条に，再審査請求や訴えの提起などの同審査に対する手続保障が規定され，10条は，優生手術を行うことが適当である旨の決定に異議がないとき又はその決定若しくはこれに関する判決が確定したときは，都道府県優生保護委員会の指定した医師が優生手術を行うと定めていた。その後，昭和24年法律第216号（1949年）により，「前条の同意を得なくとも，」を削り，「申請することができる。」を「申請しなければならない。」に改めた。それまで強制優生手術の申請が医師の任意的判断に任されていたのが，この改正により申請義務があると変更された点が極めて重要である。このような義務化が行われたのは，医師の任意に任せておいては，「かかる病者…の子孫の出生を防止」するという点で不十分であり，義務付けをすることが公益上必要であること，医師の側からしても義務化されているのであれば，患者側から恨まれず安心して申請できるからであると説明される[6]。

また，昭和27年法律第141号（1952年）により，第12条に「医師は，別表第一号又は第二号に掲げる遺伝性のもの以外の精神病又は精神薄弱に罹つている者について，精神衛生法（昭和二十五年法律第百二十三号）第二十条（後見人，配偶者，親権を行う者又は扶養義務者が保護義務者となる場合）又は同法第二十一条（市町村長が保護義務者となる場合）に規定する保護義務者の同意があつた場合には，都道府県優生保護審査会に優生手術を行うことの適否に関する審査を申請することができる」と定め，第13条は，都道府県優生保護審査会が適当であると決定した場合には，医師は優生手術を行うことができる旨を定めた。この改正は，それ

---

（5）別表は，「三　強度かつ悪質な遺伝性精神変質症」として，著しい性欲異常，凶悪な常習性犯罪者を入れていた。
（6）第5回国会衆議院厚生委員会議事録第20号2頁（昭和24年5月16日）（谷口弥三郎）

〈第1部①〉 2 強制不妊手術に関する最高裁大法廷判決の意義〔永水裕子〕

まで任意の優生手術も強制手術もできなかった，本人が遺伝性以外の精神病又は精神薄弱にかかっている場合にも，精神衛生法規定の保護義務者および都道府県優生保護審査会の決定を要件として優生手術を行いうるとした。受胎調整により逆淘汰のおそれがあるだけでなく，従来のままでは優生手術の施行数が極めて少ないことが昭和27年改正法の提案理由である[7]。

　ここで注意が必要なのは，遺伝性疾患でない場合に優生手術を行うことは厳密には優生保護とはいえず，「優生上の見地から不良な子孫」すなわち「悪質遺伝性疾患の素質を有するもの」の出生を防止するという優生保護法の目的に適合しないことである[8]。遺伝性ではないとされる障害者，病者に不妊手術を施すことと，「優生上の見地から不良な子孫の出生を防止する」という法の目的との矛盾について国会では疑義が出されず，改正法は成立したが[9]，藤野豊は，その理由について以下のように述べる。「戦災で家を失ったひとびと，夫や父を戦争で失い，街頭に立って売春していた女性たちを，谷口〔弥三郎〕[10]は精神障害者と決めつけて，不妊手術を実施せよと主張した。国にとって，社会にとって，その存在が好ましくないひとびとをすべて不妊手術の対象にする」という認識が背景にあった[11]。要するに，優生保護法は，優生学を一応の根拠とするのであるが，単なる差別を優生学の名の下で科学的に見せようとしただけの代物だったのではないか。なお，優生学自体の科学的根拠が薄弱で到底科学とは言えないことも付記しておく[12]。

---

(7) 石井美智子「優生保護法による堕胎合法化の問題点」社会科学研究34巻4号（1982）145頁，第13回参議院厚生委員会会議録10号1-2頁（昭和27年2月28日），第13回衆議院厚生委員会会議録第21号1-2頁（昭和27年4月15日）。「逆淘汰」という概念については，後述する。
(8) 石井・前掲注（7）149頁注35。当初から別表に遺伝性ではない症状が含まれていることから，この法律の目的自体がもともと厳密ではなかったことも併せて記しておく。なお，優生保護法の目的は，立案者である谷口弥三郎と福田昌子の『優生保護法解説』（研進社，1948年）47頁によれば，「悪質の遺伝性疾患の如き不健全な素質を有するものの増加の防止を主眼」とするものであり，そのような素質とは，「先天的要因たる遺伝質を云い，教育その他環境に依る後天的体質に対する生来の体質を指す」ものであり，「不良な子孫」とは「悪質遺伝性疾患の素質を有するもの」を指すとされている。
(9) 藤野豊『戦後民主主義が生んだ優生思想 ── 優生保護法の史的検証』（六花出版，2021年）88-90頁。
(10) 谷口弥三郎は，優生保護法の提案者の一人（参議院議員）であり，産婦人科医である。
(11) 藤野・前掲注（9）88頁，石井は，「優生保護法は『劣悪者』の子は『劣悪者』となるという考えの下で優生保護を図ろうとしていると思われる」と述べる（石井・前掲注（7）149頁）。
(12) Edwin Black, War Against the Weak: Eugenics and America's Campaign to Create a Master Race, (Expanded ed., Dialog Press) 2012, pp.99-101には，優生学の提唱者であ

## 2 優生保護法の憲法上の問題 —— 令和6年判決

強制優生手術について、令和6年判決は、「憲法13条は、人格的生存に関わる重要な権利として、自己の意思に反して身体への侵襲を受けない自由を保障しているところ……、不妊手術は、生殖能力の喪失という重大な結果をもたらす身体への侵襲であるから、不妊手術を受けることを強制することは、上記自由に対する重大な制約に当たる。したがって、正当な理由に基づかずに不妊手術を受けることを強制することは、同条に反し許されない」と判示する。

次に、優生保護法の「優生上の見地から不良な子孫の出生を防止する」という目的について、令和6年判決は、「不良な形質を淘汰し優良な遺伝形質を保存することによって集団としての国民全体の遺伝的素質を向上させるという見地から、特定の障害等を有する者が不良であるという評価を前提に、その者又はその者と一定の親族関係を有する者に不妊手術を受けさせることによって、同じ疾病や障害を有する子孫が出生することを防止することにあると解される」が、「憲法13条は個人の尊厳と人格の尊重を宣言しているところ、本件規定の立法目的は、特定の障害等を有する者が不良であり、そのような者の出生を防止する必要があるとする点において、立法当時の社会状況をいかに勘案したとしても、正当とはいえないものであることが明らかであり、本件規定は、そのような立法目的の下で特定の個人に対して生殖能力の喪失という重大な犠牲を求める点において、個人の尊厳と人格の尊重の精神に著しく反するものといわざるを得」ず、憲法13条に反し許されないと判示する。

また、令和6年判決は、「任意の優生手術」に関する規定も「専ら優生上の見地から特定の個人に重大な犠牲を払わせようとするものであり、そのような規定により行われる不妊手術について本人に同意を求めるということ自体が、個人の尊厳と人格の尊重の精神に反し許されないのであって、これに応じてされた同意があることをもって当該不妊手術が強制にわたらないということはできない」。さらに、このような目的下で行われる優生手術は、「周囲からの圧力等によって本人がその真意に反して」同意せざるをえない事態も容易に想定されるが、同法に「本人の同意がその自由な意思に基づくものであることを担保する規定が置か

---

る英国のFrancis Galtonの学派（彼らは優生学を支えるデータや根拠が少なく、科学と呼ぶには不十分であることを認識していた）が米国の優生学者であるCharles Davenportらのデータ取得方法や分析の不適切さを批判し、科学的根拠が薄弱であるという痛烈な指摘をしていたことが記載されている。本書には、思いあがったエリートとその考えに賛同して資金提供した大富豪が優生学運動を支えたことが記されている（本書の翻訳書として、エドウィン・ブラック（貴堂嘉之監訳、西川美樹翻訳）『弱者に仕掛けた戦争：アメリカ優生学運動の歴史』（人文書院、2022年）がある）。

れていなかったこと」に鑑みれば，実質的には優生手術を強制するものであると判示する。

## Ⅲ 優生保護法の制定過程と人権に対する意識

　草野裁判官が述べる通り，「違憲であることが明白な国家の行為であっても，異なる時代や環境の下では誰もが合憲と信じて疑わないことがある」という1つの証拠として優生保護法は表れている[13]。これは「公共の福祉」により人権を制約することは一定程度許されるというにとどまらず，人権よりも重視すべきものがある（例えば，人口抑制による国家の存続）という思想に加えて，ある人々には他の人々と同様の人権はない，さらには，優生手術をしてあげることがその人々にとって良いことだという善意の押し付けが社会において広く認容されていたからではないだろうか。以下において，どのような論理によりそのようなことが正当化されたのかについて，法律の制定過程を見ながら概観する[14]。

### 1　国民優生法から優生保護法へ

　優生保護法の前身である国民優生法が制定された時代は，優生学が流行していた時代であった。近代的な学問としての優生学は19世紀に体系化されたと一般に理解されているが，その背景には，文明化による社会的弱者の保護は人類の進歩を抑制するとして批判する社会ダーウィニズムの影響があった[15]。優生学は，このような「文明化がもたらすパラドックス」すなわち，自然界においては淘汰される下層階級が文明の力によって子孫を残し，上流階級においては子孫を残す行為自体が忌避されるようになり，人口の質が下がるという「逆淘汰」から生じる弊害を社会的に解決しようとするものであったが[16]，我が国においても，優生学に関連する様々な団体が設立された。1970年代以降はいかなる意味でも優生学は認められないとする理解が一般的になってきたが，20世紀初頭の西洋においては，優生学が国策の一環としても用いられ，その一つとして，国民優生法が手本にしたドイツの遺伝病子孫防止法（1933年）がある[17]。1938年には厚生省が設置され，予防局の中に優生課がおかれたが，優生課は「民族衛生，精神障害，ア

---

(13) 最大判令和6年7月3日民集78巻3号382頁草野耕一裁判官補足意見。
(14) 国会の議事録を丹念に検討し紹介するものとして，水林・前掲注（3）がある。
(15) 水林・前掲注（3）97頁等。優生学については，個別に引用した文献以外にも，本多創史『近代日本の優生学――〈他者〉像の成立をめぐって』（明石書店，2022年）を参照した。
(16) 水林・前掲注（3）97頁等。
(17) 水林・前掲注（3）98-99頁，石井・前掲注（7）126頁等。

ルコールや麻薬などの慢性中毒，脚気・癌などの慢性疾患」を管轄し，「民族衛生の主たる目的」は，「健常なる者を増加せしめ，同時に悪質素質者の減少を図りて国民の平均的素質の向上を期する」ことにあるとされた[18]。

　そのような背景をもとに，国民優生法は昭和15（1940）年4月30日に公布された[19]が，その目的は，「悪質なる遺伝性疾患の素質を有する者の増加を防遏(ぼうあつ)すると共に健全なる素質を有する者の増加を図り以て国民素質の向上を期すること」である[20]。当時の富国強兵政策の下，逆淘汰を防止し人口を増加させるのが目的である。優生保護法と比べて特徴的なのは，第3条において，①遺伝性精神病，②遺伝性精神薄弱，③強度かつ悪質なる遺伝性病的性格，④強度かつ悪質なる遺伝性身体疾患，⑤強度なる遺伝性奇形に該当する疾患にかかっている者は，その子又は孫が遺伝的経験上同一の疾患にかかるおそれが特に著しいとき等には，本法により優生手術を受けることができるとしており，任意の手術が原則であることと，同条第1項但書において，その者が特に優秀なる素質を合わせ有すると認められるときは例外として優生手術を受けることはできないとしている点である。強制手術が認められる例外的場合として，病者に対する診療等をしている精神病院法上の精神病院もしくは保健所長または命令を以て定める医師が，その病気が「著しく悪質」である等の「その疾患の遺伝を防遏すること」が公益上特に必要であると認めるときは，本人の同意なく，その理由を付して優生手術の申請をすることができる（第6条）と規定していた。そのような理由で，第二次世界大戦後の昭和23年に優生保護法によって廃止されるまで施行された国民優生法の下における優生手術の実施件数は，戦中5年間に454件，戦後の2年間に84件であり，同法の目的を果たすためには無力であった[21]。

　第二次世界大戦後，日本の経済は壊滅的な打撃を受け，国土は戦災により荒廃し，終戦時におよそ660万人余りといわれる軍人・軍属，民間一般人を含めた海外在留邦人の復員・引揚げにより人口が急増し，食糧難が深刻化した[22]。これにより，戦時中の「産めよ殖やせよ」から一転して，人口抑制が必要となり，人口対策の一つとして産児制限措置が必要であると考えられた。厚生省は昭和21（1946）年1月に人口問題懇談会を開催し，そこで示された課題の一つであり複雑な要素を持つ人口問題について継続的に審議を行うため，同年5月に財団法人

---

(18) 岡田・前掲注（3）87頁。
(19) 制定過程や議会における議論については，水林・前掲注（3）107-117頁参照。
(20) https://dl.ndl.go.jp/pid/2960490/1/2 （国立公文書館デジタルコレクション）。
(21) 岡村・前掲注（4）11-12頁，石井・前掲注（7）129頁。
(22) 岡村・前掲注（4）12頁，調査報告書・前掲注（3）71頁。

人口問題研究会に人口政策委員会が設置された(23)。人口政策委員会は、同年11月に「新人口政策基本方針に関する建議」を取りまとめ、国民優生法が見るべき成果を上げなかったのは不妊手術が任意であったことが原因であり、逆淘汰防止の観点から、優生政策の強化が重要であり、強制的不妊手術の実施や優生学に関する知識及び優生思想の普及を行うべきであると述べた(24)。

## 2　優生保護法の制定過程

このような背景の下であるが、厚生省は日本国憲法公布当初、不妊手術を強制することは憲法の趣旨に反すると認識していたようである(25)。例えば、河合良成厚生大臣が昭和22（1947）年2月20日の第92回帝国議会衆議院本会議において、「優生法の問題につきましては、だんだん憲法の本則に基きまして、個性尊重の時代になつて来ましたので、強制的に断種その他のことはただいまやる考えはもちません」と答弁しているとおりである(26)。しかし、後で見るとおり、優生保護法が成立すると、強制不妊手術は憲法に違反しないと認識を一変させ、国会も歴代の政府も同様の認識を維持していった(27)。

同法は超党派の衆参両院の議員によって昭和23（1948）年に提案された。谷口弥三郎参議院議員は、提案理由を「先天性の遺伝病者の出生を抑制することが国民の急速な増加を防ぐ上からも民族の逆淘汰を防止する点からいっても極めて必要である」からと説明している(28)。同法案を審議した参議院の厚生委員会は簡単な審議の後、全会一致で原案通り可決した(29)。委員会における審議内容をみると、議事録に現れた限りでは、優生手術に関する質疑は全くない(30)。ただし、参議院本会議で谷口が厚生委員長としておこなった委員会報告の中に、厚生委員会の議事録に記載されていない質疑についての記載が見つかっている(31)。それによれば、以下のような質疑応答があったことが報告されている。すなわち、「精神病者の手術をする場合には、本人が非常に狂暴である場合には危険で

---

(23) 調査報告書・前掲注（3）71-72頁。
(24) 調査報告書・前掲注（3）72-73頁。
(25) 藤野・前掲注（9）34頁。
(26) 第92回帝国議会衆議院議事速記録第7号60頁。
(27) 同上。
(28) 第二回国会参議院厚生委員会議録第13号1頁（昭和23年6月19日）。
(29) 第二回国会参議院厚生委員会議録第14号3頁（昭和23年6月22日）。
(30) 石井・前掲注（7）138頁、参議院本会議においても同様（藤野・前掲注（9）47頁）。
(31) 藤野・前掲注（9）48頁。なお、6月22日の委員会では二度にわたって速記が中止されており（第二回国会参議院厚生委員会議録14号）、その中止中に質疑があった可能性については、石井・前掲注（7）も指摘している。

はないかというようなお尋ねがございましたのに，この手術をやりますまでは，そういう場合には麻酔をかけて行いますので，しかもその手術は極く簡単で男子でも五分，女子でも十分くらいで手術ができるし，生命上の危険はない」と答弁したという部分である(32)。麻酔をかけて意識を失わせて手術するというまさに強制手術の実態を示すような答弁がなされていたことは覚えておくべきだろう(33)。

参議院本会議において全会一致で可決後(34)，衆議院厚生委員会でも強制不妊手術の是非や憲法との整合性は議論されず，6月28日に全会一致で可決され(35)，同日の本会議でも全会一致で可決され(36)，優生保護法は成立した。

## 3　優生保護法改正と強制的実施を認める通知

前述のとおり，昭和24（1949）年改正により，医師に対して強制優生手術の申請義務が課されたが，現場の医師の間には，本人の意思によらないで不妊手術を行うことへのためらいや，憲法に規定された基本的人権の侵害になるのではないかという不安があった(37)。そこで，昭和24（1949）年9月20日，厚生省公衆衛生局長三木行治は，法務府に対し，強制不妊手術を実施する際，「手術を受ける者がこれを拒否した場合においても，その意思に反して，あくまでも手術を強行することができるか」，その場合「身体拘束，麻酔薬施用又は欺罔等の手段により事実上拒否不能の状態を作ることが許されるか」と質問した(38)。これに対し，同年10月11日，法務府は，法制意見第一局長による「強制優生手術の実施の手段について」という回答を示した。その内容はその後の実務を動かしただけでなく，理屈づけ自体から当時の状況を知ることができる点で重要であるため，以下において回答全文を掲載する(39)。

（1）優生保護法は，優生手術を行ない得べき場合を二種に分ち，一方におい

---

(32) 第二回国会参議院会議録第52号639-640頁（昭和23年6月24日）。
(33) 藤野・前掲注（9）48頁。
(34) 第二回国会参議院会議録第52号641頁（昭和23年6月24日）。
(35) 第二回国会衆議院厚生委員会会議録第18号4頁（昭和23年6月28日）。
(36) 第二回国会衆議院会議録第72号802頁。
(37) 藤野・前掲注（9）78頁。
(38) 同上。
(39) 「昭和24年10月11日法務府法意一発第62号厚生省公衆衛生局長あて法制意見第一局長回答」松原洋子編『編集復刻版　優生保護法関係資料集成第1巻』（六花出版，2019）64頁所収。

〈第1部①〉 2 強制不妊手術に関する最高裁大法廷判決の意義〔永水裕子〕

ては，手術を受ける者並びにその配偶者の同意を要するもの，すなわち任意の優生手術を行ない得べき場合を認め（第3条），他方においては，なんらこの種の同意を要件としないもの，すなわち強制優生手術を行ない得べき場合を認めているが（第4条），後者の場合には手術を受ける本人の同意を要件としていないことから見れば，当然に本人の意志に反しても，手術を行なうことができるものと解しなければならない。従って，本人が手術を受けることを拒否した場合においても，手術を強行することができるものと解しなければならない。

（2）右の場合に許される強制の方法は，手術の実施に際し必要な最小限度であるべきはいうまでもないことであるから，なるべく有形力の行使は慎むべきであって，それぞれ具体的場合に応じ，真に必要やむを得ない限度において身体の拘束，麻酔薬施用又は欺罔等の手段を用いることも許される場合があるものと解すべきである。

（3）以上の解釈が基本的人権の制限を伴うものであることはいうまでもないが，そもそも優生保護法自体に「優生上の見地から不良な子孫の出生を防止する」という公益上の目的が掲げられている（第1条）上に，強制優生手術を行なうには，医師により「公益上必要である」と認められることを前提とするものである（第4条）から決して憲法の精神に背くものであるということはできない（憲法第12条，第13条参照）。その手術の実施に関する規定に徴すれば，医師の申請により，優生手術を行なうことが適当である旨の都道府県優生保護法審査会の決定がなければ，これを行なうことができない（第5条）。しかも，この決定に異議があるときは，中央優生保護審査会に対して，その再審査を申請することができる（第6条）ばかりでなく，その再審査に基づく決定に対しては，さらに訴を提起し判決を求めることもできるようになっている（第9条）のであって，その手続はきわめて慎重であり，人権の保障について法は十分の配慮をしているというべきである。従って，かような手続を経て，なお，優生手術を行なうことが適当であると認められた者に対して，この手術を行なうことは，真に公益上必要のあるものというべく，加うるに，優生手術は一般に方法容易であり格別危険を伴うものではないのであるから，前示のような方法により，手術を受ける者の意志に反してこれを実施することも，なんら憲法の保障を裏切るものということはできない。

この考え方は前述の谷口弥三郎の答弁と共通しているが[40]，「公益上必要」で

あると認定された場合には，有形力を行使することまでして，本人の意思に反する身体への侵襲を行うことを認めるという解釈については，手続保障規定が存在していることや手術に格別の危険性がないという認識があったことを考慮しても理解に苦しむ。ただし，優生保護法の立法目的および強制手術が可能であるという規定について疑問を抱かないのであれば，基本的人権の制約を伴う方法であるが「公益上の目的」や「公益上の必要」からそのような解釈がなされる可能性もあったのだろう。しかし，そのような解釈からは優生手術を実施される「人」の存在が全く見えてこない。国家の理念や方針という抽象的な概念によって生身の人間とその人生を支配し狂わせることが可能であるということを忘れてはいけないと強く思う。この法務府の意見を受け，昭和24（1949）年10月24日に厚生省公衆衛生局長は，「優生保護法第10条の規定による強制優生手術の実施について」として，上記回答（2）とほぼ同じ内容の通知を都道府県知事宛に発出した[41]。なお，マスコミにおいて，法務府の回答に疑問を投げかける記事はなく，肯定的に紹介されているだけでなく，ある全国紙は差別的な主張を掲載したとのことである[42]。

なお，昭和27（1952）年法改正を受け，同年7月23日に，厚生事務次官より各都道府県知事に対し，従来，遺伝性ではないとされる精神障害者，知的障害者へは任意，強制の「いずれによつても優生手術を行えなかつたため，これらの者の保護が十分でないうらみがあつた」ので，改正により審査を要件として手術を行うことができるようにしたと通知した[43]。この通知を読むと，優生手術を行えることが，遺伝性ではない精神障害者，知的障害者の保護になると解釈できるが，本当にそう言えるのだろうか。ナチスドイツが障害者を大量に殺害したＴ４作戦において，国が障害者というグループが自力で生活できず飢え死にするかもしれないのであれば，「殺してあげた方が親切（慈悲殺）」と考えたように[44]，隠れた（あるいは隠されていない）差別意識が「上から見下ろした」善意

---

(40) 藤野・前掲注（9）79頁。
(41) 松原洋子編『編集復刻版　優生保護法関係資料集成第1巻』（六花出版，2019年）65頁所収。
(42) 藤野・前掲注（9）79頁。
(43) 「優生保護法の一部を改正する法律等の施行について」厚生省発衛第132号（厚生労働省等における旧優生保護法関係資料）①-3 https://www.mhlw.go.jp/content/11925000/000350152.pdf）（2024年12月15日閲覧）。
(44) 「インタビュー②：旧優生保護法と社会」（市野川容孝，犬飼直子）精神医療93号（2019）67-68頁の市野川氏の「また同じことが起こるのかもしれない〔筆者注：第一次大戦中にドイツ国内で生活物資が枯渇し，7万人の精神病患者が精神病院で餓死したという経験〕と考える。ならば，いっそのこと黙ってみているのではなくて，殺してあげ

の押し付けの衣をまとうときに人権侵害が起こることを表しているように思われる[45]。このような思想は，現代においても最判に対して「きれいごと」であるという批判がなされたように，消えてはいない。松原洋子は，優生思想の根本には「人々を医学的に分類して，『障害』がその人の身体の問題なのだととらえる見方があり，「医学的な尺度だけで人生の幸，不幸を図り，『この障害がある人は不幸だ』などと考える。その瞬間，その人たちを同胞だとは見られなくなり，差別は固定化する」と述べる[46]。なお，現在は，ある人の身体を問題にするのではなく，例えば，バリアフリーや困難なことへの支援等，社会の在り方によって，「障害」か否かが違ってくるという障害の社会モデルという考え方が主流なだけでなく，それを基礎としながら，個人が必要とする権利を保障され，本人が主体的に選択できることが保障されるという障害の「人権モデル」という認識の重要性が高まっている[47]。

### 4　去勢手術に関する通知

さらに，去勢手術については，不妊目的ではなく治療目的とすれば，優生保護法第28条に違反しないという厚生省の判断の下で，実際には優生保護法28条に違反しているにもかかわらず，精神障害者，知的障害者に対して，睾丸摘出，卵巣・子宮摘出等の行為が本人の同意なしで行われていたことは驚くべきことであり，記しておかねばならない[48]。自治体から優生保護法により去勢手術を実施

---

　　ることのほうが人道的ではないかという発想が，どこかにあったと思うんですよ。」という考察等。
(45)「結局，優生条項というのは，自分の生活もちゃんとできないし，子育てなんかできっこない人に対する恩恵的なものだって書いてるんですね。上から見下ろした，押しつけ恩恵主義，慈善主義ですよ」という太田典礼の優生保護法解説に対する精神科医岡田靖雄の発言（「インタビュー①：旧優生保護法と精神医療」（岡田靖雄，太田純一郎）精神医療93号（2019年）54頁）。「善意」については，市野川・前掲注(44)74-75頁も，統合失調症の夫婦が妊娠中に医師やケースワーカーから中絶せよと（おそらく）善意で言われたが，産んできちんと子育てをしている経験を挙げ，そのような「善意」は現在では障害者権利条約23条のリプロダクティブライツを障害者にも保障するということと矛盾すると述べている。障害者を取り巻く出産・育児への無理解と偏見については，藤原久美子「子をもち育てることを願う障害者が，障害のない人と平等に権利を持つこと」季刊福祉労働176号（2024年）104-106頁参照。
(46)「凝り固まった差別感　今も」2024年7月7日朝日新聞朝刊。
(47) 海老原宏美『わたしが障害者じゃなくなる日』（旬報社，2019年）等参照。「障害の社会モデルから人権モデルへ」という特集（季刊福祉労働175号（2023年）23頁以下）（とりわけ，治療選択について，油田優衣「治療の選択をめぐる障害当事者の葛藤 ── 人権モデルで『治療』を考える」43-46頁）参照。
(48) 藤野・前掲注(9)105-106頁。

することの可否を問う質問が寄せられる中，昭和29（1954）年９月28日に厚生省公衆衛生局庶務課長は鳥取県衛生部長に対して，「法第28条は，およそ生殖を不能にする手術を法に規定する術式及び手続によらずに行うことを禁止しているのである。従って本人が治療を目的としているということで法に抵触しないということはできない。しかしながらその手術が正当な理由がある場合には『故あり』としてその違法性が阻却される。この場合正当な理由となるのは，医学上その種の治療として当該手術が効果のあるものと通例認められている場合又は緊急避難行為として行う手術に限られると解すべきものと考へられる」(49)と回答していたのである。

## 5　優生保護法から母体保護法へ ── 突然の優生主義的規定の削除

厚生省においては，1980年代半ばには優生保護法の目的等に対して見直しが必要であるという考え方があったようであるが(50)，優生保護法改正の主な要因は，1994年９月にカイロで開かれた国連国際人口開発会議において，日本の女性障害者らが優生保護法について発言したことにより，国際会議の場で，優生思想を基調とする法律が日本に存在することが明らかにされ，国際的に批判されたことにある(51)。この他の要因としては，1996年３月のらい予防法廃止(52)や厚生省の障害者政策の路線転換（ノーマライゼーション促進）等(53)が挙げられるが，政治的な背景として，当時の内閣が自由民主党・日本社会党・新党さきがけの三党連立政権であり，厚生大臣が新党さきがけの菅直人であったことも指摘されている(54)。

このような背景をもとに，迅速に優生主義的規定を削除することが優先され，衆議院への法案提出（1996年６月14日）から参議院本会議可決（同年６月18日）までわずか５日間であったこともあり，改正に関する実質的な審議は一切なされて

---

(49)「精神障害者の去勢手術に対する優生保護法の解釈について」（衛庶第77号）（厚生労働省等における旧優生保護法関係資料②-8）。
　　https://www.mhlw.go.jp/content/11925000/000350155.pdf（2024年12月15日閲覧）。
(50) 藤野・前掲注（９）248-64頁。
(51) 藤野・前掲注（９）264-65頁，松原洋子「日本 ── 戦後の優生保護法という名の断種法」米本昌平・松原洋子・橳島次郎・市野川容孝『優生学と人間社会 ── 生命科学の世紀はどこへ向かうのか』（講談社現代新書，2000年）229頁，岡村・前掲注（４）18頁。
(52) 松原・前掲注(51)230頁，岡村・前掲注（４）18頁。
(53) 松原・前掲注(51)230頁。
(54) 藤野・前掲注（９）266頁。厚生省としても，中絶に関する議論を抜きにして，「優生」を掲げた法律を早く削除し，国際的な批判を収めたいと考えていたようである（藤野・前掲注（９）267頁）。

おらず,「強制的不妊手術をはじめとする優生保護法下での人権侵害や,反人権的な優生条項を放置してきた国の責任が,国会の場で問われることはなかった。つまり,優生政策の批判的総括を欠いたまま,優生的文言だけが忽然と姿を消した」のである[55]。このように,「不良な子孫の出生を防止するという優生思想に基づく部分が障害者に対する差別となっていること等にかんがみ,優生思想に基づく規定を削除する」のが法改正の趣旨であるにもかかわらず[56],実質的な改正議論を欠いたがゆえに,被害の実態調査や不妊手術を受けた被害者に対する謝罪と被害救済のための法律制定等がなされず[57],優生政策に対する反省や国民

---

[55] 松原・前掲注[51]229頁。
[56] 「優生保護法については,優生上の見地から不良な子孫の出生を防止するとともに,母性の生命健康を保護することを目的として施行されてきたところであるが,不良な子孫の出生を防止するという優生思想に基づく部分が障害者に対する差別となっていること等にかんがみ,優生思想に基づく規定を削除することとする旨の改正が行われたものである(以下略)」(厚生事務次官「優生保護法の一部を改正する法律等の施行について」厚生省発児第123号,平成8(1996)年9月25日)(https://www.mhlw.go.jp/web/t_doc?-dataId=00ta9676&dataType=1&pageNo=1)(2024年12月15日閲覧)。
[57] 国会議員の中にも,堂本暁子や福島みずほのように,検証,反省,謝罪,補償が必要であると主張する者はいた(藤野・前掲注(9)273-276頁参照)。例えば,参議院決算委員会(第136回国会閉会後)会議録第6号29頁(1996年9月12日)にて,堂本は国会上程後,土日を除けば3日間で法改正がなされたことについて非民主的であったと批判し,以下のように述べる(なお,堂本は女性の権利侵害を中心に批判している)。「ナチスの断種法をもとにしてつくられた優生保護法でどれだけ女性そして障害者が半世紀にわたって,五十年間にわたって人権を侵害されてきたか。その事実が,何らかの国会の場で何一つ一秒たりとも問題にされなかった。それを検証もしない,反省もしない,謝罪もしない,何にもない。らい予防法については大臣は謝罪されました。だけれども,この不妊手術を受けた障害者がだれ一人これで謝罪されたでしょうか。どれだけ苦しんだ女たちに対しての謝罪があったでしょうか。何にもございません。
　それで,ここできちっとした検証がなかったからこそ,これだけ新しい時代性の中でどういうふうに女性の保健が,どういうふうに女性の健康が守られなければならないのか,どのようにして国際的な合意の中で日本がきちんと女性の政策を厚生省が確立しなきゃならないのかということがきちっと担保されないのだと私は思います。
　ドイツは二十年も議会で議論を続けています。フランスは憲法まで改正しました。にもかかわらず,一秒も審議をしないでこの国会を通していくということは,大変横暴な女性の基本的人権を侵害したものだというふうに私は思います。」)。福島も,例えば,参議院厚生労働委員会2004年3月24日(第159回国会参議院厚生労働委員会会議録第4号23-24頁)において,何の対応策も示さない厚生省に対して,「ハンセン病の問題に関して国会があるいは行政が決断をしていったように,是非この問題についても解決はなされるべきであると。実態調査,個々の実態調査あるいは事実の究明,そして補償等が必要だというふうに考えています。今,障害者差別禁止法などが議論になっている今,やはり不妊治療,断種といったようなことは,最大の障害者差別であることは間違いありません。その意味で,是非,国会でも頑張りますが,厚生省が今までのことを検証して対策を講じてくださるよう強く要求をしていきたいと思います」と述べる。

に対する啓発もないまま，何となく法律の内容と名称が変更され，優生思想は世の中に残ったままの状態となった。

## 6　小　　括

　これまで見てきたとおり，少なくとも「優生保護」を目的としている点において国民優生法と優生保護法は同質のものであると考えられる。優生保護法が制定された当時の社会においては，食料，住宅すべてが不足する中で人口抑制が必要であり，当時は，人間社会においては自然界と違い弱者保護が行われる結果として不良なものが増加し優良なものが減少する「逆淘汰」が起こるため，これを防止する必要性があることがあからさまに語られていた。優生保護法の提案者であり産婦人科医師でもある谷口弥三郎と福田昌子は，「先天性遺伝病者の子孫の出生を防止する事が，国民の急速なる増加を防ぐ上から云っても，また民族の逆淘汰を防止する点から云っても必要である」と強制不妊手術の意義を説明したが[58]，これは，「悪質な遺伝性疾患の素質を有するもの」[59]にとどまらず，「社会生活をする上に甚しく不適当なもの，或は生きてゆくことが第三者から見てもまことに悲惨であると認められるもの」[60]にも強制不妊手術を行うという意味であった。その底には，「社会の矛盾，悪環境を無視して，社会の弱者，低所得階層者を劣悪者とみなし」，精神病や知的障害等を遺伝病と決めつけ排除しようとする危険で誤った差別意識があった[61]。それは，谷口弥三郎と福田昌子が，「新憲法下に於ては人権の尊重が特に重視せられ，且また母性の保護も極めて重要視され，去る4月1日から実施中の児童福祉法に於ても，妊産婦の保護が重視されている」と述べ[62]，「人権の尊重」「母性の保護」「妊産婦の保護」を根拠に，「不良児出生防止」の正当性を主張しており，障害者や病気の人の人権はそれらに譲るべきもの，または人権はないものと考えていたことからも読みとれる[63]。また，上記の通り，ある人々の生を「悲惨」であると勝手に決めつけ，その人々のためにという間違った慈善主義の思想があった。

　では，なぜ，障害者，病者の人権は無視されたのか。それは上述の通り，精神障害者，知的障害者の増加を防ぐことは「公益」にかなうという理解がなされた

---

(58)　谷口＝福田・前掲注（8）36頁。
(59)　谷口＝福田・前掲注（8）47頁。
(60)　谷口＝福田・前掲注（8）41-42頁。
(61)　石井・前掲注（7）139頁。藤野・前掲注（9）93頁も同じ趣旨のことを述べる。
(62)　谷口＝福田・前掲注（8）37-38頁。
(63)　藤野・前掲注（9）49-50頁。

ことだけでなく，強制不妊手術は医師が恣意的に行うのではなく，法律家を含む優生保護委員会の審査の決定でなされ，不服申立てによる再審査が可能であり，最終的には訴訟も可能であるという手続保障があったからであると考えられている[64]。この理屈は，法律は合憲であるという推定の下で，「公益上」の必要性から不妊手術を強行できるとした法務府の意見からも見て取ることができる。つまり，一旦法律が制定されれば，行政機関はその法律をどのように運用すべきかに頭脳を使うことになり，後述の日本医学会連合旧優生保護法の検証のための検討会による報告書が述べるとおり，我が国においては憲法裁判所がないため，被害を受けた人が訴訟を提起しない限り，その法律の問題性が顕在化せず，ましてやマスコミが取り上げなければ社会問題化しない。それを考えると，今後は「公益」や「手続保障」というキーワードが出てきたときには特に注意し，そのような法律の制定を場合によっては阻止する必要があるだろう。そこで対抗して出てくるキーワードは「人としての尊厳」である。

## Ⅳ　おわりに

　優生保護法による優生手術を受けた被害者が起こした裁判においては，リプロダクティブ権侵害についても言及されることがあるが，令和6年判決は，これに言及していない。優生保護法により優生思想が社会に深く浸透したことにより被害者が根深い差別や偏見を受け[65]，「人としての尊厳」が著しく毀損されたことがより根本的な被害なのである[66]。優生保護法による被害は極めて重大な人権侵害であったため，様々な角度から検討可能であり，問題の本質を絞り込むことは難しいが，「旧優生保護法の被害の核心は，障害者を指して不良な子孫やその出生をもたらす存在とみなす差別に基づき侵襲が行われたこと」にあり，結婚の機会や子を持つ機会を奪われた被害については，二次的な被害と位置付けるべきであると精神病の当事者も述べるとおりである[67]。なお，原告に精神障害の当事者がおらず，彼らが受けてきた被害実態が明らかとなっていないという重い事

---

(64) 藤野・前掲注（9）50頁．
(65) 青井美帆「「憲法13条に違反するが，『救済』されないのは仕方ない」が意味すること──仙台地判2019（令和元）年5月28日」法セ775号（2019年）56頁は，「人としての存在そのもの」に対する根深い差別が救済されるべき苦しみの原因であると述べる。
(66) 小山剛「人としての尊厳」判時2413・2414号（2019年）18-19頁，小山剛「優生手術と国家賠償」小山剛・伊丹正樹・渡邊互編『立憲国家の制度と展開』（尚学社，2021年）301-302頁．
(67) 桐原尚之（全国「精神病」者集団・運営委員）「旧優生保護法被害の補償と再発防止体制の展望」季刊福祉労働176号（2024年）49頁．

実についてもここで記しておく(68)。

　令和6年最高裁判決を受け，旧優生保護法に基づく優生手術等を受けた者に対する一時金の支給等に関する法律（平成31年法律第14号）が全部改正され，旧優生保護法に基づく優生手術等を受けた者等に対する補償金等の支給等に関する法律（令和6年法律第70号）となったが，その前文には，「国会及び政府は，この最高裁判所大法廷判決を真摯に受け止め，特定疾病等に係る方々を差別し，特定疾病等を理由に生殖を不能にする手術を強制してきたことに関し，日本国憲法に違反する規定に係る立法行為を行い及びこれを執行するとともに，都道府県優生保護審査会の審査を要件とする生殖を不能にする手術を行う際には身体の拘束や欺罔等の手段を用いることも許される場合がある旨の通知を発出するなどして，優生上の見地からの誤った目的に係る施策を推進してきたことについて，悔悟と反省の念を込めて深刻にその責任を認めるとともに，心から深く謝罪する。また，これらの方々が特定疾病等を理由に人工妊娠中絶を受けることを強いられたことについても，心から深く謝罪する。ここに，国会及び政府は，この問題に誠実に対応していく立場にあることを深く自覚し，これらの方々の名誉と尊厳が重んぜられるようにするとともに，このような事態を二度と繰り返すことのないよう，その被害の回復を図るため，およそ疾病や障害を有する方々に対するいわれのない偏見と差別を根絶する決意を新たにしつつ，この法律を制定する」と記される。少数者の人権をも大切にし，すべての人の尊厳を守れる社会を作っていくために，我が国はこれから努力しなければならない。

　医学界においては，例えば，一般社団法人日本医学会連合旧優生保護法の検証のための検討会が「旧優生保護法の検証のための検討会報告書」(2020) を作成し，優生保護法が成立した原因として，①優生思想が国民に広がっていたのに対して，人権思想が十分浸透していなかったこと，②戦後の国内情勢や専門家である医療者の提案による立法提案であったこと，③優生思想を容認・助長するような当時の社会情勢および人口政策・逆淘汰防止という公益上の目的を果たすという医療者の誤った使命感，④優生保護委員会の構成員に裁判官他法律家や有識者が含まれていたことから適正な手続であることに対する疑問が生じなかったことを挙げる(69)。また，改正や救済が遅れた理由としては，以下の点が挙げられる。すなわち，「①内容がリプロダクションという極めてセンシティブな事項で，対象者が自ら申告をしづらいものであった。②被害者が，強制不妊手術をさ

---

(68) 桐原・前掲注(67)48頁。
(69) 日本医学会連合旧優生保護法の検証のための検討会「旧優生保護法の検証のための検討会報告書」(2020年) 12-13頁。

れたのが幼少時期であったため，記憶そのものが十分でなかったことに加え，被害者の多くが障害者であったために，自ら被害の事実を表明するのが困難であった。③都道府県優生保護委員会という地方公共団体の機関が，強制不妊手術等を許可する権限を有したために，地方毎に分散し，被害状況の把握の困難さに拍車をかけた。④医療を行う専門分野によって，リプロダクティブヘルス・ライツを含め，考え方やアプローチの仕方に大きな開きがあり，それを埋められなかった。⑤患者自身の被害の申告がない中で，寝た子を起こすように，問題提起することが躊躇された面もあると思われる。⑥日本の多くの法律は，政省令に委任することによって官僚の方で時代に応じた対応を取りやすくしているが，旧優生保護法においては「別表」という法律本体に規定をしてしまったために，国会を通じた法改正以外に対応が取れなかった。そして，①から⑤の事情があり，法改正の機運自体が，国において生じえなかった。⑦日本においては，法律の違憲性を直接扱う憲法裁判所がないため，被害を受けた個人が訴えを提起しない限り，裁判にはならず，この面からも問題の顕在化が難しかった」ことである[70]。これらを踏まえ，同報告書は，①旧優生保護法下で強制不妊手術を受けた被害者に対して謝罪を行うこと，②優生思想を結び付けられやすい医療，例えば，出生前診断や遺伝学的検査，先端的生殖医療，ゲノム編集を含む遺伝子治療などの分野が，その実施に際し非倫理的な方向へ進まないように多方面からの検討が必要であり，そのためには決定と決定プロセスを社会に開示すること，インフォームド・コンセント，インフォームド・アセントについて，説明すべきことを十分に語り患者に理解されるという点について十分に行うなどさらなる深化を希求すること，③その前提として，医療従事者に対する医事法，生命倫理・医療倫理教育を促進すること，社会的に影響が大きい問題に遭遇した際には，学会横断的な検討を行う組織を発足させ，国や社会を巻き込んだ議論や提言を行うことができるような仕組みを構築すべきであることを提言している[71]。ドイツにおいて優生学の確立と普及に努めたA・プレッツが望んでいたような「出生前」に人間を淘汰や選別することは，現在の技術，例えば羊水検査や最近の新型出生前診断等の技術に基づく選択的中絶，あるいは着床前遺伝学的検査等を使えば可能となっているだけに[72]，これらの技術利用には優生思想の面があることを自覚しつつ，開かれた議論を行っていく必要がある。その際には，令和6年判決がリプロダクティブ権に言及しなかったことの意味についても思いを巡らせるべきであ

---

(70) 日本医学会連合旧優生保護法の検証のための検討会・前掲注(69)13-14頁。
(71) 日本医学会連合旧優生保護法の検証のための検討会・前掲注(69)15-16頁。
(72) 市野川容孝「優生思想とは何か ―― その概念史」季刊福祉労働176号（2024年）74-75頁。

る。すなわち，これらの技術が「新自由主義に基づく政府の下で市場に向けて解禁されるとき，リプロダクティブ権は，自己決定の論理を介して，商業的代理母やゲノム産業の提供する遺伝情報を利用する顧客の権利として現象する」可能性についてである[73]。

その他にも，優生保護法被害東京弁護団団長が福祉制度や教育制度という観点から，①障害者が子を産むか否かを決めるにあたり，地域で障害のある人が子を育てるための十分な支援体制がなく，そのような制度がなければ，家族や支援者も出産に消極的な意見や行動になりがちであり，現状は変わらないため，子育てができる環境整備の必要性や，②奪われ続けてきた尊厳を回復する取り組みの必要性（特に教育による回復）を提言している[74]。

最後に，効率や競争，そして自らの人生や身体をコントロールすること[75]を重視する社会の価値観を覆すことも必要であることを示唆する，障害者の表現芸術集団「態変」を率いる金滿里（きむ・まんり）氏の言葉を引用して締めくくりたい。「地べたをはいつくばっている障碍者の視点を採り入れる方が，便利さや速さを追求してきた健常者の一辺倒な世界観よりも視野が広がります。人類が滅びないためにはどうすればいいか，知恵が発掘されるんちゃうかって思っています」[76]。

【謝辞】本研究は，国立研究開発法人科学技術振興機構 戦略的創造研究推進事業（社会技術研究開発）JPMJRS22J２による助成の一部を受けて行われた。

---

(73) 小泉良幸「旧優生保護法の違憲性を原理論的に検討する意義」ジュリ1605号（2025年）59頁。
(74) 関哉直人「八万四〇〇〇人の人々に向けて」季刊福祉労働176号（2024年）43-46頁。
(75) そのようなコントロールしたいという気持ちを手放すことの重要性を安積遊歩・安積宇宙「対談　尊厳死と優生思想」季刊福祉労働176号（2024年）116-118頁は示唆する。
(76)「地べたから見続けた半生つづる」朝日新聞2024年９月21日夕刊７頁。

◆ 3 ◆

# 強制不妊手術に関する最高裁大法廷判決の意義
―― 実務家の観点から

神谷惠子・神谷竜光

Ⅰ　はじめに
Ⅱ　本判決の概要
Ⅲ　医学会連合報告書，旧優生保護法調査報告書を踏まえた本判決の補充
Ⅳ　下級審判決の経過と本判決を踏まえた評価
Ⅴ　本判決の構成と本判決の意義

## I　はじめに

　日本全国で提起された旧優生保護法国家賠償請求訴訟（後述）に対して，最高裁は，令和6年7月3日に，内容的にはほぼ同じ5件の判決を言い渡した（令和5年(受)1319号，令和4年(受)1050号，令和4年(受)1411号，令和5年(受)1323号，令和5年(受)第1682号）。

　以下では，三浦守最高裁判事の補足意見（以下「三浦補足意見」という），草野耕一最高裁判事の補足意見（以下「草野補足意見」という）及び宇賀克也最高裁判事の意見（以下「宇賀意見」という）が述べられている最大判令和6年7月3日（令和5年(受)1319号）を「本判決」という。

　本稿の著者の一人である神谷惠子は，一般社団法人日本医学会連合（以下「日本医学会連合」という）[1]に設置された旧優生保護法の検証のための検討会の弁護士委員の一人として，『旧優生保護法の検証のための検討会報告書　旧優生保護法の歴史を振り返り今後のあるべき姿勢を提言する』のとりまとめを行った（以下「医学会連合報告書」という）。

　そして，本誌9号49頁以下では，「旧優生保護法に基づく優生手術等を受けた者に対する一時金の支給等に関する法律第21条に基づく調査報告書」（以下「旧優生保護法調査報告書」という）について，著者らがそれ以前に分析した下級審裁判例[2]にも触れつつ，『旧優生保護法調査報告書についての検討と残された課題』（以下「旧優生保護法調査報告書の検討と課題」という）として検討を行った。

　本稿は，著者がこれまで行ってきたこれらの検討・分析を踏まえ，主に実務家法曹の立場から，本判決及び本判決に至るまでの下級審判決についての分析を行い，本判決の意義を検討するというものである。

　以下では，まず，本判決の概要を紹介した上で，医学会連合報告書と，本誌9号で検討した旧優生保護法調査報告書を踏まえ本判決の前提事実を補充し，旧優生保護法3条1項1号から3号まで，10条又は13条2項の規定（以下「本件規定」という[3]）に基づき生殖を不能にする手術（以下「不妊手術」という）を受けたと

---

（1）日本医学会連合は，1902年に設立された日本聯合医学会を母体とし，1948年にアメリカの占領政策の一環として日本医師会内に組織され，2014年に独立した組織として発足した会である。その目的は，「医学に関する科学及び技術の研究促進を図り，医学研究者の倫理行動規範を守り，わが国の医学及び医療の水準の向上に寄与すること」であり，医学関係136学会（2020年度現在）の連合体として活動している会である。

（2）神谷惠子・神谷竜光「旧優生保護法に関する日本医学会連合の提言と旧優生保護法国賠訴訟の裁判例の分析」生存科学34巻1号（2023年）135頁以下）。

（3）但し，同法3条1項1号，2号及び10条については，昭和23年9月11日から平成8年

して提起された旧優生保護法国家賠償請求訴訟の下級審判決の内容と本判決に至るまでの経過を検討する。そして，本判決の意義を述べる。

## Ⅱ　本判決の概要

以下では，本判決の概要を紹介する。なお，本稿の内容に関連する限りとなっている。

### 1　本判決における憲法判断と本件規定の違憲性と国賠法上の違法性
（1）憲法13条に関する判示

ア　本判決は，憲法13条に関する判示としては，まず，性同一性障害者の性別の取扱いの特例に関する法律3条1項4号が憲法13条に違反すると判断した最大決令和5年10月25日民集77巻7号1792頁を引用して，「憲法13条は，人格的生存に関わる重要な権利として，自己の意思に反して身体への侵襲を受けない自由を保障している」とする。

その上で，「不妊手術は，生殖能力の喪失という重大な結果をもたらす身体への侵襲であるから，不妊手術を受けることを強制することは，上記自由に対する重大な制約に当たる。したがって，正当な理由に基づかずに不妊手術を受けることを強制することは，同条に反し許されないというべきである。」と明言する。

イ　そして，旧優生保護法の本件規定の「立法目的は，専ら，優生上の見地，すなわち，不良な遺伝形質を淘汰し優良な遺伝形質を保存することによって集団としての国民全体の遺伝的素質を向上させるという見地から，特定の障害等[4]を有する者が不良であるという評価を前提に，その者又はその者と一定の親族関係を有する者に不妊手術を受けさせることによって，同じ疾病や障害を有する子孫が出生することを防止することにあると解される。」とし，「しかしながら，憲法13条は個人の尊厳と人格の尊重を宣言しているところ，本件規定の立法目的は，特定の障害等を有する者が不良であり，そのような者の出生を防止する必要があるとする点において，立法当時の社会状況をいかに勘案したとしても，正当とはいえないものであることが明らかで

---

9月25日までの間，3条1項3号については，昭和23年9月11日から平成8年3月31日までの間，13条2項については，昭和27年5月27日から平成8年9月25日までの間において施行されていたものである。

（4）本判決においては，旧優生保護法の定める特定の疾病や障害を「特定の障害等」と定義している。

あり，本件規定は，そのような立法目的の下で特定の個人に対して生殖能力の喪失という重大な犠牲を求める点において，個人の尊厳と人格の尊重の精神に著しく反するものといわざるを得ない。」とする。

　すなわち，本判決は，本件規定に関して，優生上の見地に基づく立法目的が正当とはいえないことは，「立法当時の社会状況をいかに勘案したとしても」「明らか」と明言している。

　さらに，そのような立法目的の下で，特定の個人に対して生殖能力の喪失という重大な犠牲を求める点において，「個人の尊厳と人格の尊重の精神に著しく反する」とも明確に判示している。

　その結論として，「本件規定により不妊手術を行うことに正当な理由があるとは認められず，本件規定により不妊手術を受けることを強制することは，憲法13条に反し許されないというべきである。」と立法目的そのものに正当性がないことによる法令違憲を明らかにしている。

ウ　また，旧優生保護法3条では，条文の見出し上は「任意の優生手術」とされ，本人及び配偶者の同意によって医師が不妊手術を実施できる規定となっていた（同条1項柱書本文）。

　この点につき，本判決は，「本人に同意を求めるということ自体が，個人の尊厳と人格の尊重の精神に反し許されないのであって，これに応じてされた同意があることをもって当該不妊手術が強制にわたらないということはできない」として，強制性が否定されないことを述べている。そして，「優生上の見地から行われる不妊手術を本人が自ら希望することは通常考えられないが，周囲からの圧力等によって本人がその真意に反して不妊手術に同意せざるを得ない事態も容易に想定されるところ，同法には本人の同意がその自由な意思に基づくものであることを担保する規定が置かれていなかったことにも鑑みれば，本件規定中の同法3条1項1号から3号までの規定により本人の同意を得て行われる不妊手術についても，これを受けさせることは，その実質において，不妊手術を受けることを強制するものであることに変わりはないというべきである」と述べていることも注目すべきである。

（2）憲法14条に関する判示

　また，憲法14条1項との関係でも，同項は，「法の下の平等を定めており，この規定が，事柄の性質に応じた合理的な根拠に基づくものでない限り，法的な差別的取扱いを禁止する趣旨のものであると解すべきことは，当裁判所の判例とするところである（最高裁昭和37年(オ)第1472号同39年5月27日大法廷判決・民集18巻4号676頁，最高裁昭和45年(あ)第1310号同48年4月4日大法廷判決・刑集27巻3号265

頁等）。しかるところ，本件規定は，①特定の障害等を有する者，②配偶者が特定の障害等を有する者及び③本人又は配偶者の4親等以内の血族関係にある者が特定の障害等を有する者を不妊手術の対象者と定めているが，上記のとおり，本件規定により不妊手術を行うことに正当な理由があるとは認められないから，上記①から③までの者を本件規定により行われる不妊手術の対象者と定めてそれ以外の者と区別することは，合理的な根拠に基づかない差別的取扱いに当たるものといわざるを得ない。」とする。

（3）国賠法上の違法性の明言

このように，「本件規定は，憲法13条及び14条1項に違反するものであったというべきであ」り，「以上に述べたところからすれば，本件規定の内容は，国民に憲法上保障されている権利を違法に侵害するものであることが明白であったというべきである」としている。

すなわち，本判決は，本件規定が憲法上の権利（憲法13条及び14条1項）を違法に侵害することが「明白であった」と過去形で述べており，立法当時から違憲であったことを述べているといえる。

その上で，国会議員の立法行為に対する国賠法上の違法性について判断した最高裁判決(5)を引用しながら，「本件規定に係る国会議員の立法行為は，国家賠償法1条1項の適用上，違法の評価を受けると解するのが相当である」と述べる。

## 2 改正前民法724条後段の除斥期間に関する判断

（1）本判決は，改正前民法724条について，「不法行為をめぐる法律関係の速やかな確定を意図した規定である」と解した上で，「立法という国権行為，それも国民に憲法上保障されている権利を違法に侵害することが明白であるものによって国民が重大な被害を受けた本件においては，法律関係を安定させることによって関係者の利益を保護すべき要請は大きく後退せざるを得ないというべきである」とし，また，「国会議員の立法行為という加害行為の性質上，時の経過とともに証拠の散逸等によって当該行為の内容や違法性の有無等についての加害者側の立証活動が困難になるともいえない」と述べ，「本件には，同条の趣旨が妥当しない面があるというべきである。」とする。

（2）その上で，以下の事実関係を本判決は指摘した。

① 「憲法13条及び14条1項に違反する本件規定に基づいて，昭和23年から平

---

（5）最大判平成17年9月14日民集59巻7号2087頁。

成8年までの約48年もの長期間にわたり，国家の政策として，正当な理由に基づかずに特定の障害等を有する者等を差別してこれらの者に重大な犠牲を求める施策を実施してきた」
② 国は「その実施に当たり，審査を要件とする優生手術を行う際には身体の拘束，麻酔薬施用又は欺罔等の手段を用いることも許される場合がある旨の昭和28年次官通知を各都道府県知事宛てに発出するなどして，優生手術を行うことを積極的に推進していた」
③ 「上記施策が実施された結果として，少なくとも約2万5000人もの多数の者が本件規定に基づいて不妊手術を受け，これにより生殖能力を喪失するという重大な被害を受けるに至った」

①②③「の点に鑑みると，本件規定の立法行為に係る上告人の責任は極めて重大であるといわざるを得ない。」。
④ 「法律は，国権の最高機関であって国の唯一の立法機関である国会が制定するものであるから，法律の規定は憲法に適合しているとの推測を強く国民に与える」
⑤ 「本件規定により行われる不妊手術の主たる対象者が特定の障害等を有する者であり，その多くが権利行使について種々の制約のある立場にあったと考えられる」

④⑤「からすれば，本件規定が削除されていない時期において，本件規定に基づいて不妊手術が行われたことにより損害を受けた者に，本件規定が憲法の規定に違反すると主張して上告人に対する国家賠償法1条1項に基づく損害賠償請求権を行使することを期待するのは，極めて困難であったというべきである。」。

これに加え，以下のように，不妊手術を受けた者や第1審原告らについて，本件請求権の速やかな行使が期待できた事情はないことを指摘している。
⑥ 「本件規定は，平成8年に全て削除されたものの，その後も，上告人が本件規定により行われた不妊手術は適法であるという立場をとり続けてきたことからすれば，上記の者に上記請求権の行使を期待するのが困難であることに変わりはなかった」。
⑦ 「第1審原告らについて，本件請求権の速やかな行使を期待することができたと解すべき特別の事情があったこともうかがわれない」

最後に，以下のように，国の対応を指摘した。
⑧ 「国会は，立法につき裁量権を有するものではあるが，本件では，国会の立法裁量権の行使によって国民に憲法上保障されている権利を違法に侵害するものであることが明白な本件規定が設けられ，これにより多数の者が重大

な被害を受けたのであるから，公務員の不法行為により損害を受けた者が国又は公共団体にその賠償を求める権利について定める憲法17条の趣旨をも踏まえれば，本件規定の問題性が認識されて平成8年に本件規定が削除された後，国会において，適切に立法裁量権を行使して速やかに補償の措置を講ずることが強く期待される状況にあったというべきである」

⑨ 「そうであるにもかかわらず，上告人は，その後も長期間にわたって，本件規定により行われた不妊手術は適法であり，補償はしないという立場をとり続けてきた」

⑩ 「本件訴えが提起された後の平成31年4月に一時金支給法が成立し，施行されたものの，その内容は，本件規定に基づいて不妊手術を受けた者を含む一定の者に対し，上告人の損害賠償責任を前提とすることなく，一時金320万円を支給するというにとどまるものであった」

（3）　本判決は，除斥期間の経過後に提起されたとの「一事をもって，本件請求権が消滅したものとして上告人が第1審原告らに対する損害賠償責任を免れることは，著しく正義・公平の理念に反し，到底容認することができないというべきである」としている。

本判決が，「著しく正義・公平の理念に反し，到底容認することができない」という強い判示をしていることは，非常に重要である。

（4）　そして，最判平成元年12月21日民集43巻12号2209頁（以下「平成元年判決」という）その他の判例として，改正前民法724条後段の期間の経過により消滅し，除斥期間経過後の損害賠償請求訴訟の提起では，当事者からの主張がなくても請求権が消滅したものと判断すべきで，除斥期間の主張が信義則違反又は権利濫用であるという主張が主張自体失当となるとの法理については，不法行為をめぐる法律関係の速やかな確定という同条の趣旨を踏まえても，本件のような事案において，著しく正義・公平の理念に反し，到底容認することのできない結果をもたらすことになりかねないため，「除斥期間の主張が信義則違反又は権利濫用とされる場合は極めて限定されると解されるものの，そのような場合があることを否定することは相当でないというべき」として，ⓐ「裁判所が除斥期間の経過により上記請求権が消滅したと判断するには当事者の主張がなければならないと解すべき」として，当事者の主張が必要であること，ⓑ「上記請求権が除斥期間の経過により消滅したものとすることが著しく正義・公平の理念に反し，到底容認することができない場合には，裁判所は，除斥期間の主張が信義則に反し又は権利の濫用として許されないと判断することができると解する」との判例変更を行った。

なお，本判決は，改正前民法724条後段の規定により，「除斥期間の経過により法律上当然に消滅するものと解する」ことについては，変更はしなかった。

（5）このような判例変更を踏まえ，本判決は，裁判官全員一致で，国の上告を退け，国の原告らに対する損害賠償義務を認めた。

このほか，以下の三裁判官による補足意見及び意見がある。

## 3　個別意見の概略

（1）三浦補足意見について

三浦補足意見は，「1　判例を変更すべき範囲」と，「2　本判決を踏まえた国の対応等」について述べている。

前者は，後述の宇賀意見に対する応答となっていると解され，本稿では取り上げない。

後者については，「本件は，立法府が，非人道的かつ差別的で，明らかに憲法に違反する立法を行い，これに基づいて，長年に及ぶ行政府の施策の推進により，全国的かつ組織的に，極めて多数の個人の尊厳を否定し憲法上の権利を侵害するに至った被害の回復に関する事案」であること，「国は，本件規定が削除された後も長年にわたり，被害者の救済を放置してきたものであ」ること，「一時金支給法による一時金の支給も，国の損害賠償責任を前提とするものではなく，その額も十分とはいえない」ことを指摘し，また，「これまでにその支給の認定を受けた者は，不妊手術を受けた者の総数に比して極めて低い割合にとどまる」ことも述べている。

さらに，「このような状況において，平成元年判決等が示した法理が今日まで維持されてきたことは，国が損害賠償責任を負わない旨の主張を維持することを容易にするなど，問題の解決を遅らせる要因にもなったと考えられるが，国が必要な立法措置等により被害者の救済を図ることが可能であったことはいうまでもない。」とする。

そして，「これらの事情に加え，被害者の多くが既に高齢となり，亡くなる方も少なくない状況を考慮すると，できる限り速やかに被害者に対し適切な損害賠償が行われる仕組みが望まれる。そのために，国において必要な措置を講じ，全面的な解決が早期に実現することを期待する。」と述べている。

（2）草野補足意見について

草野補足意見は，改正前民法724条の立法趣旨に関して，追加の考察を加えたものとなっている。

その上で，草野補足意見においては，「本件規定の違憲性は明白であるにもか

かわらず，本件規定を含む優生保護法が衆・参両院ともに全会一致の決議によって成立しているという事実」を踏まえ，「立憲国家の為政者が構想すべき善き国家とは常に憲法に適合した国家でなければならないにもかかわらず，上記の事実は，違憲であることが明白な国家の行為であっても，異なる時代や環境の下では誰もが合憲と信じて疑わないことがあることを示唆」しているとした上で，これに対して，「司法が取り得る最善の対応は，為政者が憲法の適用を誤ったとの確信を抱くに至った場合にはその判断を歴史に刻印し，以って立憲国家としての我が国のあり方を示すことであろう」と明言したことは，注目される。「粛然として本件規定が違憲である旨の判決を下すべきであり，そのためには，本件請求権が除斥期間の経過によって消滅したという主張は信義則に反し，権利の濫用に当たると判断しなければならない。」と裁判所における判決のあり方についても述べている。

（3）宇賀意見について

宇賀意見は，改正前民法724条後段の期間を除斥期間と解する点については，消滅時効を定めるものと考え，その意見を述べている。

## Ⅲ　医学会連合報告書，旧優生保護法調査報告書を踏まえた本判決の補充

このほか，本判決においては，旧優生保護法の昭和23年の制定時の規定，昭和24年，昭和27年の改正内容，昭和28年次官通知，昭和29年，昭和32年の予算消化に関する下記通知を指摘し，その後，第1審原告などの経過を述べた上で，平成8年の旧優生保護法の改正（本件規定の削除），一時金支給法の制定までの経緯を，「原審の適法に確定した事実関係等の概要（公知の事実を含む。）」として述べている。また，本判決では「立法当時の社会状況」（上記Ⅱ1（1）イ）や，草野補足意見が述べる「異なる時代や環境」（上記Ⅱ3（2））については，詳述されていないため，医学会連合報告書や旧優生保護法調査報告書を踏まえ，補充する。

まず，本判決では，本件規定の立法目的は，専ら優生上の見地（不良な遺伝形質を淘汰し優良な遺伝形質を保存することによって集団としての国民全体の遺伝的素質を向上させるという見地）から，特定の障害等を有する者が不良であるとして，同じ疾病や障害を有する子孫が出生することを防止することにあるとしている（上記Ⅱ1(1)イ）。

元々，旧優生保護法の立法目的となった優生思想や優生運動については，20世紀に入り，諸先進国において浸透していたところ[6]，わが国においては，さらに敗戦後の社会情勢や人口政策があり，国家が法律でもって優生思想を強制し，

容認・助長するような社会的な情勢があったといえる[7]。しかし，それだけでなく，旧優生保護法別表において，「三　強度且つ悪質な遺伝性精神変質症」として「著しい性欲異常」「凶悪な常習性犯罪者」を加え，さらに末尾に「その他厚生大臣の指定するもの」として，「今後において遺伝性疾病で，反社会性又は社会的不適応症であることが明らかとなったものに対しては，厚生大臣が追加指定する予定になっている」とされていた[8]。これらは，単に「優生上の見地からの子孫の出生防止」だけからは説明できないような立法である。

　また，旧優生保護法を提案し，推進した議員の一人である谷口彌三郎議員（以下「谷口議員」という）は，医師でもあった。谷口議員においては，昭和27年改正による優生手術の適用範囲拡大の理由として，「持論の逆淘汰論を展開し，最近受胎調節が奨励され，その普及成功の率が知能的に優れた階層に多くなるので，知能的に逆淘汰の起こるおそれがある上，従来のままでは優生手術の施行数が極めて少ないこと」を問題にしていた。昭和27年改正では，精神病又は精神薄弱にかかっている者にも拡大されたが，当該議員への感謝・賛辞，尽力への多大な敬意が述べられた上で，質疑打ち切り，討論省略，直ちに採決されんことの動議が出され，可決され，衆議院では質疑がされなかった[9]。草野補足意見において，衆参両院の全会一致の決議によって成立していることを述べ，「違憲であることが明白な国家の行為であっても，異なる時代や環境の下では誰もが合憲と信じて疑わないことがある」と述べているとおりの自体が見受けられる（上記Ⅱ3（2））。その上，旧厚生省から，各地方公共団体の不妊手術予算に対する予算消化のプレッシャーがかけられていた[10]。本判決においても，「審査を要件とする優生手術の実施の推進について」と題する厚生省公衆衛生局庶務課長通知（昭和29年12月24日衛庶第119号），昭和32年4月27日の厚生省公衆衛生局精神衛生課長の通知で，予算上の件数が下回っている現状・実情があり，計画どおりの実施や当該年度における優生手術の実施についてその実りを上げるよう通知していたことを指摘している。そして，このような事実関係も踏まえ，国が特定の障害等を有する者等を差別して，身体の拘束，麻酔薬施用又は欺罔等の手段を用いることも許される場合がある旨の通知を出すなどし，少なくとも約2万5000人もの多数の者に優生手術を行うことを積極的に推進していた根拠としている（上記Ⅱ2

---

（6）医学会連合報告書9頁。
（7）医学会連合報告書10，12頁。
（8）本誌9号（2024年）52，53頁参照。
（9）本誌9号57頁。
（10）医学会連合報告書12，13頁。

（2）①②③）。

　しかしながら，医学・医療界だけでなく，法律家，学識経験者も，旧優生保護法の制定・推進には相当程度関与していたことも，当時の社会状況や旧優生保護法の推進過程を考えるに当たって見過ごすことはできない[11]。

　そもそも，旧優生保護法の本件規定に基づく不妊手術には，制定時の旧優生保護法3条の本人及び配偶者の同意によって実施する不妊手術（条文の見出し上「任意の優生手術」）となっているものと，同法4条の「強制優生手術」（条文の見出し）があり，さらに，強制不妊手術については，都道府県優生保護委員会（以下，その後の名称である「都道府県優生保護審査会」という）に審査を申請できるように規定されていた。都道府県優生保護審査会の構成は，医師だけでなく，裁判官，検察官，学識経験者などが含まれており，昭和24年10月11日法務府法意一発第62号厚生省公衆衛生局長宛法務府法制意見第一局長回答（以下「昭和24年局長回答」という）では，基本的人権の制限を伴うが「決して憲法の精神に背くものではない」，「都道府県優生保護審査会の審査・決定，これに異議があるときの中央優生保護審査会の再審査・決定，これに対してさらに訴えを提起できるというように「その手続はきわめて慎重であり，人権の保障については法は十分の配慮をしていることができる」，「手術を受ける者の意思に反してこれを実施することも何等憲法の保障に反するものではない。」と明言していた[12]。

　このように，立法当時からそれ以降，医師資格を有する議員だけでなく，医師，法律家，学識経験者を含め，まさに社会全体となって旧優生保護法による強制不妊手術が推進されてきた経過がある。

　本判決では，優生保護審査会の構成委員に，裁判官や検察官，学識経験者が加わっていたことは明示していない[13]。しかし，本判決は，「同法には本人の同意がその自由な意思に基づくものであることを担保する規定が置かれていなかったことにも鑑みれば」，強制性に変わりがないと述べており，このような審査会や訴訟提起ができるようにするとの手続規定を整備しても，「自由な意思に基づくものであることを担保する規定」になるものではないことを示している。

　また，強制不妊手術の実施の詳細をみると，旧優生保護法の要件を充たさないにもかかわらず，強制不妊手術が行われたり，ぐ犯少年に実施されたり，或い

---

(11) 本誌9号54, 56-58頁。
(12) 本誌9号55, 56頁参照。なお，本判決は，昭和28年6月12日厚生省発衛第150号（以下「昭和28年次官通知」という）については判示しているが，昭和24年局長回答には言及がない。
(13) 本誌9号58-60頁参照。

は，旧優生保護法に定められない法定外の手術が行われたりと(14)，旧優生保護法という根本的に違憲な法律が制定されただけでなく，その適用・運用においても，重大な人権侵害がなされてきたのである。

このように旧優生保護法は，立法当初や制定後すぐの改正だけでなく，その後の運用においても，長期間にわたり違憲・違法な行為が行われてきたものといえる。

草野補足意見が述べたように，「立憲国家の為政者が構想すべき善き国家とは常に憲法に適合した国家でなければならない」（上記Ⅱ3（2））にもかかわらず，これだけ重大な人権侵害の立法が国会によってなされ，行政がそれを執行してきた。

このような中で，司法としては，違憲の判決を示し，立憲国家としてのあり方を示すべき（上記Ⅱ3（2）草野補足意見）というのは，まさにその通りであり，本判決は，旧優生保護法の本件規定が，憲法13条及び14条1項の憲法上保証されている権利を違法に侵害するものであることが明白であったと断言し，それ以上の特段の理由付けもなく，「本件規定に係る国会議員の立法行為は」国賠法上の「違法の評価を受ける」と判断している（上記Ⅱ1（3））。

また，除斥期間の経過後に提起されたとの一事をもって国が損害賠償責任を免れることは，「著しく正義・公平の理念に反し，到底容認することができない」（上記Ⅱ2（3）（4）（5））として，国の責任を認めているのも非常に適切であった。

しかしながら，下級審判決においては，当然に，このような判断に至ったわけではない。本判決に至るまでの下級審判決の流れをみると，司法のあり方についても，大きな問題があったと言わざるを得ない。

## Ⅳ　下級審判決の経過と本判決を踏まえた評価

### 1　本判決に至るまでの下級審の判断の概略

本判決が出されるに至るまでの下級審判決の概略（結論，認容額，違憲性・違法性に関する判断，除斥期間の適用制限の有無）をまとめると，次の【裁判例表】のとおりである。以下，【裁判例表】中の裁判例については，「裁判所」の項目にある数字のみで摘示する。

### 2　下級審判決に関する評価

（1）　まず，単純に，地裁での認容率は，12件中6件で50％，高裁での認容率

---

(14) 本誌9号60，61頁。

〈第1部①〉 3 強制不妊手術に関する最高裁大法廷判決の意義〔神谷惠子・神谷竜光〕

【裁判例表】

| 判決日 | 裁判所 | 結論 | 違憲性・違法性 | 除斥期間の適用制限の有無 |
|---|---|---|---|---|
| R1.5.28 | ①仙台地判 | 棄却 | 憲法13条違反で優生手術の規定は無効 | （原告の主張がなく判断されず） |
| R2.6.30 | ②東京地判 | 棄却 | そもそも要件非該当で判断せず（優生手術が憲法13条で保護される自由を侵害するとは言及） | 除斥期間の適用を制限する特段の事情なし |
| R2.11.30 | ③大阪地判 | 棄却 | 明らかに憲法13条，14条1項に違反し，立法行為は憲法上の権利を違法に侵害することが明白 | 除斥期間の適用を制限する特段の事情なし |
| R3.1.15 | ④札幌地判 | 棄却 | 憲法13条，14条1項，24条2項に違反し，およそ合理的な根拠は見出し難く，制定は違法 | 除斥期間の適用を制限する特段の事情なし |
| R3.2.4 | ⑤札幌地判 | 棄却 | 判断せず（優生手術や人工妊娠中絶がなされたと認められないため） | |
| R3.8.3 | ⑥神戸地判 | 棄却 | 憲法13条，14条1項，24条2項に違反し，速やかに改廃しない立法不作為の違法 | 除斥期間の適用を制限する特段の事情なし |
| R4.2.22 | ⑦大阪高判（③控訴審） | 認容（1430万，220万） | 明らかに憲法13条，14条1項に違反し，違法な立法行為 | 著しく正義・公平の理念に反するため，除斥期間の適用を制限する |
| R4.3.11 | ⑧東京高判（②控訴審） | 認容（1500万） | 明らかに憲法13条，14条1項に違反しており，厚生大臣は優生手術を実施しないよう指導すべき注意義務に違反 | 著しく正義・公平の理念に反するため，除斥期間の適用を制限する |
| R4.9.22 | ⑨大阪地判 | 棄却 | 明らかに憲法13条，14条1項に違反し，立法行為は憲法上の権利を違法に侵害することが明白 | 著しく正義・公平の理念に反するが，①訴訟提起間もなくから6か月以内でない |
| R5.1.23 | ⑩熊本地判 | 認容（1500万） | 明らかに憲法13条，14条1項に違反し，優生手術を受けた者に対し損害賠償義務を負う | 著しく正義・公平の理念に反するため，除斥期間の適用を制限する |

| | | | | |
|---|---|---|---|---|
| R5.2.24 | ⑪静岡地判 | 認容<br>(1650万) | 明らかに憲法13条，14条１項に違反しており，厚生大臣は優生手術を実施しないようにすべき注意義務に違反 | 著しく正義・公平の理念に反するため，除斥期間の適用を制限する |
| R5.3.6 | ⑫仙台地判 | 認容<br>(1650万) | 憲法13条，14条１項，24条２項に違反し，厚生大臣は実施されないよう改正案提出等の注意義務に違反 | 著しく正義・公平の理念に反するため，除斥期間の適用を制限する |
| R5.3.16 | ⑬札幌高判<br>(④控訴審) | 認容<br>(1650万) | (④原審と同じく立法行為は違法) | 著しく正義・公平の理念に反するため，除斥期間の適用を制限する |
| R5.3.23 | ⑭大阪高判<br>(⑥控訴審) | 認容<br>(1650万) | 明らかに憲法13条，14条１項に違反し，立法行為は憲法上の権利を違法に侵害することが明白 | 著しく正義・公平の理念に反するため，除斥期間の適用を制限する |
| R5.6.1 | ⑮仙台高判<br>(①控訴審) | 棄却 | 憲法14条１項に反し，立法行為，厚生大臣の権限不行使は違法（憲法13条への言及なし） | 除斥期間の適用を制限する特段の事情なし |
| R5.6.16 | ⑯札幌高判<br>(⑤控訴審) | 棄却 | 客観的に，憲法13条，14条１項，24条２項に違反するとの評価は免れないが，優生手術や人工妊娠中絶が実施されたとは認められない | |
| R5.10.25 | ⑰仙台高判<br>(⑫控訴審) | 認容<br>(1650万) | 明白に憲法13条，14条１項，24条２項に違反し，立法行為は違法 | 著しく正義・公平の理念に反するため，除斥期間の適用を制限する |
| R6.1.26 | ⑱大阪高判<br>(⑨控訴審) | 認容<br>(一部請求) | 明らかに憲法13条，14条１項に違反し，立法行為は，憲法上保障されている権利を違法に侵害することが明白 | 著しく正義・公平の理念に反するため，除斥期間の適用を制限する |
| R6.3.12 | ⑲名古屋地判 | 認容<br>(1430万，220万) | 旧優生保護法４条から13条は憲法13条，14条１項に違反し，旧優生保護法３条は憲法に違反すると直ちにはいえないものの，侵害のおそれが高い規定だったが，厚生大臣は指導監督義務を怠った | 著しく正義・公平の理念に反するため，除斥期間の適用を制限する |

〈第1部①〉 3 強制不妊手術に関する最高裁大法廷判決の意義〔神谷惠子・神谷竜光〕

| R6.5.27 | ⑳静岡地浜松支判 | 認容<br>(1650万) | 憲法13条，14条1項に違反することは明らかで，立法行為は違法。厚生大臣が優生手術を実施又は停止しなかった義務違反 | 著しく正義・公平の理念に反するため，除斥期間の適用を制限する |
|---|---|---|---|---|
| R6.5.30 | ㉑福岡地判 | 認容<br>(1540万，220万) | 明らかに憲法13条後段，14条1項に違反しており，立法行為は違法 | 著しく正義・公平の理念に反するため，除斥期間の適用を制限する |
| R6.7.3 | 最大判<br>(令和5年(受)1319⑭上告審，令和4年(受)1050⑦上告審，令和4年(受)1411⑧上告審，令和5年(受)1323⑬上告審，令和5年(受)1682⑮上告審) | | | |

は，7件中6件で85％と大きな開きがある（なお，不妊手術の実施自体が認定されなかった⑤札幌地判，⑯札幌高判は除外してある）。

さらに，地裁での認容は，令和4年2月の⑦大阪高判，同年3月の⑧東京高判が続いた後，令和5年になってからである。令和4年9月の⑨大阪地判は，著しく正義・公平の理念に反するとしながら，①仙台地判の訴訟提起後，6か月以内でないために，除斥期間が経過したため棄却したものであり，地裁が認容判決を出すに至る過渡的な内容とみることができる。

そうすると，下級審判決を通覧すると，⑦大阪高判，⑧東京高判が立て続けに出たことで，少なくとも認容方向での判断がでるようになったと評価することができる。

逆に言うと，それまでの地裁において，全て棄却判決であったことは，司法のあり方としては，極めて問題があったと言わざるを得ない。

本判決において最高裁は，「立法という国権行為，それも国民に憲法上保障されている権利を違法に侵害することが明白であるものによって国民が重大な被害を受けた本件」であり（上記Ⅱ2(1)），また，除斥期間の経過後に提起されたとの一事をもって，本件請求権が消滅したものとして損害賠償責任を免れることは，「著しく正義・公平の理念に反し，到底容認することができない」と判断をしているが（上記Ⅱ2(3)），地裁レベルでは，全くそのように判断されなかったことを，裁判所においては，重く受け止めるべきである。

その上，⑦大阪高判，⑧東京高判が出されるまでの地裁判決は，仙台地裁[15]，東京地裁，大阪地裁，札幌地裁，神戸地裁と，主要大規模庁での判決で

---

(15) なお，①仙台地判で除斥期間の適用制限に関する原告の主張がなかったのは，除斥期

あったにもかかわらず，このような判断が続いたことは，実務家法曹の一員としては，大変遺憾である。

特に，令和2年6月30日の②東京地判は，強制不妊手術の要件を充足しないで不妊手術が実施された事案であったものの，実施された優生手術が原告の憲法13条に保護された自由を侵害するとの適用違憲に関する判断に留め，法令違憲に関する判断はなされていなかった。これに対して，最高裁においては，法令違憲に基づく判断のみを行い，適用違憲やそもそも旧優生保護法の要件を充足したかどうかといったような判断は行っていない（最判令和4年（受）第1411号参照）。

上記でも述べた通り，草野補足意見が，立憲国家としてのあり方を示すべく，粛然と違憲である旨の判決を下すべきと述べていることが踏まえられるべきであろう。

（2）それに対して，①仙台地判の控訴審である⑮仙台高判においては，憲法13条への言及そのものがなく，また，除斥期間の適用を制限する特段の事情もないと判断しており，国による旧優生保護法に基づく強制不妊手術による人権侵害の重大性などを直視せず，追認するようなものであったと言わざるを得ない。司法は，人権救済の砦であるべきであり，このような国会・行政の行為を追認するだけであれば，三権分立の観点からも問題であろう。

⑯札幌高判は，強制不妊手術自体があったことを認定できなかった事案であるが，法令の違憲性は判示している。国家賠償法上の要件上，不妊手術の実施そのものが認定できない場合に棄却との結論はやむをえないが，裁判所として，法令の違憲性を示したことは評価されるよう（これに対して，第1審の⑤札幌地判では，法令の違憲性自体，何も述べられなかった）。

また，⑲名古屋地判では，旧優生保護法3条（任意の優生手術の条項）の規定については，憲法に直ちに違反するとはいえないものの，侵害のおそれが高い規定だというように，微妙な判断がなされている。しかし，本判決が述べたように，そもそも，本人に同意を求めること自体が，個人の尊厳と人格の精神に反し許されないし，周囲からの圧力等や，自由な意思に基づく同意を担保する規定もなかったことを踏まえれば（上記Ⅱ1（1）ウ），端的に，旧優生保護法の本件規定は，いずれも憲法13条，14条1項に違反していると判断すべきであったであろう。

---

間の適用が違憲であるとの主張を展開しており，早期審理・早期判決を目指して争点を絞ったためだったとのことである（三浦じゅん「仙台地判令和元年〔2019〕年5月28日の評価と控訴審における今後の展開——旧優生保護法による強制不妊手術被害事件」法セミ775号（2019年）35頁参照）。

なお，本判決は，一部の下級審判決が言及していた憲法24条2項違反については述べていない。積極的に憲法24条2項を排除しているわけではないであろうが，憲法13条，14条1項によって評価し尽せているということなのかもしれない。

（3）下級審判決においては，旧優生保護法の立法行為を違法とするものと，厚生大臣の権限行使・権限不行使を違法とするもの，或いはその両方があるが，本判決においては，立法行為の違法性を認めている（上記Ⅱ1（3））。

その上で，本判決は，旧優生保護法の本件規定が削除された後，「国会において，適切に立法裁量権を行使して速やかに補償の措置を講ずることが強く期待される状況にあったというべき」（上記Ⅱ2（2）⑧）と述べているが，この点については，立法不作為の違法を実質的には認めたという考え方もできるし，「強く期待される状況」というのは立法すべき義務があったとまではいえないとの両面の評価が可能であろう。ただ，三浦補足意見（上記Ⅱ3（1））を踏まえると，前者のように解すべきように思う。

（4）このほか，請求を認容した下級審判決においては，除斥期間の適用を制限するとした際に，いつまでに訴えを提起するかについての判断が分かれていた。

例えば，⑦大阪高判は，時効停止の規定（民法158～160条）の法意に照らし，権利行使を不能又は著しく困難とする事由が解消されてから「6か月を経過するまでの間」に提起されたかとした（⑬札幌高判，⑰仙台高判，⑱大阪高判なども同様）のに対して，⑧東京高判は，「民法158条及び160条を根拠とする6か月という期間は，本件においてそのまま適用することが相当であるとはいい難い」として，「一時金支給法の施行日から5年間の猶予を与えるのが相当」としている。また，⑭大阪高判は，国が「優生条項を憲法の規定に違反していると認めた時，又は，優生条項が憲法の規定に違反していることが最高裁判所の判決により確定した時のいずれか早い時期から6か月」とした。

他方で，⑨大阪地判は，⑦大阪高判の判断枠組みに則り，6か月以内の訴訟提起でないために請求棄却をしたり，⑮仙台高判においては，「本件優生手術の実施及びそれによる損害の発生を認識しており，旧優生保護法の優生手術であったことについても認識し又は認識し得たものというべきである」として，損害賠償請求権を行使することが「客観的におよそ不可能であったとまでいうことはできない」として請求棄却を維持している。

このように，そもそも，除斥期間の適用を制限するとしても，訴訟提起までの猶予期間を設定するとなった場合には，どのような事由でもって，いつから，ど

の程度の期間とするかという問題が生じることになる。かつ，このような猶予期間の設定方法では，救済されない当事者が出てきうることも，下級審判決を通覧すると見て取れる。

本判決は，そもそも，当事者の主張を必要とし，かつ，その主張が信義則違反や権利濫用にあたる場合に除斥期間の主張自体を許さないとすることでの解決を図ったが，それは，このような下級審判決での区々となった状況を解決するためであったと考えられる(16)。

なお，⑮仙台高判では，上記のように，損害賠償請求権を行使できた余地があるとして請求棄却としているが，最高裁は，「本件請求権の速やかな行使を期待することができたと解すべき特別の事情があったこともうかがわれない。」（令和5年(オ)第1341号，令和5年(受)第1682号）として，そのような事情がないことも明示している。

このように，本判決は，旧優生保護法の本件規定による強制不妊手術を実施された当事者については，自身がそれを認識又は認識し得た程度では，救済の道が閉ざされないことを示したことも注目される。

## 3 損害賠償の認容額について

以上のように，本判決によって，旧優生保護法の本件規定によって強制不妊手術を受けた当事者は，救済されることになったといえる(17)。

その場合，損害額がどうなっているかについて，下級審判決をみてみる。

原告が明示的一部請求をしていた場合を除外すると，⑦大阪高判は，本人1300万円＋配偶者200万円（＋弁護士費用それぞれ10％）としている。

これに対して，⑧東京高判は，本人のみが当事者となり，1500万円としている（弁護士費用は請求されていなかった。）。

⑧東京高判の次に認容判決を出した⑩熊本地判は，本人1400万円＋弁護士費用100万円で1500万円としており，若干特殊であるが，ほかは，本人のみの損害を請求している場合，1500万円＋弁護士費用150万円となっている。

その一方で，本人と配偶者が損害賠償請求している場合には，⑲名古屋地判は，本人1300万円＋配偶者200万円（＋弁護士費用それぞれ10％），㉑福岡地判は，本人1400万円＋配偶者200万円（＋弁護士費用それぞれ10％）となっている。

---

(16) 松本克美「除斥期間に関する判例変更 ── 旧優生保護法強制不妊手術国賠訴訟最高裁2024（令和6）・7・3大法廷判決」法セミ837号（2024年）38頁参照。

(17) 報道によれば，令和6年11月15日に，一連の訴訟において，和解が成立し，全て終結したということであった。

〈第1部①〉 3 強制不妊手術に関する最高裁大法廷判決の意義〔神谷恵子・神谷竜光〕

これらを通覧すると，強制不妊手術を受けた本人についてはほぼ1500万円の慰謝料で，配偶者がいる場合の本人は1300〜1400万円で配偶者が200万円とされている。

その結果，配偶者が一緒に請求をしていると，本人の慰謝料金額が減り，損害額全体としては，1500万円から大きく上回ることがないようにされている。しかしながら，配偶者がいる場合に，本人1人と分け合うようなことは問題であろう。

それぞれが権利侵害を受けているのであって，損害額が低くなる方向で調整されるのは，本来的には適切とはいえないであろう。

なお，1500万円程度というのは，交通事故の損害賠償実務では生殖機能喪失が一般に，後遺障害等級7級相当で後遺症慰謝料1000万円と評価されることに加え，強制不妊手術が差別政策である優生政策の一環として意図的に傷害を加えたものであるため交通事故事案よりも重大であることなどを考慮されたものと考えられる（⑧東京高判参照）。

国家による明白に違憲な行為である強制不妊手術による損害の金銭的評価としては，低額に過ぎないかとの問題はありうる。その根底にあるのは，そもそも日本における慰謝料が全般的に低い傾向にあることによるともいえる。

加えて，逸失利益については，労働能力の喪失を踏まえて評価されるため，生殖機能の喪失では逸失利益が考慮されず，損害の金銭的評価がそこまで高額にならなかったという面もある。しかし，個々人によっては，生殖機能の喪失により，ホルモンバランスが崩れ家事労働も含め十分な労働ができなかったことも考えられるところではある。

手術を受けた約2万5000人全員に対して，1500万円を支払ったとしても，3750億円で，日本の国家予算の規模と比較しても，年間の予備費約5000億円にも満たない。本来的に，国が，明白に違憲な行為を推進し，その運用の過程では多くの国民も関与して制度を運用し，長年にわたって被害者の救済をしなかった本件における評価として本当に充分だったのかというのはよく考える必要はあろう。

そして，一時金支給法の支給額は320万円（旧優生保護法一時金支給法4条）に留まり，全く，損害賠償責任を前提とせずに（上記Ⅱ2⑩），曖昧に解決を図ろうとした国の姿勢は，やはり問題となる。

本判決の言渡し後，一時金支給法は，旧優生保護法に基づく優生手術等を受けた者等に対する補償金等の支給等に関する法律に全部改正された。そこでは，不妊手術被害者本人には1500万円の補償金（同法4条1号），その配偶者には500万円の補償金を支払うことと定められた（同条2号。なお，損害賠償との調整規定は

同法21条)。このように，立法的な解決が図られることとなった。

### 4 遅延損害金の起算点について

他方で，本判決は，下級審判決における遅延損害金の起算点が，訴状送達日の翌日としていることについては，何ら判断をせず，そのまま認めたような内容となっている。

しかし，立法行為そのものが違憲・違法であったことからすれば，本来的には，不法行為時，すなわち損害発生時[18]である強制不妊手術が実施された時点が遅延損害金の起算点とされるべきである。除斥期間の起算点も，不法行為時とされていることを維持した本判決からすれば，遅延損害金の起算点も，不法行為時とするのが整合的である。

これに対して，原告が遅延損害金の起算点を訴状送達日の翌日としていたのであれば格別（例えば，⑦大阪高判，⑧東京高判はいずれも原告は訴状送達日の翌日を遅延損害金の起算点としていた），不法行為時を基準として請求している場合には，本来的にはその時点から起算すべきであったと考えられる。

ところが，⑫仙台地判は，「不法行為に基づく損害賠償請求権の遅延損害金の起算日は，通常，損害の発生時であるものと解されるが，本件事案の特殊性にかんがみ，損害の公平な分担の観点から，遅延損害金の起算点については，訴状送達日の翌日」とすると述べ，⑲名古屋地判は「優生手術がされた時点であるが，その額の算定に当たって，長年にわたり精神的苦痛を受け続けたことが重要な要素として考慮されていることなどに鑑みて，損害の公平な分担を図る損害賠償法の理念に照らし，原告らの損害賠償請求に係る遅延損害金の起算日は，訴状送達の日の翌日」としている。

確かに，強制不妊手術が実施されたのが少なくとも20年以上前のことであることからすると，強制不妊手術がされた時点を遅延損害金の起算点として請求した原告は，年5分の割合で計算して，2倍以上の損害賠償額となる。

そうすると，訴状送達日の翌日として起算点として遅延損害金を請求した原告と，強制不妊手術の実施日を起算点とした原告とで，大きな差が生じることになるが，それを低い方向で公平にすることが，「損害の公平な分担」の観点から適切なのかは疑問なしとしない。

むしろ，前述のように，医療界や法律家も関与し，全国家的に強制不妊手術を推進してきたことからすれば，国民全体で，被害者の損害を負担すべきであり，

---

(18) 最判昭和37年9月4日民集16巻9号1834頁など参照。

「損害の公平な分担」という紋切り型のタームでもって，被害者に遅延損害金の起算点を後ろにすることを正当化できるのかは疑問である。

強制不妊手術を実施された当事者からすれば，その苦しみが長期間にわたって続いたことは，まさに遅延損害金によって評価すべきなのであり，それを訴状送達日の翌日からの起算でよいかのようにしたことは，残念である。

## V 本判決の構成と本判決の意義

以上のように，本判決が遅延損害金の起算点について明確にしなかった点は残念であるものの，その他につき，基本的に，本判決は評価できるものと考える[19]。

最後に，本判決の構成とそこから考えられる本判決の意義について述べたい。

本判決は，Ⅱにてまとめたように，まず，憲法上の権利の侵害を認定し，法令の違憲性を宣言し，国家賠償法上の違法性を明言した（上記Ⅱ1(1)(2)(3)）。

その上で，除斥期間に関する判断をしているが，ここで本判決は，除斥期間の経過後に提起されたとの「一事をもって，本件請求権が消滅したものとして上告人が第1審原告らに対する損害賠償責任を免れることは，著しく正義・公平の理念に反し，到底容認することができないというべきである」との判断を先にした示した後に（上記Ⅱ2(3)），除斥期間に関する平成元年判決に関する判例変更をし，本件に関する適用を行っている（上記Ⅱ2(4)(5)）。

すなわち，ここでは，正義・公平の理念が先行し，到底容認できないとの結論があった上で，除斥期間に関する判例変更を行っている。

下級審判決，特に，請求棄却を立て続けに行っていた地裁判決については，この点が逆転し，除斥期間の適用が重視されてしまっていたと考えられる。

しかし，司法は，人権救済の砦であり，法を執行する役割の行政機関ではない。

さらに，除斥期間に関する平成元年判決の判例変更を直接的にできるのは最高裁だけであり，本判決のような解決は最高裁のみが行える方法であったようにもみえるが，判例の拘束力は，事実上の拘束力にとどまるというのが通説で[20]，最高裁判例に盲従することが下級審の裁判官において求められるものではない。

最高裁としては，このような点を下級審（特に地裁判事）に示すために，本判

---

(19) なお，宇賀意見のように，除斥期間ではなく，消滅時効とすべきだったのではないかというのは，一つの考え方としてはありうるが（松本・前掲注(18)38，39頁参照），本稿では扱わない。

(20) 例えば，芦部信喜（高橋和之補訂）『憲法 〔第8版〕』（岩波書店，2023年）418頁参照。

決のような構成をとったとも考えられる[21]。

　本判決は，今後，仮に，違憲性が明白となるような立法がされた場合，司法のあり方としては，正義・公平の理念に反するような事態は容認せず，人権侵害に対する救済を行うべきことを暗に示していると考えられる。

　また，法律実務家としては，最高裁判例があるからといってそこで思考停止するようなことがないように裁判に臨むようにしていきたい[22]。

---

(21) なぜ⑦大阪高判，⑧東京高判の判事は認容判決を出すことができ，それ以前の地裁判事は出せなかったのかというのは，検討すべき問題ではあるが，著者らの力の及ぶところではなく，今後の研究を待ちたい。

(22) 校正段階で，鷹野旭調査官解説を含むジュリ1605号「特集　旧優生保護法違憲大法廷判決」，自由と正義76巻2号「特集1　旧優生保護法に関する最高裁大法廷判決を受けて」に触れた。特に，鷹野調査官解説において，「優生保護法の制定当時は，終戦から間もない時期であり，一般人の人権意識や人権感覚が現在とは大きく異なっていたであろうことは想像に難くないが，憲法の基本原理としての個人の尊重（尊厳）の意味するところは，一般人の人権意識等によって変わるべきものではない。むしろ，一般人，すなわち，多数を構成する者が，意識的，無意識的に行う少数者の権利侵害行為こそが，全ての人間を自主的な人格として平等に尊重しようとする個人の尊重の原理に照らして排除されるべきものである」（ジュリ1605号71頁）として，本件規定が立法当初から正当化できないと述べていることは，最高裁の個人の尊重の原理に関する姿勢を窺い知るものとして重要であろう。

クローズアップ②

性別変更の手術要件違憲無効の最高裁大法廷
令和5年10月25日決定をめぐって

◆ 4 ◆

## 違憲無効決定を受けて：今後の法的性別の在り方に対するドイツ法比較を交えた一考察

石嶋　舞

Ⅰ　はじめに
Ⅱ　判例要旨
Ⅲ　本判例に係る考察
Ⅳ　おわりに

## I　はじめに[1]

　2023年10月，最高裁は法的性別の変更において生殖腺の機能の喪失を要件とした性同一性障害者の性別の取り扱いの特例に関する法律（以下「特例法」とする）第3条1項4号を違憲無効とした[2]。特例法自体の改正には未だ至らないものの（2025年4月現在）当該判例を受けて生殖腺の機能を保持したまま法的性別を変更した例は既に数件出ており[3]，従って法的性別は，当該性別が示す本人の生殖能力を予測する機能を厳密には持たなくなった。もっとも法制度がシスジェンダー[4]である者のみを前提として，法的性別，本人のアイデンティティー，身体の状態をおおよそ示す性別や本人の持ち得る生殖能力を示す性別[5]，またあらゆる生活領域において各々異なる可能性のある生活上の性別[6]等を一つの性別表記で示せるものと想定し，一つの法的性別に複合的な意味を持たせてきたことは，当決定以前においても再考の余地があっただろう。当決定以前から，性別を移行し，これらの性別を一つの性別記号で表せない者は存在したのであり，そのような者はシスジェンダーのみを想定した法的性別の扱いによって周縁化されてきた。本事例によって法的性別が少なくとも生殖能力においてこの一致を欠き得ることが明示された点で，本事例は，法的性別の持つべき機能を再考・最適化し，この周縁化を是正する契機になり得るものだと言える。

　法的性別を変更する制度があらゆる当事者を一括して対象とするために，生殖腺機能喪失を要件としないことで後述するような問題は生じ得るものの，まずは当判例の示す通り，性別違和の軽減に生殖腺の機能喪失を伴う手術を要しない者も自己の性自認に沿った法令上の性別の取り扱いを受けることに重要な法的利益

---

（1）Gefördert durch die Deutsche Forschungsgemeinschaft（DFG）- Projektnummer 546469095.
（2）最高裁決定令和5年10月25日民集第77巻7号1792頁。
（3）また当判例以前に4号要件を満たさずに法的性別を変更した例として，静岡家裁令和5年10月11日令和3年(家)第335号。
（4）出生時に割り当てられた性別に違和感を持たず，あらゆる生活領域において性別の移行を行わなくて済む者。
（5）「おおよそ示す」「持ち得る」などとしたのは，女性／男性の内で性別の移行をしない者にもあらゆる身体の在り方が存在するからである。法的性別が示せるのは，あくまでシスジェンダーを前提として予測し得る本人の身体の状態や生殖能力に留まる。
（6）生活領域において性別が異なる場合があるとしたのは，今後の性別移行の意思や過去の性別移行の事実を伝える範囲を制限して生活する場合があるためである（所謂ゾーニング）。カミングアウトは一度行えば生活全体が一変にその内容が知られている状態に変わるというものではなく，多くの場合，職場，家族，近しい友人，知人，学校等を区別し，本人が安心・安全が確保できる範囲に限定して慎重に行われていく。

〈第 1 部②〉 4　違憲無効決定を受けて：今後の法的性別の在り方に対する
ドイツ法比較を交えた一考察〔石嶋舞〕

を持っているのであり，この法的利益を実現するために，本来本人の性別異和の緩和には不必要であった身体介入，あるいは身体的・社会的・経済的な負担等を考慮して「しない」という選択もあり得た手術を受けることを余儀なくされた可能性があるという点は重く受け止められなければならない[7]。特例法が法的性別の変更に生殖能力の喪失を要件としてきたことが，身体への医療介入や生殖能力の喪失という非常に重大な意思決定に介入し，一部の当事者を身体侵襲へ動機付けてきたことは，その手術の身体への侵襲度の高さや一生涯にわたる影響に鑑みて強く問題視される[8]。法的性別変更に生殖能力の喪失を要件としてきた国の中には，法的性別の変更のために生殖能力を喪失した者に国家賠償が支払われた例もある[9]。本事例の違憲判断は，法的性別の取扱に大きな変更をもたらし得るものであるにせよ，非常に妥当なものであったと考える。

---

(7) なお本稿で扱う判例が違憲としたのは 4 号要件のみであり，性器にかかる部位の外観を移行後の性別のそれと近似させることを求める 5 号要件は残っているため，本事例を受けて生殖腺の機能喪失が要件とされなくなっても，5 号要件を満たすために未だ手術を受ける必要が残る場合があることに注意されたい。

(8) もっともこのような動機付けがなくとも手術を求める者，性別異和の解消それ自体に医療介入を必要とする者がいることも忘れてはならない。法的性別の変更の手続と性別異和の解消のための医療介入は別物であり，性別取扱変更の要件・手続を定める法が医療介入を要件としなくなった場合も，性別異和の解消に医療介入を必要とする者の医療にアクセスが妨げられてはならない。医療アクセスの妨げとなるものの一つとして，本人の経済負担が挙げられる。2018年の診療報酬改定を受けて現在は一部の手術療法に保険が適用されるようになったが，ホルモン療法にはまだ保険適用がない。保険診療と自由診療を併用した混合診療の場合に保険が適用されないことから，ホルモン療法（自由診療）と手術療法の双方を行った場合には手術療法に関しても保険の適用を受けられない。手術を希望する例の多くはすでにホルモン療法を実施しており，この経済負担は医療アクセスの妨げとなっている。性別取扱変更を規定する法が脱医療化することが，保険適用等の流れを妨げてはならない。中塚幹也「「性同一性障害診療における手術療法への保険適用」について」日本 GI（性別不合）学会ホームページ，2018年 4 月14日 http://www.gi-soc.jp/information2018.html（2024年11月26日最終閲覧）

(9) 2018年 5 月からスウェーデンが 1 人当たり225,000 SEK の賠償を行っており（TGEU "Sweden Announces to Pay Compensation to Trans People, March 28, 2017 https://tgeu.org/sweden-announces-to-pay-compensation-to-trans-people/（2024年11月29日最終閲覧）），さらに2020年にはオランダで司法・安全相と教育・文化・科学相が公式にトランス・コミュニティに対して謝罪し，1 人5,000ユーロの賠償の用意があると発表した（オランダ政府ホームページ，2020年11月30日 https://www.rijksoverheid.nl/actueel/nieuws/2020/11/30/kabinet-maakt-excuses-voor-oude-transgenderwet（2024年11月29日最終閲覧））。ドイツにおいても2021-2025年の連立政権が，その協定で，従前の法により身体へ危害を受け，あるいは離婚を強いられた者のために賠償基金を設立することを約束していたが，実現はしなかった。SPD, BÜNDNIS 90/DIE GRÜNEN, FDP, Koalitionsvertrag 2021-2025（2021）S. 95.

この決定を受けて日本における法的性別の扱いはどのように発展していくべきか。本稿ではまず決定の内容を概観した上で，近年性別移行に関連する司法判断において認められてきた性別移行にかかる法的利益を整理し，法的性別が持つべき役割について，また性別を移行した者の困難の解消に法が本来どのように応答すべきかについて，考察していきたい。

## II　判例要旨

### 1　事例の概要

抗告人は特例法3条1項に基づき，性別の取り扱い変更の審判を申し立てた。特例法3条1項4号（以下「本件規定」または「4号要件」とする）は「生殖腺がないこと又は生殖腺の機能を永続的に欠く状態にあること」を性別取扱い変更の要件とするところ，抗告人はこの要件を充足するのに必要と解される生殖腺除去手術を受けておらず，また当該要件を満たすその他の事情もうかがわれなかった。抗告人は本件規定を憲法13条，14条1項に違反し無効であると主張した。なお抗告人は，特例法3条1項5号の「その身体について他の性別に係る身体の性器に係る部分に近似する外観を備えていること」とする要件（以下「5号要件」とする）を満たしていること，また満たしていなかったとしても当該規定は憲法13条，14条1項に反することを主張していたが，原審[10]はこの点については判断していなかった。

### 2　最高裁の認めた前提事項

（1）裁判所による特例法の理解

裁判所は特例法を「性同一性障害[11]が…医学的疾患であるとの理解を前提として，性同一性障害を有する者が，（筆者注：立法当時の医療基準に基づく）段階的治療[12]の第3段階を経ることにより医学的に必要な治療を受けた上で，自己

---

(10) 広島高裁令和2年9月30日令和2（ラ）43。
(11) 原文ママ。特例法が第2条で「この法律において『性同一性障害者』とは，生物学的には性別が明らかであるにもかかわらず，心理的にはそれとは別の性別（以下「他の性別」という。）であるとの持続的な確信を持ち，かつ，自己を身体的及び社会的に他の性別に適合させようとする意思を有する者であって，そのことについてその診断を的確に行うために必要な知識及び経験を有する二人以上の医師の一般に認められている医学的知見に基づき行う診断が一致しているもの」と定義するところによる。
(12) 立法当時の「性同一性障害に関する診断と治療のガイドライン」第2版では，原則第1段階として精神科領域の治療，第2段階としてホルモン療法や乳房切除術，第3段階では生殖腺の除去を含む性別適合手術という段階的治療を行うものとされていた。

の性自認に従って社会生活を営んでいるにもかかわらず，法的性別が生物学的な性別のままであることにより社会生活上のさまざまな問題を抱えていることに鑑み，一定の要件を満たすことで性自認に従った法令上の性別の取り扱いを受けることを可能にし，治療の効果を高め，社会的な不利益を解消するために制定したもの」とした。

（2）判断の前提となる医学的知見の進展

また裁判所は，特例法制定移行の医学的治験の進展として，患者によって必要となる治療が異なることから段階的治療が採られなくなったこと，また国際疾病分類（ICD）第10回改訂版で性同一性障害は「精神および行動の障害」に分類されていたが，障害との位置付けを不適切として，2019年5月に承認された第11回改訂版では「性の健康に関する状態」の分類に移され，名称も「性同一性障害」から「性別不合」に変更されたことに言及した。

（3）判断の前提となる社会状況の変化

さらに裁判所は社会状況の変化として，1）2004年以降の法務省による人権啓発運動，2）2010年以降の文科省による学校教育の現場に向けた性同一性障害を有する児童生徒への配慮要請通知や教職員向けマニュアル作成等，3）2016年の厚生省による性的マイノリティを採用選考基準において排除しない旨の事業主への周知，4）2023年の理解増進法の制定，5）2013年以降の相当数の地方公共団体による性自認等を理由とする差別その他の人権侵害を禁止する旨の条例等の整備，6）2017年の経団連によるLGBTに対する理解促進の提言，7）2020以降の一部の女子大学における女性に性別を移行した者の入学受け入れ，8）2014年の世界保健機構等による生殖能力喪失を性別取扱い変更の要件とすることに反対する旨の共同声明，また2017年の欧州人権裁判所判決等を受けて相当数の国が生殖能力の喪失を性別取扱い変更の要件としなくなったことを挙げた。

## 3　憲法判断

本件規定は憲法13条に違反する。裁判所の判断の内容を要約すると以下のようになる。

憲法13条が自己の意思に反して身体への侵襲を受けない自由を保障することは明らかである。また生殖腺除去手術は生命又は身体に対する危険を伴い不可逆な効果をもたらす身体への強度な侵襲であり，このような手術が強制されれば当該自由の重大な制約に当たると言える。本件規定は当該手術を直接的に強制するものではないにしろ，性別取扱変更審判を受けるためには，治療として生殖腺除去手術を要しない性同一性障害者に対しても当該手術を受けることが要求される。

法的性別が社会生活上個人の基本的な属性の一つとして扱われていること，また性同一性障害を有する者の置かれた状況に鑑みて，治療としての手術の要否を問わず，「性同一性障害者がその性自認に従った法令上の性別の取扱いを受けることは…個人の人格的存在と結び付いた重要な法的利益というべきである」。本件規定は，この重要な法的利益の実現のために同手術を余儀なくさせる点で，身体への侵襲を受けない自由を制約する。当該自由の重要性に照らし，このような制約は必要かつ合理的でない限り許されない。本件規定が憲法13条に適合する必要性・合理性を持つかを判断するにあたっては，1）本件規定の目的のために制約が必要とされる程度と，2）制約される自由の内容および性質，3）具体的な制約の程度等が衡量されるべきである。

　本件規定は，性別取扱い変更前の性別の生殖機能を用いて子をもうけた場合に，「親子関係等に関わる問題が生じ，社会に混乱を生じさせかねないこと」，また「長きにわたって生物学的な性別に基づき男女の区別がされてきた中で急激な形での変化を避ける必要があること等の配慮」に基づいて制定されたと解されるが，親子関係に関してそのような問題が生ずることは極めて稀である。また社会状況の変化に照らしても前述の事態が生じることが社会に対する急激な変化に当たるとは言い難く，従って特例法制定当時に考慮された本件規定による制約の必要性は低減している。

　特例法制定後の医学的知見の発展から，性別適合手術を性別取扱い変更の要件として課すことは医学的に見て合理的関連性を欠くに至った。本件規定による身体への侵襲を受けない自由に対する制約は，治療としては生殖腺除去手術を要しない性同一性障害者に対し，手術を受けることを甘受するか，性自認に沿った性別の取扱いを受けるという重要な法的利益を放棄するかという過酷な二者択一を迫る。医学的に合理的関連性を欠く制約を貸すことは，生殖能力を性別取扱い変更の要件としない国が増えていることも考慮して，制約として過剰である。本件規定は二者択一を迫るという容態により過剰な制約を貸すもので，制約の程度は重大である。

　従って本件規定は必要かつ合理的ではなく，憲法13条に違反する。

## Ⅲ　本判例に係る考察

　本決定で最も重要であるのは，性自認に従った法令上の性別の取扱いを受けることが重要な法的利益であると認められた点である。多数意見は当該法的利益を憲法上の権利とはしなかったものの，付された反対意見は私見としながらも性自認に従った法令上の性別の取扱いを受けることを憲法13条に保障される権利だと

〈第 1 部②〉 4 違憲無効決定を受けて：今後の法的性別の在り方に対する
ドイツ法比較を交えた一考察〔石嶋舞〕

言及した。さらにこの法的利益が下位法との整合性に優先することされたことにも触れたい。裁判所は「法律上の親子関係の成否や戸籍への記載方法等の問題は，法令の解釈，立法措置等により解決を図ることが可能」とし，法的性別の性質を下位法を参照して決め，これを決定打に性別取扱い変更の可否を判断することはしなかった(13)。法的性別が本人の持ち得る生殖能力を説明しないために他法に生じる問題は立法や解釈で対応すべきものであり，問題の発生を理由に性自認に沿った法的性別の取扱いを妨げることは，後者の法的利益の重要性に鑑みて，できない。また特例法の他の要件を撤廃した際に他法に生じる問題についても，本判例で示された法的利益の重要性に立脚して議論がなされるべきである。各要件による制約の目的を参照すれば，特例法 3 条 3 号の「現に未成年の子がいないこと」とする要件の目的は家族秩序への混乱の防止と子の福祉への影響への配慮であるが(14)，子が成人した後に親の性別取扱変更があった場合に既に法的女である父，法的男である母が生じているほか，法的性別変更後に自己の凍結配偶子を用いてもうけた子に関しても親子関係が生じるとした判例がある(15)。また当要件の憲法適合性を争った事例(16)の反対意見が的確に描写したように，多くの場合性別取扱い変更審判以前に生活上の性別移行が行われており，未成年の子の福祉への配慮という立法目的を達成する手段として親の法的性別の変更の妨害は合理性を持たない。以上のような特例法制定移行の状況の変化から既に子がいる者と子がいない者との間に扱いの差異を設けることの合理性も疑問視されるところ，4 号要件が違憲とされた今，3 号要件は完全に形骸化したと言える。また 3 条 2 号の「現に婚姻をしていないこと」とする要件は，配偶者らが同時に法的性別を変更することで婚姻を維持したまま性別取扱い変更が許可された例が既に存在していることに鑑みても(17)，その存在意義は法的に同性同士である者が

---

(13) 近年の判例では，このような，憲法の保護する範囲を特定するために，ある法概念の内容を下位法よって定められる制度を以て具体的に捉えようとする判断枠組みが時々見られる。氏につき，最判平成 27 年 12 月 16 日民集 69 巻 8 号 2586 頁。婚姻につき，大阪地裁令和 4 年 6 月 20 日裁判所 Web ページ https://www.courts.go.jp/app/hanrei_jp/detail4?id=91334
(14) 南野千恵子『解説 性同一性障害者性別取扱特例法』（日本加除出版，2004 年）89 頁。
(15) 最判令和 6 年 6 月 21 日裁判所 Web ページ https://www.courts.go.jp/app/hanrei_jp/detail2?id=93104 法的女性が性別取扱い変更後に自己の凍結精子を用いてもうけた子との法的親子関係が成立した。本件で当該女性は法的父となったが，性別取扱い変更により法的男性となった者が後に嫡出推定を受けて法的父となった例が既にあり（最決平成 25 年 12 月 10 日民集 67 巻 9 号 1847 頁），性別取扱い変更後に生じる親子関係においては既に，必ずしも「生物学的性」が参照されるものではないことに注意されたい。
(16) 最決令和 3 年 11 月 30 日集民 266 号 185 頁。
(17) トランスジェンダーの夫婦，結婚したまま性別変更　家裁が異例の判断，朝日新聞，

婚姻関係にある状態を避けることのみにある。婚姻関係の維持という利益と，性自認に沿った法的取り扱いを受ける利益が二者択一の状態に置かれており，また一方配偶者が既に生活上の性別移行をしていた場合，当該カップルは既に同性同士での婚姻関係の実態を呈しているという事実に鑑みても，法的に同性間で婚姻している状態を形骸的に妨げることの合理性がどこまであるのか疑問視される[18]。

さらに5号要件であるが，本事例において身体を侵襲されない自由を理由に4号要件が違憲とされたことに照らせば，申立人の状態次第では類似の身体侵襲を要求し得る5号要件も違憲とされるのが妥当であった[19]。しかし差戻し先の広島高裁では5号要件は否定されず，原告は現状において既に5号要件を満たすとの判断がなされており[20]，生殖腺除去手術を行うことなく5号要件を充足できることは明確になったとしても，その解釈の基準は未だ曖昧である（2025年4月現在）。4号，5号の不可逆な身体変更を要する要件が課されなくなれば，特例法制定当時の理解での性別の変更の不可逆性や，医療ガイドラインにおいて手術が可能となる年齢を参照して制定された[21] 1号の年齢要件も再考される。性自認に合致した法的性別取扱いを受けるという重要な法的利益を鑑みれば，年齢を理由にこれを享受できないとするには相応の理由が要される必要がある。またどの年齢でいかなる制限[22]をするかに関しても，今までの手術の可否を基準としたものから，本人の性自認の確立や手続における能力などを基準としたものに設定し直されなければならない。残りは診断書要件であるが，医療による法的性別承認の制限の是非に関しては，性別の自己決定と合わせてⅢ2にて言及する。

法的な性別の変更を必要とする者全てが手術を必要としない現実に鑑みて，特例法が，本来性別適合手術を必要としない者に，不可逆かつ重大な身体侵襲，また生殖能力の喪失を強いてきたことは看過できるものではなく，本事例が生殖腺

---

　2024年9月6日，朝日新聞デジタル https://digital.asahi.com/articles/ASS9542JSS95UTIL029M.html（2024年12月10日最終確認）また南野・前掲(14)88頁。
(18) また一連の同性婚訴訟において，現在出ている5つの高裁判決全てが同性間で婚姻できない状態を違憲と判断していることも述べておきたい。Marriage for All Japan https://www.marriageforall.jp/（2025年4月9日最終確認）
(19) 渡辺泰彦「性同一性障害特例法における生殖不能要件の合憲性」私法判例リマークス No.60（2024）10-13頁。また本事例の反対意見も参照。
(20) 広島高決令和6年7月10日。男性から女性 戸籍上の性別変更 手術なしで認める決定 高裁。NHK，2024年7月10日 https://www3.nhk.or.jp/news/html/20240710/k10014507081000.html（2024年12月10日最終確認）
(21) 南野・前掲(14)87-88頁。
(22) 保護者の同意の要否等。

〈第1部②〉 4　違憲無効決定を受けて：今後の法的性別の在り方に対する
　　　　　　　　　　　　　　　　ドイツ法比較を交えた一考察〔石嶋舞〕

除去手術を受けなくとも法的性別が変更できることを示したことには大きな意義がある。一方で，法的性別に，当人を外観においても生殖能力においてもシスジェンダーと同様に扱えることを提示する機能を期待し，4号・5号要件を維持したいと考えた当事者もいたことにも，ここで触れておきたい。特例法は「性同一性障害」を持って従来型の女性／男性から「逸脱」した者を，一定の家族関係の形と生殖能力喪失・性器に係る外観具備を要件としてこれを充足した者にのみ法的性別の変更を許可することで，当事者を従来型の ─ 婚姻関係・未成年子との法的親子関係において異性愛規範を逸脱せず，生殖能力・性器の外観においてシスジェンダーのそれを逸しない ─ 女性／男性像に回収する形式を取ってきた[23]。法的性別の提示が求められる場面や，法的性別を利用する制度において大方シスジェンダーのみが想定されてきた現状に鑑みて，法的性別を提示してもなおシスジェンダーとの違いを詮索されることがないよう，法的性別にシスジェンダー埋没型の機能や，そのような扱いを要求する根拠としての機能を求めるのも一理あるように思われる。この問題に対しては，根本的にはシスジェンダーのみを前提とした法的性別の利用を見直す必要があり，今までシスジェンダーを前提に法的性別を参照してきた制度等は，その参照の目的に鑑みて法的性別に代わる妥当な情報を参照し，同時に法的性別を利用する場面を減じるべきだと考える。しかし一方で，そのような変化には相当の時間がかかることも予想される。短期的な課題 ─ 暫時的に，現実的に，今現在の状況に照らして，当事者が法的性別をどのように使うことを望み，当事者が今の状況における日々を生き抜くことに法的性別が如何に寄与すべきか，という問題の検討と，長期的な課題 ─ 法的性別取得の要件の変化により法的性別が担保する情報が変化することで法的性別の社会的扱いが変化することも見据えて，今後法的性別がどのような機能を持つべきかを検討すること，が同時に行われなければならない。特例法の要件の全てが批判されてから久しく，既に要件の逐条批判を行う段階は過ぎている。法的性別が如何にあるべきか，また法的性別に必要とされる機能を担保す

---

(23) 特例法制定の経緯や特例法を通した当事者の従来型の女性／男性像への回収の背景については，拙著「性同一性障害者特例法における身体的要件の撤廃についての一考察」早稲田法学93巻1号（2017年）86頁。もっともここにおいて特例法の想定する異性愛・シスジェンダー規範は形骸的な法的身分のみの考慮に留まっており，当事者の多くが特例法による性別取扱い変更以前に生活上の性別移行をしていて，生活実態では既にそのような規範から逸脱した状態にあり得ることは，特例法の現行要件がほとんど手続前に生活上の性別を移行することを要求しているにも関わらず，度外視されている。このような生活上の性別移行の実態を司法に提示した意味でも，最高裁令和3年決定・前掲注(16)の意義は大きい。

るために法的性別の獲得／変更に際して何を要件とすべきかを抜本的に見直すべきだろう。今後法的性別が持つべき性質を考察する一助として，まず性別移行をする者に関して近年の判例で認められてきた法的利益を以下に整理したい。

### 1　司法の認めた性別移行にかかる法的利益

本事例では性自認に従った法的取扱いを受けることに重要な法的利益が認められたが，経産省でのトランスジェンダー職員の処遇に対する人事院判定の妥当性が問われた最高裁判例[24]では，下級審にて個人がその性自認に即した社会生活を送ることが重要な法的利益であることが認められている[25]。ここで言及されるのは，平成31年最高裁決定[26]の補足意見から定着してきた，社会生活や人間関係において個人の基本的な属性として扱われているという性別の性質と，ここから導かれる個人の人格的生存と性別との密接不可分性である。本事例はこの表現を踏襲しながら，性別を「法的性別」と読み替え，性自認を法的取扱に反映することを重要な法的利益と踏み込んで言及した。これとは別に，3号要件の合憲性を争った事例では，反対意見中で「人がその性別の実態とは異なる法律上の地位に置かれることなく自己同一性障害を保持する権利」が概念されている[27]。司法の場で確認されたこれら3つの法的利益は厳密には同じではなく，本事例で認められた利益が性自認を法的取扱に反映することの利益を述べるものである一方で，経産省事例では性自認に沿った「社会生活を送ること」に法的利益が認められており，後者の利益においては原告の法的性別の如何は問われていない。この事例の当時においては未だ生殖腺の機能喪失が性別取扱変更審判の要件とされており，原告にはこの充足に必要な手術を受けられない事情があったことから，ここでも意思に反して身体の侵襲を受けない自由の制約が指摘されて法的性別の変更が問われなかった[28]，という背景を考慮しても，後の事例により4号要件が適用不可となったことを以て直ちにこの性自認に沿った社会生活を送る利益の尊重に法的性別の具備が問われるとは考え難い。今後の法改正により新たに設定

---

(24)　最判令和5年7月11日民集第77巻5号1171頁。
(25)　東京地判令和元年12月12日労働判例1223号52頁，東京高判令和3年5月27日労働判例1254号9頁。
(26)　最決平成31年1月23日集民261号1頁。
(27)　最決令和3年・前掲注(16)。なお本稿事例における原告も，特別抗告理由において実生活上の性別と法令上の取扱を一致させることを重要な人格的利益と主張した。南和行・吉田昌史「性同一性障害特例法の第3条1項4号を意見無効とした最高裁大法廷決定」法学セミナー830号（2024年）23-29頁，28頁。
(28)　東京地判令和元年・前掲注(25)。

〈第1部②〉 4　違憲無効決定を受けて：今後の法的性別の在り方に対する
ドイツ法比較を交えた一考察〔石嶋舞〕

される要件によっても，その充足が難しいことで法的性別の取扱において周縁化されてしまう当事者にとって，この「性自認に沿った社会生活を送ることの持つ重要な法的利益」が認められたことの意義は大きい。経産省事例で重要であったのは，当該利益を制約するには抽象的な懸念や不安では足りず，対抗利益が相応に具体的に把握され，衡量される必要があるとの基準が示されたことである。このような要請は公務員への対応に限らず，民間における判例においても示されてきた[29]。また「自己同一性を保持する権利」に関しては，生活実態と法的取扱を一致させることが権利として概念されており，ここでは生活実態の確立が要される。この点に関し，本稿の事例で認められた性自認に従った法的取扱いを受ける法的利益の存在を確認するにあたって，本人が自己の性自認に合致した生活実態を既に築いていることが要求されるか，ということが問題になる。法的性別の変更が特に要されるのは，生活上の性別を既に移行している当事者が法的性別の提示を求められた際に，本人であるか疑われたり，説明を求められたり，無用な詮索をされる様な場面においてであり，生活実態を伴わずに法的性別を変更しても，かえって変更後の性別と本人の生活の外観との齟齬で苦労を強いられるという可能性は大いにある。一方で，経産省事例において性自認に合致した職場での待遇を受けるにあたってまず法的性別の変更が要求されていたように，法的性別には社会的な認可・権威付けの効果（socially authorising effect）があり，法的性別の具備は，あらゆる生活領域で生活上の性別移行を円滑化する。生活環境や生活領域によっては法的性別が変更ができない状態で生活実態を築くことが困難であり，この場合は法的性別の変更に生活実績を要求することは不相応であって，さらにそのような要求は生活環境による当事者間の不均衡を生む。さらに裁判所を始めとする他者が，ある者が女性として／男性として生活しているかを審査し，そのような前例を重ねて審査基準を確立することは，ステレオティピカルな女性／男性としての生活像が基準としてあてがわれる危険，またそのような女性／男性像を踏襲した生活実践が当事者の間で規範化してしまう危険を考慮すれば，妥当でない。またそのような審査を任されるであろう権威性のある集団にジェンダー・クィアである者が属している可能性が少ないことを考えても，将来性自認が女性・男性のどちらにも属さない（以下「ノンバイナリー」とする）者の

---

(29) 立石（2021年）はそのような例として浜名湖カントリークラブ事件（東京高判平成27年7月1日労働判例ジャーナル43号40頁）とS社事件（東京地決平成14年6月2日労働判例830号13頁）を挙げる。立石結夏「性同一性障害者職員に対する職場の処遇の違法性──経済産業省事件・東京高判二〇二一（令和三）・五・二七」労働法立旬報No.1994（2021年）22-26頁，26頁。

生活実績を認定するような際には殊更，裁判所等の審査者がその生活様相に対する理解を十分持っているとは考え難く，その審査を要件とすることの妥当性には検討の余地がある。ともあれ，生活上の性別移行や周囲の扱いの変化を伴わずに法律上の性別のみを移行することにどこまで意味があるのかという観点から，今後も法的性別の変更を必要とする者の多くは，従来通り，生活上必要になった際に法的性別の変更を求めるように思われる。また生活上の性別移行を何らかの理由で行えない場合に法的性別のみを保持し続けることも困難を伴うだろう。考え得る懸念として，法的性別を変更することが自己のためになるか内観や自己決定が困難である場合に，医師の意見等による他者の監督が必要かという問題があるが，これに関しては次項で触れたい。また法的性別がシスジェンダー埋没型の機能を喪失し，その扱いが法制度毎に相対化したことで，今後法的性別が望む性別での社会的取扱を求める根拠としての機能をも失う可能性が問題となり得るが，この問題に関しても次項以降の考察で触れたい。

　本事例で性自認に従った法令上の性別の取扱いを受けることが重要な法的利益だとされたものの，そのような取扱は，多数意見においては憲法上の権利としては位置付けられなかった。ここでさらに性自認を法的身分に反映することの権利性について，ドイツの例を挙げて簡単に考察したい。ドイツ連邦憲法裁判所が旧トランスセクシュアル法（Transsexuellengesetz: TSG）に関して行なった一連の決定により，同国では性自認に基づく法的性別変更を基本法１条１項と関連する２条１項に基づく一般的人格権（allgemeines Persönlichkeitsrecht）の範囲で扱うことが通例となっている[30]。特に2005年以降は，同条により，自己の性自認及び性的指向を発見・承認することを含む個人の性的自己決定が基本権として保護されるとされる[31]。この意味での自己決定から性自認を法的性別に反映することまでが基本権として導かれるかと言えば，トランスセクシュアル法を離れてノンバイナリーである性自認の法的承認を扱った連邦憲法裁判所の2017年判断は[32]，身分登録法（PStG）１条１項１文が（性別を含む）法的身分を「法秩序における人の地位」としていることを引き合いに出し，法的に性別が付されること

---

(30) トランスセクシュアル法に関する連邦憲法裁の主な判断として，BVerfGE 49, 286, BVerfGE 60, 123, BVerfGE 88, 87, BVerfGE 115, 1, BVerfGE 116, 243, BVerfGE 121, 175, BVerfGE 128, 109.

(31) BVerfGE 115, 1 Rn. 47 ff.; 116, 243 Rn. 66 ff.; 121, 175 Rn. 37.; 128, 109 Rn. 56.; 147, 1 Rn. 39 ff.

(32) BVerfG 147, 1.

〈第1部②〉 4　違憲無効決定を受けて：今後の法的性別の在り方に対する
　　　　　　　　　　　　　ドイツ法比較を交えた一考察〔石嶋舞〕

が現行法上求められていて，かつ性別の身分法上の承認が現在の状況においてアイデンティティを構築・表現する効果を持っており，この身分は法に関連する個人のアイデンティティを芯の部分で描写するものであって，従って身分法上の性自認の承認が否定されることが個人の人格の自己決定に基づく発展と実現を危険に晒すのだとして，その性自認の法的承認を肯定した[33]。一方で，法的な性別の承認が個人の性自認に対して意味を持つのはあくまで身分登録法が個人の性別の登録を要求しているからであり，そうでなければ特定の性別が法的身分に反映されなくてもそのような危険も生じず，このような特定の法的状況から切り離されて一般に一般的人格権から性自認の法的承認の要請が生じる訳ではないともしている[34]。従ってこの事例では，立法者の取り得る選択肢として，身分法上の性別の登録一般を廃止することも示唆されている[35]。

　日本においても個人が人格の一部として性自認を発達させることや，性自認に合致した社会生活を送ることの法的利益が認識されている。長期的な視点で性自認に基づく法的性別の変更とその制度を設計する際は，日本独自の戸籍の社会文化的位置付けも含めて，判例が言うところの「法的性別が社会生活上の多様な場面において個人の基本的な属性の一つとして取り扱われて」いることの具体的な内容を把握しつつ，法的に性別を付された者の利益に資する形で法的性別が機能するよう，その取得の要件が設定されるべきである。なお一方，短期的な視点では，現状法的性別に強い社会的承認の機能が備わっていることには異論はないだろう。この様な状況で，自身の性自認と異なる法的性別が付され，これに基づき社会で取扱われることは，個人の人格発展を阻害するほか，個人の社会参画の機会を奪うことを強調したい。

## 2　性別にかかる自己決定

　性自認に従った法的取扱を求めるにおいて，性自認の存在を証明するために医療者等他者による審査を要求するべきか。現行の特例法は，2条で医師二名による「性同一性障害[36]」の診断を求めている。本稿事例は特例法に基づく性別取扱変更審判の対象となる者を性同一性障害に対する必要な治療を受けた者とし，また特例法の制定趣旨を社会的な不利益を解消して治療の効果を高めることにあるとした。これは依然として法的性別の変更を医療に結びつけるものであり，

---

(33) BVerfG 147, 1 Rn 44 ff.
(34) BVerfG 147, 1 Rn 46.
(35) BVerfG 147, 1 Rn 65.
(36) 特例法2条の定める定義による。

ICDが性別不合を障害のカテゴリーから外したことにも見られる脱病理化の流れに反するが、裁判所のこのような特例法の理解は、特例法が医療モデルに立脚して制定されたものである以上[37]仕方のないものだっただろう。性別取扱変更手続の医療モデルから人権モデルへの転換は、日本においても既に提言されている[38]。性自認が指定された性別と乖離すること自体は病理ではなく、また医療介入は、身体的な性別違和が強い場合や不可逆な治療に進む場合の適合判定等、本来医療介入が必要な部分に対して行われるものであって、性自認を持つことが個人の人格発展にかかる問題であるなら、これを法的に承認する手続は本来医療介入とは無関係であり、その手続の可否を決めることは医師の仕事に入らない。ここで懸念があるとすれば、性自認に関する内観や自己決定が困難である例だろう。しかしここで、カウンセリング等による性自認の確認の手伝いが本人の手助けになるとしても、また医療モデルに基づく現行の特例法が当事者を一定の医療対応に繋ぐ道を示した歴史があるにしても、医療アクセスの啓発自体は本来法的性別変更の要件でやることではない。法には規範的な作用があり、特に特例法が、当事者にも、その他の者にも、一定の「性同一性障害者」像を伝達してきた経緯に鑑みても、性別取扱変更を定める法の内容は性別を移行する者の象徴的な印象を作ってしまう側面があり、性別を移行し法的性別の変更を必要とする者全てを自己の人格発展に関する自己決定ができないものとして扱うのは、この意味でも妥当でない。一方で、日本においては比較的に医療者が当事者の生活実践に寄り添ってきた経緯があり、自己の性自認のあり方について専門家に相談するなら、医療者が現状最もまとまった知見を有しているだろうことは指摘できる[39]。また診断書に加えて司法判断であるが、司法に携わる者が性別移行の機微について医療者や当事者以上に詳しいとは思えない。2004年から2022年までの間で性別取扱変更審判が却下された例は全体の0.4％程度であり[40]、これまでの審判に関しては、手続の形式を満たしていれば、これに加えて司法による特段の審査が加えられてきたとも言い難いだろう。

---

(37) 事実特例法が立法当初「治療の効果を高める」趣旨で制定された。南野・前掲注(14) 121頁。
(38) 日本学術会議「提言：性的マイノリティの権利保障をめざして（Ⅱ）── トランスジェンダーの尊厳を保障するための法整備に向けて」（2020年）。
(39) この点につき、後掲注(48)参照。
(40) 総数12,156件の内、認容11,919件、却下53件、取下げ153件、その他31件。司法統計による。gid.jp 日本性同一性障害・性別違和と共に生きる人々の会「性同一性障害特例法による性別の取扱いの変更数調査」https://gid.jp/research/research0001/research2023101001/ （2024年12月1日最終確認）

〈第1部②〉　4　違憲無効決定を受けて：今後の法的性別の在り方に対する
　　　　　　　　　　　　　　　　　　　　ドイツ法比較を交えた一考察〔石嶋舞〕

　ここで当事者にとって問題となり得るのは，司法判断や医師の診断のような権威性のある第三者からの審査を外した際に，法的性別が社会的な承認の効果を失う可能性である[41]。性自認に合致していても，性自認に従った社会的取扱を促せない法的性別を得る意義はどこにあるだろうか。ドイツの例を出せば，法的性別に望む性別での取扱を積極的に要求する力がなくなっても，例えば現地の言語の性質上，呼称（Anrede）や役職名等の自己を指す名詞をはじめ，形容詞，三人称等に性別が反映されるため，自己に付された性別カテゴリーが自己のアイデンティティを示す側面も依然として強く残る。この意味で法的性別の獲得は依然として一定程度の社会的承認や私的な肯定の効果を持つ。また社会生活上法的性別と性自認が一致していることが前提とされる以上，「性別」を聞かれた際に性自認と法的性別が合致していることの利便性は大きい。一方で社会的承認の範囲に関しては，呼称等において性自認に合致した社会的取扱を促す効果はあるものの，後述するように，性別に関連する利益衡量や待遇の決定の場面で争いが起きた場合に，法的性別の果たす役割は減退している[42]。第三者による審査が妥当なものとならない可能性があることは前述の通りであるが，第三者の介入を外し，ドイツの自己決定法（Selbstbestimmungsgesetz: SBGG）型の制度を日本に導入するかといえば，日本語において性別が呼称に持つ影響が少ないように，当事者の日常における法的性別の影響の立ち現れ方も異なるため，法的性別が日本の法制度や社会環境でどのような機能を持つべきかが改めて検討されなければならない。前述の通り，性自認を法的性別に反映させる要求は，法的性別の置かれた特定の状況から生ずる。法的性別がシスジェンダーのみを前提として不適切に広範囲な領域で利用されていることを是正するとしても，暫くの間は，法による承

---

(41) 法的性別の取得に一定の身体の状態を要件付け，法的性別にシスジェンダーのそれに予想できるものから逸脱しない身体の状態を保障する役割（埋没型の役割）を期待することに関しては，法的性別の利用が身体に関連する場面に限られない中で，性自認に合致した法的性別の効果を享受できる者の範囲を過度に狭めてしまうほか，一部の当事者に対して不必要な手術を受けることを動機付けてしまうことから，推奨しない。4号要件が適用されなくなったことで，身体に関してシスジェンダーと同様の待遇を要求する際に法的性別を提示することの持つ効力は減らされたが，法的性別や身体の状態の如何を問わず，相応に具体的な対抗利益がなければ制限できない「性自認に沿った社会生活を送ることの持つ重要な法的利益」の発達がこの点を補填する。もっともその利益の存在を具体的に証明するにあたっては，（法的性別変更手続がこれらを要求しなくても）医師による診断や，生活実績等が当事者の主張として利用されることは考え得る。
(42) 法的性別の効果の減退の一例として，ドイツにおける法的性別変更に司法判断が必要なくなったことで，ドイツ国外でドイツにおける司法判断（法的性別）の承認を求めることができなくなったことも挙げられる。

認という権威付けがなされた性別が，本人の望む性別での社会的取扱を円滑化する状態は続くだろう。長期的な視点で法的性別にどのような機能を持たせるべきか，という問題の一方で，性自認と別の法的性別で取り扱われることに現状不利益があるのであり，不適切な法的性別を付されれば本人の社会参画も阻害される。短期的には，法的性別を変更する本人たちが法的性別に望む効果を拾いつつ，法的性別の持つべき機能を模索し，これを保持するための法的性別取得・変更にかかる要件を設定しながら，その時々の要件に周縁化される者が最低限不適切な性別で扱われないよう，あるいは法的に性別を特定されることを望まない者が選択肢を持てるよう，法的性別を持たない選択肢を設けるべきではないか。この方法によれば，法的に間違った性別で取り扱われることがないという消極的な利益は保護できる。性別を問われる場面に関しては，本人が何を基準に性別を答えれば良いのか明確にするために，何を目的に性別の提示を求めているのかをはっきり提示すべきであり，性別を問うのが厳格に必要でない場合には性別を問わない体制が要される[43]。法的性別を持たない者が性別にかかり自己の望む社会的取扱を受ける利益と他の利益が衝突した場合の調整に関しては，次項を参照してほしい。また将来手続を簡素化し，法的性別の社会承認の効果が低減した場合であっても，<u>性自認に基づく社会的取扱を円滑化する代替手段があるのであれば</u>[44]，また性自認に基づく社会生活の尊重が定着した後であれば，前述の私的な肯定やソフトな社会承認の効果のみを残したまま[45]，法的性別の効力が低減しても良いように思われる。あるいは法的性別を中央統括的に登録すること全般の撤廃も視野に入る。

　なお将来医療をはじめとする第三者の介入の手続からの除外の可能性を検討するに当たっては，自己決定ができない者を全く考慮から切り捨てることも当然疑問視される。法的性別変更手続は，その性別移行の過程も，必要とする医療介入も全く異なるトランス女性・トランス男性，また自己決定ができる者・困難であ

---

(43) なお欧州では，2025年1月の欧州司法裁判所の判決（C-394/23）を受けて，今後EU一般データ保護法（General Data Protection Regulation）の適用を受ける公私機関は，契約の履行等に厳密に必要でない限り個人の性別にかかる情報を収集できなくなると見込まれる。

(44) Ⅲ3も参照。

(45) 前述の通り，ドイツのように性別が日頃からアイデンティティ・タームとして使われることが少ないため，日本においてどれだけこの効果が維持されるかは不明ではある。もっとも，日本では戸籍に登録されたことそれ自体が権威性を持つ可能性はある。日本において法的性別の持つ効果についてはローカルな視点からもっと掘り下げられる必要がある。

〈第1部②〉 4 違憲無効決定を受けて：今後の法的性別の在り方に対するドイツ法比較を交えた一考察〔石嶋舞〕

る者，あらゆる精神・経済・社会・生活状態にある者を一絡げに対象とする。ドイツで2024年11月に施行した自己決定法は，法的性別変更手続から司法を含む第三者の介入を原則排除した代わりに，手続とそれに3ヶ月以上先行する手続の予約という2回の能動的な行為を要求し，この3ヶ月間を熟慮期間とすることで，気の迷いでの性別取扱変更を防ぐという手段をとった[46]。また一度変更した法的性別の再変更を一年間不可とすることで，その行為に重み付けを図ったこと[47]も参考にされたい[48]。また法的性別を自己の性自認に合致させる以外の目的で便宜的に法的性別を変更することに関しては，人間はあらゆる生活領域を持ち，その全てで「便宜のため」を通すのは極めて困難であることを指摘したい。法的性別が生活実態ないし自己のアイデンティティと食い違うことに過大な不便・苦痛があるから法的性別変更の手段が必要とされたのであり，ある便宜のためだけに法的性別を変更しようとした場合，そのような過大な不便・苦痛が伴うことを念頭に置きたい。

## 3　差別禁止法

法的性別の効力が減退した場合に心配されるのが，法的性別の提示に代わって性自認に基づく社会的取扱を円滑化する手段の必要性と内容[49]，また性別を移

---

(46) §4 SBGG. BT-Drs. 20/9049 S. 40. 自己決定法の法案時点での詳細については拙著「ドイツにおけるジェンダー・アイデンティティの法的保護：自己決定法」水野紀子・窪田充見編『家族と子どもをめぐる法の未来：棚村政行先生古稀記念論文集』（日本加除出版，2024年）527-553頁参照。なお施行した法には，執筆当時の法案から，特定の機関への情報伝達，法的親子関係，近親者による暴露，未成年者の手続に関し変更があった。

(47) §5 Abs. 1 SBGG.

(48) 本稿ではドイツ法を参照する体をとったが，同国が自己決定法に踏み切る理由の一つとなった旧トランスセクシュアル法における医療者によるゲートキーピングは，一部で非常に粗末で無意味なものであったことを付言しておきたい（BFSFJ, Regelungs- und Reformbedarf für transgeschlechtliche Menschen: Broschüre Begleitmaterial zur Inter-ministriellen Arbeitsgruppe Inter- & Transsexualität - Band 7. Berlin (2017) S. 10 ff.）。日本においては性別不合（旧性同一性障害）の診断と治療のガイドラインが実生活経験やカムアウトの検討をサポートすることに触れたり，性別不合（GI）学会認定医資格受験に社会学系の内容を含む研修の単位取得を課す等，医療が当事者の生活実態にも寄り添ってきた経緯がある。性別取扱変更手続が脱医療化しても，医療アクセスの整備等の制度設計を通して，医療領域で培われてきた知見も十分参照されたい。例えば日本法が適用される領域では，自己の性自認について一人で思い詰める人が多く，カウンセリング等を通して他者に打ち明けたところ実は性別移行をしたいわけではなかった，という例が少なくないのであれば，性別取扱変更の要件としないまでも，熟慮期間を利用してピアサポートや相談機関の紹介を可能とすること等も考慮に入れても良いかもしれない。

(49) もっとも，法的性別の如何に関わらず「性自認に沿った社会生活を送ることの持つ重

行する者とそうでない者の利益が衝突した場合の解決手段や衝突を回避するリスク管理の手段の存在である。法的性別の変更の要件が緩和されて直ちに法的性別の権威性・社会承認機能が失われる訳ではないが，その後に法的性別が弱体化・撤廃された場合に引き続き性自認に基づく扱いを求められるよう，上述の手段が充実する必要がある。利益が衝突した際の調整や差別の禁止について再びドイツを例に挙げれば，法的性別変更から司法・医療の介入を原則排除した自己決定法は，性別取扱変更後は原則その者は変更後の性別である者として扱われるとしつつ[50]，クォータ制，性別に特化した施設・空間・イベント等へのアクセス，性別に特化した競技等への参加や運動能力への評価，医療処置，防衛時や緊張状態にある場合の待遇，また法的親子関係に関して特別な規定を設け，法的性別が決定的な要素にならない領域を示した。自己決定法はまた，施設や空間の利用，イベント等への参加に関して，所有者や占有者（Eigentümer oder Besitzer）の持つ契約の自由（Vertragsfreiheit）や権利者が自宅や事業所等に誰が入れるかを決定する自由（Hausrecht），また法人が規約によって業務（Angelegenheiten）を規律する権利には介入しないとしており[51]，さらに一般均等待遇法（Allgemeines Gleichbehandlungsgesetz: AGG）に関しても自己決定法の影響はなく，従来通りの運用が保たれるとしている[52]。つまり自己決定によって施設や空間の利用，イベント等への参加に関してシスジェンダーでない者のアクセスが一律に制限された訳でもなければ，法的性別を変更したことのみに基づいて性別に特化した空間へのアクセスを要求できるようになった訳でもない[53]。法的性別が同じである者の間に扱いの差異を設けることは差別に当たる可能性があるが，民事上の債務関係においては，一般均等待遇法20条1項に基づく客観的な理由が存在する場合は異なる扱いが許容されている[54]。同条1項2文2号は，そのような理由の例として「私的領域（Intimsphäre）または個人の安全を保護する必要がある際」を

---

要な法的利益」が既に司法に概念されていることは前述の通りである。ここで社会的取扱の円滑化を扱うのは，現状社会生活上の取扱を求めるのに法的性別の提示を求められる場合があることを踏まえてのものだが，上述の重要な法的利益と合わせ，4号要件が違憲とされたことで既に厳密には法的性別にシスジェンダー埋没型の効力は無くなっているのだから，法的性別の提示に代わる社会的取扱の円滑化を図る手段は既に整備されなければならない。

(50) §6 Abs. 1 SBGG.
(51) §6 Abs. 2. 従来の扱いに変更がないのであれば改めて新法にこの条項を入れる必要はなく，トランスジェンダーに対するバッシングにおもねった規定であるとの批判がある。
(52) BT-Drs. 20/9049 S. 27, BT-Drs. 20/11004 S. 2.
(53) BT-Drs. 20/9049 S. 41 ff.
(54) 同上。ただし民族的出自や人種に関して異なる扱いを設けることは正当化されない。

挙げている(55)。この客観的理由がないにも関わらず本人がシスジェンダーでないことを理由に一律にアクセスを拒否するとはできず(56)，そのような制限は一般均等待遇法19条に定められる不当な不利益取扱にあたる可能性があり，民事上の大衆取引（Massengeschäfte）における妨害排除請求（Beseitigungsanspruch）や不作為請求（Unterlassungsanspruch）(57)の対象になり得るほか，ドイツ民法823条1項に「他の権利（sonstiges Recht）」として保護される一般的人格権の侵害を構成して，不作為請求や損害賠償請求の対象となる可能性もある(58)。法的性別のみを根拠に私人間の取引において法的性別に沿った待遇を要求することはできないが，一般的人格権の保護の観点から，個人の自由な人格的発展が危機に晒されるような場合には，私人間の取引においても法的保護を求められると解される(59)。女性専用サウナや更衣室等の利用においても同様に，Hausrechtの保持者各自が，施設への入場を望む者と他の利用者の利益を衡量してその入場を規制し得る(60)。ここでも同様に，一般均等待遇法20条1項に基づき，プライバシーや個人の安全を保護する必要性等の客観的な理由をもって，法的性別が同じ者の間で異なる待遇を設けることを正当化することが要求される(61)。

　日本の司法判断において個人がその性自認に即した社会生活を送ることの法的利益が認められ，これの制限に相応の具体的な対抗利益の存在による正当化が要求されていることと構造は類似している。この正当化根拠が，ドイツ法においては一般均等待遇法や一般的人格権の保護の観点からの議論で具体化されてきたと言える。さらに付言するなら，一般均等待遇法に基づき妨害排除請求や不作為請求を行う場合は「本人がトランスジェンダーとして扱われたこと」が基準とされるのであって，本人が実際にトランスジェンダーであったか，女性／男性の定義は何であるか，といったことはここでは問題にならない(62)。一般均等待遇法が対象とするのは個々の事例において差別が禁止される要素に基づいて差別が行われたという事実であり，このような方法をとれば，所謂差別禁止法の制定よって

---

(55) 同上。
(56) 同上。原文では「性自認を理由に」となっているが，トランスジェンダーであることを理由に入場を断ることについて述べたものと思われる。
(57) §21 AGG. Unterlassungsanspruchは予防的な請求。
(58) B. Rentsch, D. -S. Valentiner, Das neue Selbstbestimmungsgesetz – eine Bestandsaufnahme, NJW 2024, 3407 Rn. 18.
(59) B. Rentsch, D. -S. Valentiner・前掲注(58), Rn. 34.
(60) BT-Drs. 20/9049 S. 42.
(61) 同上。
(62) Antidiskriminierungsstelle des Bundes, Handbuch „Rechtlicher Diskriminierungsschutz" 3. Auflage, 2017, Nomos Berlin S. 38 ff.

誰がトランスジェンダーで誰が女／男か，といった線引きがなされるものではない。また対抗する具体的な利益を衡量する手段によれば，性別を自称する者の侵入を断ったからといって自動的に「トランス差別」になる訳でもなければ[63]，トランスジェンダーであることを理由に本人の望む性に合致した取扱を一律に否定することも，具体的な対抗利益による正当化がなければできない。具体的利益衡量に関連して施設等の利用を規制する権利者や雇用者等がリスク管理を行う場合について言及すれば，まず画一的なトランスジェンダー像を概念して対策を練ることが妥当でない。トランスジェンダーの語はあらゆる社会経済背景，ニーズ等を持つ人々を包括し得る。施設利用等に制限を設ける場合は，前述の例を挙げるなら，トランスジェンダーである本人の希望，施設の規模や目的，他の利用者／被雇用者の具体的な意向，スタッフの専門性・能力等個別的な要素を加味した上で，相応に具体的な理由に立脚して制限の程度を決めるべきである。これは施設利用者のみでなく，労働者，就職希望者等に関しても言え，その職場等の具体的事情や本人の希望等を無視して画一的に扱いを決められるものではない。さらにリスク管理においては，経産省事例の補足意見で研修等による理解の増進が図れた可能性が指摘されたように，他の利用者や労働者等が無用な不安を抱かないよう，トランスジェンダーの理解を増進する取組みも行える。またここまで利益の衝突のみを想定してきたが，実際は学校，児童養護施設等で「きめ細かな対応」が要求され，本人の事情に応じて学校等で個別の対応がなされてきたように[64]，当事者間で，本人の意向や本人を取り巻く環境，職場・学校・施設等の規模や設備，周囲の状況などを見ながら，個別具体的な解決策が見つけられてきた事例も多いことを付け加えておきたい。

### 4　簡単な提言

これまで法的性別の変更手続に司法・医療による審査を加えることの妥当性を疑問視したため，本稿が所謂自己決定法を推奨しているように取られたかもしれない。しかしここで強調したいのは，Ⅲ2で述べた，性別取扱変更手続が簡易化や，法的性別の意義の（シンボリックな，アイデンティフィケーションを促す効果は残しつつ）弱体化，あるいは法的性別自体の撤廃は，法的性別に代わる性自認に基づく社会的取扱を円滑化する差別禁止法等の手段の導入と，また性自認に基づ

---

[63] この様な自称や性犯罪は本来性別を移行して女性として生活することと全く関係ない。

[64] 文部科学省「学校における性同一性障害に係る対応に関する状況調査について」平成26年6月13日 https://www.mext.go.jp/a_menu/shotou/jinken/sankosiryo/1415166_00004.htm （2024年12月10日最終確認）

く社会生活の尊重と共になされる必要がある。法的性別変更手続の抜本的な改正が望まれるが，これを待つ間にも，個人の人格としての性自認の尊重を保障し，具体的な対抗利益が存在する場合にこれと均衡をとるための指針となる差別禁止法等が制定される必要がある。さらに法的性別変更手続の抜本的改正においては，法的性別変更を必要とする当事者が，法的性別にどのような効果を期待しているのかを必ず拾い上げる必要がある。例えば法的性別の変更を必要とする者が，法的性別に，第三者からの審査によるある種の客観性を担保する機能を必要とするというであれば，第三者からの審査を要件にすることも考え得る[65]。要件の設定は，このように法的性別に必要とされる役割から検討されても良いだろう。また性自認を法的性別に反映する必要性がその法的性別の置かれた状況から生じることに鑑みて，法的性別の変更を必要とする／した者の経験から法的性別がいかなる働きを持ってきたかを実践的な意味で把握することは，法的性別撤廃の是非を考察する手がかりにもなる。法的性別に必要な効果を保持しつつ，その効果を担保する要件を設定し，その時々の要件を充足することが困難である者や，男女どちらかの法的性別を望まない者等には，少なくとも望まない性別で扱われない方法として，選択的に法的性別を持たない手段を設けることも考え得る。また法的性別の持つ機能の如何によっては，性別を持たないこととは別に，明示的に性自認が男女どちらでもないことを示す法的性別カテゴリーを創設することも必要となり得る[66]。法的性別が実効的な意味を持たなくなった場合は法的性別自体の撤廃が視野に入るが，性自認に合致した法的性別を持つことがその性別で社会的に取扱われることを円滑化する効果を引き続き維持するのなら，法的性別を持つ選択肢を残すことも考えられる。

　さらに，この法的性別を持たない選択肢を設ける対応は，法的性別の持つべき機能を把握し，その機能の担保に妥当な要件を設定する以前においても実行できる。日本における現在の法的性別の働きに鑑みるに，個人は性自認に従った法的取扱いを受けることに重要な法的利益を持つ。一方で現在の法的状況が個人の性自認を法的取扱に反映することを要求するとしても，法的に性別を指定されたくない者にまで法的性別を付すべき積極的な理由は，個人の人格発展の観点からはない。男女いずれかの性自認を持つ者が要件の充足が困難等の理由で望んだ法的

---

(65) 一方で他者による審査の問題点については，Ⅲ 2 参照。
(66) 日本法では戸籍上性別が続柄として登録されていることに鑑みて，どこまで実効性があるか疑問ではある。一方で，ノンバイナリーが法的な性別カテゴリーとして明示的に確立することで，そうした性別の在り方に社会文化的な重み付けがなされる効果は期待できる。

性別を持てない場合に，法的性別を持たないことが「本物の女性／男性でない」ことを含蓄しないよう，シスジェンダーである者も含め，全ての者に法的性別を持たない選択肢は開かれているべきである。この案を採用した場合は，ノンバイナリーに固有の法的性別カテゴリーも必要になる(67)。また性別を登録しない行為をシスジェンダーでない者が殊更に行わねばならないこととしないために(68)，出生時に全員に関して性別の登録をしないという手段も考えられる(69)。法的性別が性自認を示すものであるべきとすれば，性自認が確立した後に法的性別を登録する手段を整備することが妥当である。性自認が確立していない間に新生児の主に外性器を見て法的性別を登録する実践が継続すれば，法的性別が主に出生時に観察された外性器の形状を示すものであるのか，本人の性自認を示すものなのか，その性質が不明確になる(70)。ある個人に法的性別がなく，ある法がその者の法的性別を参照することを要求した場合は，問題事例毎にその性別参照の目的に立ち戻って，そもそも性別から何の情報が推察されるべきであったのかを見た上で扱いを決めれば良い(71)。現に親子法においては，そのような解決が

---

(67) ノンバイナリーに法的性別を持たない選択肢しかなかった場合，空欄の性別欄でも女・男である可能性があるため，他者に無碍に女であるか男であるか勘ぐられる恐れがあるためである。空欄はどの性別を示してもよいとしつつ，明示的に男女どちらの性別でもないことを示す方法も設けられる。

(68) その様な事態になれば，性別が登録されていないことが間接的に本人がシスジェンダーでないことを示すことになるためである。なお出生時の性別毎の統計等に関しては，例えば新生児の主に外性器を見て出生証明書に男女の別を医師・助産師等が記入する実践を従来通り行うのであればこれを使用すれば良く，それを個人の法的身分としての性別と関連付ける必要はない。

(69) なお男女どちらでもない性別カテゴリーはあくまで性自認が男女どちらでもない者のためのカテゴリーであり，DSD／インターセックスの状態を持つこととは関係がない。特に身体的に男女に典型的とされるそれと異なる身体的特徴を持つ新生児に「第三の性別カテゴリー」を付すことは，新生児個人の意図やその発達させる性アイデンティティとは無関係に新生児の高度に私的な身体的特徴を暴露することになり，「第三の性別カテゴリー」と DSD を持つことは混同されてはならない。

(70) この様な事態が問題になった例としてドイツの旧法制が挙げられる。出生時の性別登録を規律し，この文脈での法的性別変更を定める身分法（Personenstandsgesetz: PStG）45b 条と，性自認に基づく法的性別変更を定める旧トランスセクシュアル法の間で，二つの基準の異なる法的性別変更手続が併存する事態が生じ，自己決定法によって法的性別変更の手続きを統一する必要が出た。

(71) これと類似して，家永登「性別未確定で出生した子の性別決定 ── 「性別の段階性」および「性別の相対性」の視点から」専修法学論集131号（2017年）1-54頁，50頁以下は，性別未確定状態に対して問題場面毎にその人の性別を相対的に決定できるとする。この上で家永は，家族法の領域で男女の区別が残るのは異性婚を採用する婚姻法のみだと指摘する。

〈第1部②〉 4 違憲無効決定を受けて：今後の法的性別の在り方に対する
ドイツ法比較を交えた一考察〔石嶋舞〕

行われており[72]，また性別を未確定とした状態での出生届の受理も戸籍実務において既に行われている[73]。前述したように，一言に性別といっても様々な意義，場面における性別があるのであり，全ての場面で一つの法的性別を利用するという前提は既に疑問視されなければならない。法的性別が利用されていた各場面に応じて性別を相対化し，その必要がない場合にまで情報を「性別」として取得することそれ自体を減じ，法的性別の参照を必要としたそもそもの目的に基づいてこれに即した情報を取得する方が本質的である。

## Ⅳ おわりに

忘れてはならないのは，性別を移行する者にとって法的性別を自己の性自認と合致させることだけが至上命題ではないということである。性別を移行する者が法的性別の変更を望むのは，社会において，本人のアイデンティティーやあらゆる生活領域上の性別，身体上の性別等と法的性別が合致することが前提とされており，また法的性別が社会生活上個人の基本的な属性の一つとして扱われているために，法的性別が本人の生活実態やアイデンティティーと異なる場合に不便や苦痛を来すためである。このような社会において，また現行の法制度において，本判例は個人が性自認に従った法令上の性別の取扱いを受けることに重要な法的利益を持つことを明示した。法的性別が社会でどのように使われているのか，また性別を移行した者が法的性別にどのような効果を期待しているのか，法的性別のどのような性質により，どういった場面で法的性別と性自認の不一致に不便を来すのか，法的性別に期待される役割から法的性別が持つべき性質・担保すべき情報は何か，法的性別を用いる以外の手段はないのか等，後に抜本的な制度改正をする際にはローカルな事情を具体的に検討する必要がある。またその際には，性別取扱い変更を望む本人不在で議論をしてはならない。法的性別を変更することが本人の生きやすさに繋がらなければ意味がない。法的性別の扱いの変化によっては，将来法的性別がさほど重要視されなくなることも考え得る。本稿では本決定を受けて法的性別が担保する内容が多少変化したことに鑑み，長期的な視点でみた場合の法的性別の性質の変化（弱体化）の可能性にも言及したが，法的

---

(72) 最判令和6年・前掲注(15)。例えば法的親子関係であれば，性別を単純に参照するのではなく，法的母・法的父の民法上の定義（出産者等）に従って法的母・父を決めれば，法的母・父に関連する他法とも衝突しない。さらに付言するとすれば，法的にこれらの親を母，父とする必要もない。出産の事実による親，認知による親，嫡出推定による親，養親として法的親を把握することも可能である。法が親の身分をこのように扱っても，社会生活上誰かを母，父と呼ぶことは妨げられない。

(73) 家永・前掲注(71)31-33頁。

性別の社会的な扱いが抜本的に変化したわけではない現状において，現実問題，性別を移行した者が法的性別を自分の性自認と合致させることに重要な利益を持っていることは改めて強調しておきたい。法的性別変更手続を抜本的に改正する傍ら，差別禁止法等によって利益衡量の指針が示されることで，性自認に即した社会生活を送ることの法的利益や，性別に関して実態と異なる法的地位に置かれず自己同一性を保持する利益も妥当に保障されなければならない。その一助となるよう，本稿ではドイツにおける対応を簡単に紹介した。

　今後性別取扱変更にどのような要件を課しても，これを充足できない者の周縁化の問題は残る。従って法的性別の如何によらず，差別の禁止，本人の性自認や生活実態の尊重，具体的な対抗利益が存在する場合にはその利益との調節等が行えるようにならなければいけない。本稿では現状における法的性別の社会的な承認機能に鑑みて，法的性別の存在を残し，これを当事者の生きやすさに寄与させる道を残しつつ，選択的に法的性別を登録しない方法を提言した。さらに法的性別が社会的な承認の機能を残しているうちに，ノンバイナリーな性別の在り方が法的に認識される必要がある。法的性別，さらにそこに付随する法的性別に基づいた本人の社会的取扱いが個人の人格的発展や社会参画を阻害しないよう，本人の性自認に法的性別を合致させることを目指しつつ，要件の緩和や法的性別の利用機会の減少によって法的性別の実効的な意義や社会承認の機能が失われた際には，中央統括的な法的性別の登録の全面的な廃止も視野に入る。ここでも本人の生きやすさや周囲の者との利益衡量に重要なのは，差別の禁止，本人の性自認や生活実態の尊重と，利益の衝突がある場合にこれを解決するための実効性のある制度であり，そのような法制度においては，「女性とは何か」「真のトランスジェンダーは誰か」などを定義する必要はない。直近の特例法改正で法的性別の意義が根本的に問われるとは考え難いが，差別禁止法制の整備は早期の実現を願う。

◆ 5 ◆
# 性同一性障害者特例法手術要件違憲大法廷決定の憲法学的意義について

辛嶋　了憲

Ⅰ　はじめに
Ⅱ　三段階審査の採用
Ⅲ　「自己の意思に反して身体への侵襲を受けない自由」の定立
Ⅳ　二者択一論の登場
Ⅴ　おわりに

平成31年1月23日・最高裁判所第一小法廷決定（以下，平成31年決定という）[1]は「性同一性障害者の性別の取扱いの特例に関する法律（平成15年法律第111号）」（以下，本特例法という）3条1項第4号（以下，4号要件という）に対して合憲という判断を下した。この僅か4年後，令和5年10月25日・最高裁判所大法廷決定[2]（以下，本決定という）は平成31年決定を判例変更し[3]，4号要件に対して違憲という結論を下す。

本稿筆者は本決定の4号要件違憲という結論に賛同する。もっとも本決定には従来の関連諸判例には見られなかった思考様式が散りばめられている。本稿はこの思考様式の問題点を含め本決定の意義を憲法学の観点から検討するものである[4]。

## I　はじめに

### 1　前　提

本特例法に関する詳細は本決定及び平成31年決定に関する多くの評釈等が論じている上，本稿筆者もこの点については既に別稿で言及したことがあるため，本特例法の制定経緯・趣旨等は別稿を参照して頂きたい[5]。以下は拙稿では書か

---

（1）家庭の法と裁判22号（2019年）109頁。

（2）民集77巻7号1792頁。

（3）小泉は「率直に言って，平成31年から4年余で医学的知見を含め事態に決定的変化はないので，あの時点では間違っていなかった，とする平成25年の非嫡出子相続分規定事件……式の弁面は難しい」と指摘する（小泉良幸「判批」『令和5年度重要判例解説』（有斐閣，2024年）9頁）。なお，二宮は法廷意見を変更した背景について，平成31年決定以後で，本決定が挙げた諸要素（「世界保健機構の……「国際疾病分類〔第11版〕」（2019年5月に承認，2022年1月実施）」，「LGBT理解増進法の制定（2023年6月）」，「一部女子大学によるトランス女性の学生受入れ（2021年以降）」，「欧米を中心とする諸外国の現在の立法状況」）を指摘する。更に，平成31年決定での鬼丸かおる・三浦守補足意見の存在，未成年の子なし要件の違憲性が問題となった令和3年11月30日・最高裁判所第三小法廷決定における宇賀克也反対意見の存在を指摘し，「共同補足意見や反対意見の積み重ねが今回の大法廷決定を導く一因になったように思われる」と言う（二宮周平「トランスジェンダーの尊厳の保障：2つの最高裁判例を中心に」戸籍時報849号（2024年）5頁）。また，西村・後掲注(81)119頁。

（4）本決定の具体的な事案・事情については本決定での申立代理人が執筆した南和行・吉田昌史「性同一性障害特例法の第3条1項4号を違憲無効とした最高裁大法廷決定」法セ830号（2024年）23頁以下が詳しい。本稿の補遺的性格を有する論文である「令和5年10月25日・性同一性障害者特例法手術要件違憲大法廷決定の憲法学的意義について・補遺：正当化論証を中心に」広島法科大学院論集21号（2025年）334頁以下も参照願う。

（5）拙稿「性同一性障害者の性別の取扱いの特例に関する法律3条1項3号の憲法適合性についての一検討」広法46巻4号（2023年）177頁以下。本特例法について，拙稿執筆後に参照した文献として谷口功一『立法者・性・文明』（白水社，2023年）143頁以下，田

なかった事柄を簡単に補足するに留める。

本特例法は平成15年7月16日に公布，翌年7月16日に施行された。同法立法前は「人の法的な性別が基本的には生物学的な性別によって決められ」ていた。平成10年以降，「性別適合手術を受けた性同一性障害者の数は相当数」いた。それにもかかわらず，家庭裁判所により「戸籍の続柄の性別記載……の訂正許可の申立てについては，そのほとんどが却下され」た。そのため，当事者は「就業の困難など，社会生活上さまざまな問題を抱えていた」。この「社会的な不利益を解消するためにも，立法上の対応を求める議論が高ま」り，更に「社会における性同一性障害者に対する理解も急速に進みつつあ」った。そこで，本特例法は「性同一性障害者であって一定の要件を満たし，家庭裁判所において性別の取扱いの変更の審判を受けた者については，その性別につき心理的な性別である他の性別に変わったものとみなす」とした(6)。この一定の要件を定めたのが本特例法3条1項である。これは次のように定めている(7)。

「家庭裁判所は，性同一性障害者であって次の各号のいずれにも該当するものについて，その者の請求により，性別の取扱いの変更の審判をすることができる。

一　18歳以上であること。

二　現に婚姻をしていないこと。

三　現に未成年の子がいないこと。

四　生殖腺がないこと又は生殖腺の機能を永続的に欠く状態にあること。

五　その身体について他の性別に係る身体の性器に係る部分に近似する外観を備えていること。」(8)

---

巻帝子「性同一性障がい」谷口洋幸・綾部六郎・池田弘乃編『セクシュアリティと法』（法律文化社，2017年）23頁以下，野間紗也奈「性同一性障害者の性別変更審判の要件の再検討」法政論叢56巻1号（2020年）49頁以下，本多広高「性同一性障害者の性別の取扱いの特例に関する法律3条1項4号生殖腺手術要件最高裁憲法13条違反決定について」判時2610号（2025年）5頁。4号要件に関しては二宮周平「性同一性障害者性別取扱い特例法における生殖不能要件の検討」戸籍時報782号（2019年）6頁以下，建石真公子「性別に関する「自己決定」と「身体を侵襲されない権利」(8, 9, 11)」時の法令2113号（2021年）70頁以下，2115号（2021年）62頁以下，2119号（2021年）62頁以下，山下祐貴子「判例解説：最決平成31・1・23民集261号1頁」道垣内弘人・松原正明編『家事法の理論・実務・判例4』（勁草書房，2020年）156頁以下。

(6) 以上，齋藤陽夫「性同一性障害者の性別の取扱いが変更可能に」時の法令1709号（2004年）36頁以下。自見武士「性同一性障害者の性別の取扱いの特例に関する法律の概要」家月56巻9号（2004年）1頁以下も参照。

(7) 同法の解説等は複数存在するが，特に欠くことができないのが南野知恵子監修『【解説】性同一性障害性別取扱特例法』（日本加除出版，2004年）である。

## 2　問題意識

本特例法3条1項の内，2号，3号及び4号の各要件については，最高裁において，その憲法適合性が争われた。平成19年10月19日・最高裁判所第一小法廷決定[9]，同年10月22日・最高裁判所第一小法廷決定[10]では3号要件，平成31年決定では4号要件，令和2年3月11日・最高裁判所第二小法廷決定[11]では2号要件が，令和3年11月30日・最高裁判所第三小法廷決定[12]では改正後3号要件が論点となった[13]。いずれも合憲という結論であった。このような状況下で本決定は平成31年決定を判例変更し，4号要件につき違憲という結論を下したのである。

従来から，上記の本特例法3条1項の各要件の問題または各要件をめぐる最高裁判所の判断に対しては民法学[14]，法哲学[15]，医事法学[16]，憲法学と複数の法学領域から指摘が投じられてきた。本特例法4号要件に関しては，「憲法学説，民法学説のいずれにおいても，違憲説又は違憲に親和的な見解が多数を示している」という状況であった[17]。もっとも，平成31年決定の合憲決定に対して全て

---

（8）e-Gov法令検索より（https://laws.e-gov.go.jp/law/415AC0100000111／［最終閲覧日：2024年11月17日，以下同日のものは省略］）。なお，1号要件については，平成30年公布，令和4年4月1日施行「民法の一部を改正する法律（平成30年法律第59号）」附則15条により，「20歳以上」から，「18歳以上」に改正された（https://www.shugiin.go.jp/internet/itdb_housei.nsf/html/housei/19620180620059.htm）。3号要件については，平成20年6月18日公布，同年12月18日施行「性同一性障害者の性別の取扱いの特例に関する法律の一部を改正する法律（平成20年法律第70号）」により，「子」なし要件から，「未成年の子」なし要件に改正された（https://www.shugiin.go.jp/internet/itdb_housei.nsf/html/housei/16920080618070.htm［最終閲覧日：2025年3月3日］）。一連の法改正につき日本法令索引HP（https://hourei.ndl.go.jp/#/detail?lawId=0000095667）を参照。

（9）家月60巻3号36頁以下。

（10）家月60巻3号37頁。

（11）Westlaw Japan［文献番号：2020WLJPCA03119001］

（12）Westlaw Japan［文献番号：2021WLJPCA11309007］

（13）以上については拙稿・前掲注（5）181頁以下。また，春山習「性同一性障害者特例法違憲決定について」早稲田法学99巻3号（2024年）350頁。

（14）下記に挙げる文献の他，石嶋舞「性同一性障害者の取扱いの変更要件違憲訴訟」ジェンダー法学会編『ジェンダー視点で読み解く重要判例40』（日本加除出版，2023年）197頁以下，渡邉泰彦「性別変更の要件の見直し」産大法学45巻1号（2011年）31頁以下。これらの批判の発端となった平成17年5月17日・東京高等裁判所決定（家月57巻10号99頁）及び，同決定に対する批判については，拙稿・前掲注（4）329頁以下を参照。

（15）谷口・前掲注（5）149頁以下。

（16）甲斐克則編集代表『医事法辞典』（信山社，2018年）341頁以下（永水裕子）。

（17）野中伸子「判解」ジュリ1595号（2024年）70頁，匿名解説「判批」家庭の法と裁判49号（2024年）43頁以下。山下・前掲注（5）164頁，及び同頁脚注27で引用・紹介されている文献を参照。

の学説が批判的な評価を下しているわけではなく,「現行法下においては妥当な判断であった」[18]とも評されていた。平成31年決定についても[19],本決定についても様々な法領域の研究者が判例評釈を書いている[20]。本決定以降出版された憲法学の教科書で本決定に言及しているものもある[21]。しかし —— 当然ではあるが —— 評釈も基本書も論者によって本決定の論じ方や捉え方は異なる。本決定から1年が経過した今,改めて,憲法学の観点から本決定を整理し直す必要がある。以下では,本決定と平成31年決定を比較することで,本決定の意義を示す。

## II　三段階審査の採用

まず本決定の全体像を,平成31年決定と比較しつつ確認する。

平成31年決定は①身体的侵襲を受けない自由への制約→②正当化という,保護領域審査を欠く二段階での審査であった[22]。本決定の原決定である広島高裁岡

---

(18) 羽生香織「判批」『令和元年度重要判例解説』(有斐閣,2020年)63頁。
(19) 下記に挙げる文献の他,大島梨沙「判批」民商法雑誌155巻5号(2019年)1057頁以下。
(20) 下記に挙げる文献の他,羽生香織「判批」新・判例解説編集委員会編『新・判例解説 Watch Vol.34【2024年4月】』(日本評論社,2024年)109頁以下,白須真理子「判批」法教521号(2024年)122頁,マシャド・ダニエル「手術要件の緩和と性別変更後の親子関係の成否をめぐる諸問題」ジュリ1595号(2024年)62頁以下。更に,中曽久雄「性同一性障害特例法3条1項4号と憲法13条」広島公法研究会(オンライン開催,2024年5月18日),柴田泰和「性別の取扱いの変更申立て却下審判に対する抗告棄却決定に対する特別抗告事件」第13回一橋憲法判例研究会(一橋大学・オンライン開催,2024年9月29日)に接した。
(21) 下記に挙げる文献の他,笹田栄司「性同一性障害者の自由」棟居快行・松井茂記・赤坂正浩・笹田栄司・常本照樹・市川正人『基本的人権の事件簿〔第7版〕』(有斐閣,2024年)55頁,高橋和之編『新・判例ハンドブック　憲法〔第3版〕』(日本評論社,2024年)58頁(宍戸常寿)。
(22) 平成31年決定での鬼丸かおる・三浦守共同補足意見は憲法13条に基づく保護領域審査が存在する(濱口晶子①「判批」新・判例解説編集委員会編『新・判例解説 Watch Vol.25【2019年10月】』(日本評論社,2019年)15頁。同②「判批」法セ772号(2019年)116頁,二宮周平「手術要件の是非と最高裁判決」ジェンダー法研究6号(2019年)137頁以下)。そのため,同補足意見は三段階審査での整理が可能である。他方,平成31年決定の第一審(平成29年2月6日・岡山家裁津山支部審判,家庭の法と裁判22号(2019年)119頁以下)は憲法13条に言及するものの裁量論に終始している(佐々木雅寿「判批」法教443号(2017年)137頁,濱口晶子③「判批」法セ754号(2017年)104頁,栗田佳泰「判批」ジュリ1518号(2018年)13頁)。また,第二審(平成30年2月9日・広島高裁岡山支部決定,家庭の法と裁判22号(2019年)115頁以下)も次のように論じている。「性同一性に係る上記人格権の内容も,憲法上一義的に捉えられるべきものではなく,憲法の趣旨を踏まえつつ定められる法制度をまって初めて具体的に捉えられるものである」。「法律上の性別の取扱いの変更」の可否・要件については「基本的に立法府の裁量に委ね

山支部も保護領域審査を行わなかった(23)。他方で，本決定は，①「自己の意思に反して身体への侵襲を受けない自由」（以下，身体不可侵の自由）の憲法13条としての保障→②制約→③正当化という審査枠組みである(24)。これはドイツ憲法学における対防御権の「伝統的で」(25)，「今日，実践上，聖典化した（kanonisiert）と見なされ得る」(26) 三段階審査(27) と同じ枠組みである。既に本決定に対する三段階審査による整理が評釈にて見られるが(28)，この整理に際して三段階審査による整理の有益性を簡単に確認する必要があろう。

そこで日本でも度々参照される Michael Kloepfer の論文を改めて紐解くと(29)，三段階審査の有用性は次のように語られる(30)。「基本権の構成要件（Grundrechtstatbestand)(31)，基本権制約及び制約の制約という段階付に関する基本権上の解釈は，包摂を理解しやすく，そして，予測可能なものにする。さらに，憲

られている」。第一審以上に裁量論に徹している。所謂，「制度準拠型思考」である（齊藤愛「判批」『令和元年度重要判例解説』（有斐閣，2020年）11頁，松本和彦「性的アイデンティティの法的取扱いをめぐる事例分析」法セ797号（2021年）63頁）。これに対して，平成31年決定及び令和3年11月30日・最高裁判所第三小法廷決定における宇賀克也反対意見は制度準拠型審査ではなく，自由権侵害型審査を行った（拙稿・前掲注（5）190頁脚注48。平成31年決定について松本・前掲64頁，上田健介「判批」法教464号（2019年）117頁）。以上の内容については拙稿・前掲注（4）338頁以下にて補足的に詳述した。

(23) 民集77巻7号1855頁。
(24) 民集77巻7号1798頁以下。
(25) *Martin Borowski*, Grundrechte als Prinzipien 3. Aufl., 2018, S. 305.
(26) *Uwe Volkmann*, Allgemeine Grundrechtslehren, in: Matthias Herdegen/Johannes Masing/Ralf Poscher/Klaus Ferdinand Gärditz, Handbuch des Verfassungsrechts Darstellung in transnationaler Perspektive, 2021, S. 1083.
(27) 三段階審査に関する邦語文献は数多く存在する。ここでは代表的な基本書である小山剛『「憲法上の権利」の作法〔第3版〕』（尚学社，2016年）4頁以下，渡辺康行・宍戸常寿・松本和彦・工藤達朗『憲法Ⅰ：基本権〔第2版〕』（日本評論社，2023年）59頁以下（松本）と最新の文献である井上典之「基本権の制約を正当化する法理」高橋和之・長谷部恭男編『芦部憲法学』（岩波書店，2024年）119頁以下を参照するに留める。
(28) 檜垣宏太「判批」広法47巻4号（2024年）191頁。また，春山・前掲注(13)352頁。
(29) 松本和彦『基本権保障の憲法理論』（大阪大学出版会，2001年）72頁注35，新正幸『基本権論』（日本評論社，2023年）84頁以下。
(30) 石川健治「ドグマーティクと反ドグマーティクのあいだ」石川健治・山本龍彦・泉徳治編『憲法訴訟の十字路』（弘文堂，2019年）313頁以下，同「夢は捻り難く，道は極め難し」法教340号（2009年）56頁以下，同「憲法解釈学における「論議の蓄積志向」」樋口陽一・森英樹・高見勝利・辻村みよ子・長谷部恭男編『国家と自由・再論』（日本評論社，2012年）15頁以下では三段階審査及びその日本への輸入に対する重要な指摘がされている。
(31) Volkmann によれば保護領域（Schutzbereich）と同義に用いられることもある（*Volkmann*, a. a. O. (Anm. 26), S. 1083. Anm. 125. 松本・前掲注(29)73頁注38参照，vgl. *Borowski*, a. a. O. (Anm. 25), S. 306. Anm. 5.）。

〈第1部②〉 5 性同一性障害者特例法手術要件違憲大法廷決定の憲法学的意義について〔辛嶋了憲〕

法理解への踏み入れという段階的・体系的な秩序付を通して，憲法の主張を規律的なものにし（Disziplinierung），完全なものにする」。このような段階付けの正当性は「主として形式的なものに思えるかもしれない。ここには弱点は存在しない。……更に，基本権の構成要件とその制約の間の強調した段階付は，通常，憲法上の個別事案の解決における，異なる諸利益の均衡ある考慮の確保に資する。基本権の構成要件の解釈では，個人に有利な観点が強く詳細に語られ，他方で，制約の解釈は公共の諸利益や第三者の衝突する諸利益が用いられる。両者の解釈上の利益の考慮の接続的な段階付によって，制約の制約の観点においても，可能な限り慎重な利益衡量がもたらされ得る」[32]。

このことを踏まえて本決定に戻ろう。本決定は平成31年決定に欠如していた保護領域審査を行う。この保護領域審査の存在は単なる形式的な事柄ではない。日本において「もともと，基本権の保護領域の観念が希薄なわが国にあって，保護領域のレベルの問題と制約の憲法的正当化のレベルの問題とが論証段階を異にする別個の過程だと区別する意識すらなく，その必要さえ感じないで，両者が不明確で曖昧のまま，憲法判断がなされてきたのではあるまいか」と指摘され，そこで持ち出される博多駅事件決定[33]につき，保護領域の曖昧さが「主題の自由に対する憲法的正当化の段階における総合網羅的比較衡量方式の曖昧さに直結」する，と言われる[34]。この問題は，平成31年決定にも妥当する。平成31年決定では，身体不可侵の自由について，「その自由が憲法上保護される自由なのか，憲法のどの規定によって保護される自由なのかの言及」さえない[35]。仮に憲法上の権利として保護されるとしても，その程度も不明である。このように平成31年決定では自由権の保護領域は不明瞭なまま制約と一体化した論証がされていた――「憲法21条の精神に照らし，十分尊重に値いする」[36]と一応論じていた博多駅事件決定以上に曖昧である。結果として，平成31年決定は「あまりにも簡略的に過ぎて，どのような論理構成を前提としているのかを読み取ることは困難」[37]な総合衡量審査に陥った。

---

(32) *Michael Kloepfer*, Grundrechtstatbestand und Grundrechtsschranken in der Rechtsprechung des Bundesverfassungsgerichts, in: Christian Starck (Hrsg.), Bundesverfassungsgericht und Grundgesetz, Bd. Ⅱ, 1976, S. 407.
(33) 昭和44年11月26日・最高裁判所大法廷決定（刑集23巻11号1490頁）。
(34) 新・前掲注(29)94頁以下，150頁。松本・前掲注(29)220頁以下。
(35) 建石・前掲注(5)2119号66頁。大山・後掲注(37)64頁。
(36) 刑集23巻11号1493頁。
(37) 齊藤・前掲注(22)11頁。大山知康「判批」国際人権31号（2020年）66頁。小泉・前掲注(3)9頁。

これに対して本決定は身体不可侵の自由が憲法13条により保護されていることを示す。この保護領域審査において該当する自由権の重要性を明らかにすることにより，制約及び衡量の審査において，身体的不可侵性の自由侵害の甘受か，性自認に従った法令上の性別の取扱いを受けるという重要な法的利益」の「放棄」か，という「二者択一」の論証が可能になる（Ⅳ参照）。すなわち，保護領域審査の存在は，制約の論証には当然のこと，正当化の論証における利益衡量の明確化にも資する[38]。Michael Kloepferの言うように，三段階審査による記述は形式的な事柄には留まらないのである。

　本決定が三段階審査を採用した理由は定かではない。日独間の三段階審査の有無は，「ただ三段階の構成が意識されているか否かにある。日本においては，意識されていなかったがゆえに，三段階をなすものとして理論化されることもなかった」という指摘が存在してきた[39]。三段階審査による整理を行う日本憲法学の基本書[40]や，元最高裁判所裁判官・泉徳治の三段階審査への着目[41]などを契機に，判例法理においても三段階審査の認識が広まっているのかもしれない[42]。

## Ⅲ　「自己の意思に反して身体への侵襲を受けない自由」の定立

　本決定の特徴の1つとして，上述の通り，身体不可侵の自由を確立したことが挙げられる[43]。しかし，この権利はどのような性質のものなのだろうか。この

---

(38) 新・前掲注(29)87頁以下参照。ここで新は三つの「保護領域の法的意義」を挙げる。「第一は，ある基本権主体の行為・状態・位置……が保護領域に属すると判断される限り，基本権法益として根拠づけられることを意味する」。「第二は，審査の第二段階をなすところの国家の介入が問題となる「場」を設定する意味をもつ」。介入の「審査も，あくまで保護領域の「場」において問題となり，一定の論証手続に服することになる」。「第三は，……介入の憲法的正当化においても，それを基盤としてなされることを意味する」。本決定では保護領域審査の登場により，この第二及び第三の意義が発揮されたように思われる。

(39) 長尾一紘『基本権解釈と利益衡量の法理』（中央大学出版部，2012年）182頁。

(40) 前掲注(27)の諸文献。

(41) なお，泉徳治は「三段階審査論で最も注目すべきことは，違憲審査の第一段階で，当事者の主張する権利自由が憲法で保障する人権の保護領域に含まれるかどうかを審査することである。これは，裁判所の目を，まず，憲法が保障する人権の内容・範囲に向けさせるものである」と述べる（泉徳治「最高裁の「総合的衡量による合理性判断の枠組み」の問題点」石川・山本・泉編・前掲注(30)380頁。石川健治・山本龍彦・泉徳治「【座談会】「十字路」の風景」同書402頁以下も同旨（泉発言））。

(42) 学説や法学教育における三段階審査の流行については，松本和彦「三段階審査論の行方」法時83巻5号（2011年）34頁。

(43) 立石結夏「性同一性障害者特例法の手術要件と最大決令和5年10月25日」Web日本評

点を従来の裁判例を確認しつつ検討する。

## 1　諸裁判例の比較

前述のように平成31年決定は制約の論証で身体不可侵の自由に言及していた。この自由への「制約」を論じている以上，平成31年決定の時点から最高裁は同自由を自由権として認定したとも言える[44]。更に，a）平成31決定での申立人の主張，b）同決定が京都府学連事件（昭和44年12月24日・最高裁判所大法廷判決（刑集23巻12号1625頁））を参照判例としたこと，c）「憲法13条，14条１項に違反するものとはいえない」と論じたことに照らすと[45]，同自由を憲法13条の問題として捉えていたと言える[46]かもしれない。しかし，平成31年決定が権利制約の論証部分で13条を明示していない以上[47]，上記の事柄はあくまでも推測に過ぎない[48]。なお，鬼丸かおる・三浦守は「手術を受けるか否かは，本来，その者の自由な意思に委ねられるものであり，この自由は，その意思に反して身体への侵襲を受けない自由として，憲法13条により保障される」[49]と論じ，身体的不可侵の自由を憲法13条で保護されている自由権として認めている[50]。しかし，補足意見に留まる。

遡って平成31年の抗告審である平成30年２月９日・広島高裁岡山支部決定を見てみよう。同抗告審は抗告人の主張する「性別適合手術を強制されない自由」に対して，次のように論じる。「性別に関する認識は，基本的に，個人の内心の問

---

論（https://www.web-nippyo.jp/34166/）春山習「LGBTをめぐる近時の裁判例」法教530号（2024年）45頁，巻美矢紀「判批」民商法雑誌160巻４号（2024年）689頁以下，森本・後掲注(114)49頁。河嶋・後掲注(50)43，45頁も参照。

(44) 松本・前掲注(22)64頁参照。君塚正臣「判批」判時2440号（2020年）118頁。河嶋・後掲注(46)187頁も参照。

(45) 家庭の法と裁判22号（2019年）109頁以下。

(46) 河嶋は京都府学連事件決定及び補足意見の内容に照らして，同自由が「憲法13条上の自由として保障されることを前提としている点で注目される」と評する（河嶋春菜「判批」甲斐克則・手嶋豊編『医事法判例百選〔第３版〕』（有斐閣，2022年）187頁）。

(47) 松本・前掲注(22)64頁，建石・前掲注（５）2119号66頁，齊藤・前掲注(22)10頁，大山・前掲注(37)64頁，宍戸圭介「判批」年報医事法学35号（2020年）188頁。

(48) 筆者も拙稿を執筆する際にこの推測を所与のものと解してしまっていた（拙稿・前掲注（５）188頁以下）。

(49) 家庭の法と裁判22号（2019年）110頁。

(50) 濱口②・前掲注(22)116頁。また，河嶋は鬼丸かおる・三浦守補足意見と，本決定の間に連続性を見出す（河嶋春菜「最高裁による性同一性障害特例法の違憲決定」法セ829号（2024年）43頁以下，駒村圭吾「性同一性障害特例法違憲決定」ジュリ1595号（2024年）60頁，二宮・前掲注（３）3頁以下，森本・後掲注(114)48頁）。

題であり，自己の認識する性と異なる性での生き方を不当に強制されないという意味で，個人の幸福追求権と密接にかかわる事柄であり，個人の人格権の一内容をなすものということができるが……」[51]と —— 抗告人の主張する手術を強制されない自由と，高裁が論じる異なる性での生き方を不当に強制されない自由とで両者の間に齟齬が生じている。そのため，同抗告審も身体不可侵の自由の考察対象として不適当である。平成29年2月6日・岡山家裁津山支部審判にも身体不可侵の自由は登場しない[52]。4号要件に関する判例で上記補足意見以外に身体不可侵の自由に関する手がかりはないように思われる。

ところが，この時点で，学説上には身体的不可侵の自由に関する伏線が存在していた。平成29年2月6日・岡山家裁津山支部審判に関する高井裕之の判例評釈である。

高井はアメリカの判例における「身体の不可侵性（bodily integrity）」，日本の無断輸血拒否事件[53]及び日本国憲法31条以下による「人身の自由に関する手厚い保障」の存在を手掛かりに，憲法13条に基づき「身体への侵襲を拒否する権利を憲法上の権利として認めることに十分の根拠があろう」と論じていた[54]。

また平成31年決定以降，裁判実務においても，身体不可侵の自由が憲法13条により保護されていることを示してきた下級審裁判例が存在する。例えば（A）令和2年11月30日・大阪地裁は「人がその意思に反して身体への侵襲を受けない自由が憲法13条によって保障されていることは明らかである」と論じる[55]。（B）令和4年9月22日・大阪地裁は「人がその意思に反して身体への侵襲を受けない自由もまた個人の人格的生存に不可欠な利益であることは明らかであり，人格権の一内容を構成する権利として憲法13条によって保障されている」と言う[56]。（C）令和5年3月6日・仙台地裁は「憲法13条は，生命，自由及び幸福追求に対する国民の権利が保護されるべきことを規定しているところ，子をもうけるか否かについて意思決定をする自由及びその意に反して身体への侵襲を受けない自

---

(51) 家庭の法と裁判22号（2019年）115頁以下。
(52) 家庭の法と裁判22号（2019年）119頁以下。そもそも，「憲法13条の内容をどのように解釈しているのかはわからないし……」「憲法13条に権利の存在を認めたかどうかもわからない」（松本・前掲注(22)63頁）。
(53) 平成12年2月29日・最高裁判所第三小法廷（民集54巻2号582頁）。
(54) 高井裕之「判批」新・判例解説編集委員会編『新・判例解説 Watch Vol.21【2017年10月】』（日本評論社，2017年）39頁。
(55) 判時2506号・2507号（2022年）81頁。控訴審である令和4年2月22日・大阪高裁（判時2528号（2022年）10頁）も参照。
(56) 判タ1522号（2024年）241頁。

由は，いずれも，幸福追求に対する権利の一内容を構成する権利として同条により保障されている」と述べる[57]。このように，身体不可侵の自由については，(A)単に自由の保障を認めるのみの裁判例，(B)「人格的生存に不可欠な利益」として人格権として構成する裁判例，(C)幸福追求権として構成する裁判例が存在する。裁判所により，理解が異なる状況であった。

　このような状況下で本決定は憲法13条の全文を引用して，身体不可侵の自由を基礎づけ，この自由を「人格的生存に関わる重要な権利」として示した[58]。本決定以後の，令和6年5月27日・静岡地裁浜松支部は本決定を参照し，同自由に関する論証を踏襲する[59]。令和6年3月12日・名古屋地裁は本決定を参照しないが，同様の論証を行う[60][61]。そして，令和6年7月3日・最高裁判所大法廷判決は，本決定を参照し，「憲法13条は，人格的生存に関わる重要な権利として，自己の意思に反して身体への侵襲を受けない自由を保障している」と論じる[62]。本決定以降，憲法13条に由来する身体不可侵の自由は他でもない最高裁自身の自己参照により[63]，判例上確立した防御権になりつつある。

　しかし，この自由とはどのような性質のものなのだろうか。先に見たように本決定の文言は，本決定以前の下級審におけるものと異なる[64]。日本の代表的な憲法の基本書は「13条の保障する人権がいかなる性格の権利かを真正面から論ずることが人権全体の性格を理解する上でも極めて重要である」と述べる[65]。これを踏まえ，筆者なりに，本決定で登場した身体不可侵の自由の性格を検討したい。

---

(57) 判時2579号（2024年）79頁。類似した内容として令和4年3月11日・東京高裁（判時2554号（2023年）29頁）。
(58) 民集77巻7号1798頁。
(59) Westlaw Japan〔文献番号：2024WLJPCA05279002〕
(60) Westlaw Japan〔文献番号：2024WLJPCA03129002〕。令和6年1月26日・大阪高裁も同様（Westlaw Japan〔文献番号：2024WLJPCA01269002〕）。
(61) なお，令和6年5月30日・福岡地方裁判所は「意に反して身体への侵襲を受けない自由は，同条〔憲法13条：筆者注〕後段により保障されるものと解される」と論じ，「重要な」という修飾語はない（Westlaw Japan〔文献番号：2024WLJPCA05309003〕）。
(62) 民集78巻3号396頁。
(63) オリヴァー・レプシウス（棟居快行訳）「基準定立権力」マティアス・イェシュテット／オリヴァー・レプシウス／クリストフ・メラース／クリストフ・シェーンベルガー（鈴木秀美・高田篤・棟居快行・松本和彦監訳）『越境する司法』（風行社，2014年）201頁以下参照。
(64) 檜垣は本決定が「人格的生存に不可欠な利益」ではなく，「重要な権利」と示した点に着目し，修正後の佐藤幸治説を見出す（檜垣・前掲注(28)192頁）。
(65) 芦部信喜・高橋和之（補訂）『憲法〔第8版〕』（岩波書店，2023年）126頁。

## 2　検　討

本決定の意義の一つとして「法令の憲法13条違反が宣言された初めての最高裁判決である」ことが挙げられよう[66]。元々，憲法13条[67]については判例法理上，課題が残されていた。最高裁判所は「13条に関する違憲判断に必ずしも積極的ではない」[68]。その内容についても例えば，山本は次のような指摘を行う。「日本の最高裁は，憲法13条のドグマーティクを未だ構築していないように思います。「私生活上の自由」から「みだりに○○されない自由」を導き出してはいますが，ドイツの憲法裁判所のように「情報自己決定権」といった権利を彫琢し，その侵害についてしっかりと分節化した審査に乗せているわけではない」[69]。α「最高裁判所は，13条違反が争われる場合，13条の保障するいかなる権利…が制約されているかを明確にすることを避け」るか，β「極めて抽象的な「人格権」が制約されているとのみ述べ，議論の焦点を制約が正当化されるかどうかの方に合わせる手法をとることが多い」。「このような手法を多用すると，13条の保障する人権の性格についての理解を深めることが妨げられ」る[70]。保護領域審査を欠く平成31年決定はまさしくαである。また，本決定は身体不可侵の自由を確立したものの，未だ抽象的であり，βに属する。そのため，検討が必要である。

本決定は，基本書では自己決定権の文脈で紹介されることもある[71]。確かに，本決定には「人格的生存に関わる重要な権利」という，芦部信喜[72]の「人格的利益説を想起させる性格づけ」を行っている文言が存在する[73]。下級審も同自由を「人格権」（B），「幸福追求に対する権利」（C）と位置付けていた。そのため，本決定における身体的不可侵の自由は自己決定権の問題のようにも見える[74]。しかし，本決定における同自由は自己決定権や幸福追求権の問題とは異

---

(66) 河嶋・前掲注(50)40頁。
(67) 近年の憲法13条の学説研究として渡辺康行「包括的基本権論」高橋・長谷部・前掲注(27)151頁以下。
(68) 二宮・前掲注(22)138頁。
(69) 石川・山本・泉・前掲注(41)399頁（山本発言）。新・前掲注(29)97頁。
(70) 芦部・前掲注(65)126頁。以上の指摘を踏まえて記述した拙稿・前掲注（4）343頁以下脚注65も参照。
(71) 大日方信春『憲法Ⅱ〔第３版〕』（有信堂，2024年）89頁，加藤一彦・植村勝慶編『現代憲法入門講義〔新７版〕』（北樹出版，2024年）55頁（中村安菜）。
(72) 芦部・前掲注(65)122頁参照。
(73) 渡辺・前掲注(67)178頁。
(74) 木村草太は「医療における自己決定権には，複合的な性質がある」として，①「防御権」的性質，②「特定行為排除権」的性質，③医師に対する情報提供の「請求権」的性

なるように思われるのである⁽⁷⁵⁾。本稿筆者の比較法の対象国であるドイツ憲法の条文で言い換えると，同自由は，「自己の人格を自由に発展させる権利」（ドイツ基本法2条1項）ではなく，「生命への権利及び身体を害されない権利」（ドイツ基本法2条2項1文）なのではないか⁽⁷⁶⁾。同自由は日本国憲法13条の「自由及び幸福追求に対する国民の権利」から導かれるものではなく，「生命……に対する国民の権利」を根拠としているように思われる⁽⁷⁷⁾。この点については本決定の調査官も「憲法13条が生命に対する国民の権利を明記している以上，それに準ずるものとして，身体への侵襲を受けない自由も同条によって保障されていることに異論はないと思われる」と論じている⁽⁷⁸⁾。

本決定の判決文を改めて見てみると「性同一性障害者がその性自認に従った法令上の性別の取扱いを受けることは……個人の人格的存在と結び付いた重要な法的利益というべきである」と論じ，身体的不可侵の自由については「人格的生存に関わる重要な権利」と論じる⁽⁷⁹⁾。それぞれ「人格的存在」／「人格的生存」⁽⁸⁰⁾，「重要な法的利益」／「重要な権利」⁽⁸¹⁾と文言を使い分けている。この

---

　　質を挙げる。「判例や教科書では，それらを区別することなく，「自己決定権」と総称している」と指摘する（木村草太『憲法』（東京大学出版会，2024年）211頁）。

(75) 例えば，高橋は，本決定の分析に際して，身体的不可侵性の自由を自己決定権ではなく，「強制採血・採尿」等を想定事例とする「個人の身体的および精神的な完全性（integrity）への権利」，「人格権（教義）」と捉える（高橋和之『立憲主義と日本国憲法〔第6版〕』（有斐閣，2024年）159頁以下）。

(76) 初宿正典『ドイツ連邦共和国基本法〔第2版〕』（信山社，2024年）2頁。なお，宇賀克也・反対意見は，「性同一性障害者がその性自認に従った法令上の性別の取扱いを受けることは，幸福追求にとって不可欠であり，憲法13条で保障される基本的人権といえる」ことを示す（民集77巻7号1828頁）。宇賀克也は，そこで，2011年1月11日・ドイツ連邦憲法裁判所第一法廷決定（平松毅「性同一性障害者に戸籍法上の登録要件として外科手術を求める規定の違憲性」ドイツ憲法判例研究会編『ドイツの憲法判例Ⅳ』（信山社，2018年）73頁以下）を紹介する。本決定における身体の不可侵の自由も，多かれ少なかれ，部分的に，ドイツ法を参照しているように思われる（この点につき，渡邉泰彦「判批」私法判例リマークス69号下（2024年）11頁以下）。

(77) 平成31年決定の時点でこの旨の指摘は存在していた。松原は「憲法13条後段は生命に対する国民の権利を明文で規定しており，意思に反して身体の侵襲を受けない自由もこれに次ぐ基本的な法益として同条の保障に含まれると解されている」（松原正明「当期（平成30年～令和元年）の家事法裁判例」道垣内・松原前掲注（5）202頁）。また，渡辺・前掲注(27)121頁以下（松本）は幸福追求権の中に生命の権利を置く。

(78) 野中・前掲注(17)71頁。

(79) 民集77巻7号1798頁以下。

(80) 駒村・前掲注(50)60頁。

(81) 青井未帆「「性同一性障害者の性別の取扱いに関する法律」と憲法判断の方法」判時2610号（2025年）21頁も参照。「その法的承認を権利化するには至っていない」（西村枝美「判批」法教521号（2024年）119頁）。「「個人の尊厳に関わる重要な法的利益である」

点について，自己決定権の内部には複数の権利カタログがあり，そこに保護の程度にグラデーションが存在するという捉え方(82)も可能ではあろう。しかし，本決定が平成31年決定の参照する京都府学連事件を用いなかったことから，従来の憲法13条における幸福追求権・自己決定権に関する諸判例とは位相を異にすることを表明している。本件で問題となったのは，自己決定権とは別類型の，「身体的侵襲を受けない」権利なのである(83)。そして，この「身体への侵襲を受けない自由」は，自己決定権よりも要保護性が高い自由権であり，「内心の自由や拷問されない権利などと同様に絶対保障を受ける権利（あるいはそれに近い手厚い保障を受ける権利）と解すべき」(84)である。

## Ⅳ　二者択一論の登場

本決定の制約は下記のような内容であった(85)。

---

とか，「憲法13条により保障されている幸福追求権の一つである」といったように，憲法の保障する基本的人権の一つと位置付けられるような重要なものであるという評価付けは，少なくとも明示的にはしていない」（千葉勝美「性同一性障害事件の大法廷違憲決定と裁判官の視線」判時2583号（2024年）5頁）。齊藤笑美子「判批」法教524号（2024年）41頁，小泉・前掲注（３）9頁。

(82) 齊藤・前掲注(81)41頁は，本決定では「「私生活上の自由」よりも，一段上のレベルの「人格的生存に関わる重要な権利」が設定されたということだろうか」と言う。

(83) 駒村は同自由について，憲法13条の「「個人として尊重される」，「生命」，「自由」，「幸福追求」のいずれに着床するのかは明らかにされていない」と指摘する（駒村・前掲注(50)60頁）。関連して，駒村はプライバシー権の文脈ではあるが，憲法13条の文言に注目して同条のカタログを「個人の尊重」──「人格権」／"生命・自由・幸福追求"の権利──「私生活上の自由，私生活上の平穏」／「「自由」」──「一般的自由」と分類する（駒村圭吾『憲法訴訟の現代的転回』（日本評論社，2016年）275頁）。この分析と先の指摘を併せると，駒村は身体の不可侵の自由を人格権とは分けて理解していると考えられる。もっとも，駒村自身は「両者は区別され得るが，同時に，その連関性についても注意が必要である」と論じ，本件は「"身体のインテグリティ"と"精神のインテグリティ"が不可分に一体化して問題になる事態である」，と指摘する（駒村・前掲注(50)60頁）。また，河嶋は，従来の学説において自己決定権の内容に「身体の一体性に対する侵襲を排除する権利が含まれる」ことを指摘した上で，身体不可侵の自由を「自己決定権に重なる内容を含んでいる」と言う。他方で，本決定において「最高裁が自己決定権という用語を使用せず，身体への侵襲を受けない自由というやや説明調な言い回しで憲法13条上の新しい権利を認めたことには，その保護範囲を限定する意図が窺われる」と指摘する（河嶋・前掲注(50)45頁）。日本及びアメリカの判例から身体の自由を詳細に研究する文献として大林啓吾「身体の自由」法學研究97巻10号（2024年）1頁以下。大林は同論文にて，本決定における法廷意見に関して，「法廷意見は身体への侵襲を受けない自由に焦点を絞ることで自己決定を巧妙に避けながら論理を展開しているようにも思える」と論じる（3頁）。

(84) 木村草太「判批」法時91巻5号（2019年）6頁。

〈第1部②〉 5　性同一性障害者特例法手術要件違憲大法廷決定の憲法学的意義について〔辛嶋了憲〕

① 「生殖腺除去手術は，精巣又は卵巣を摘出する手術であり，生命又は身体に対する危険を伴い不可逆的な結果をもたらす身体への強度な侵襲であるから，このような生殖腺除去手術を受けることが強制される場合には，身体への侵襲を受けない自由に対する重大な制約に当たるというべきである」。

② 「本件規定は……原則として生殖腺除去手術を受けることを前提とする要件を課すにとどまるものであり，性同一性障害を有する者一般に対して同手術を受けることを直接的に強制するものではない」。

③ 「しかしながら，本件規定は，性同一性障害の治療としては生殖腺除去手術を要しない性同一性障害者に対しても，性別変更審判を受けるためには，原則として同手術を受けることを要求するものということができる。他方で，性同一性障害者がその性自認に従った法令上の性別の取扱いを受けることは……個人の人格的存在と結び付いた重要な法的利益というべきである。……本件規定は，治療としては生殖腺除去手術を要しない性同一性障害者に対して，性自認に従った法令上の性別の取扱いを受けるという重要な法的利益を実現するために，同手術を受けることを余儀なくさせる」。

④ 「本件規定は……身体への侵襲を受けない自由を制約するものということができ」る。

まず，a) 本件生殖腺除去手術が不可逆性故に「身体への強度な侵襲」であること，b) それ故，同手術が強制される場合は「重大な制約」に該当する，という規範を定立する（①）。かくして，議論の焦点は本件手術の「強制」か否か，に当てられる。確かに，4号要件は間接的制約にすぎず，「強制」には該当しない（②）。しかし，二者択一論を展開した上で，実質的な「強制」に該当するとしている（③）(86)。結果，4号要件は「身体への侵襲を受けない自由を制約」していることが示される（④）。

この一連の論証で特に注目すべきは間接的制約の認定（②），二者択一論（③）という2箇所である。この2つの内容を平成31年決定と適宜比較ししつつ，確認しよう。

---

(85) 民集77巻7号1798頁以下。
(86) 稲葉が既に平成31年決定の判例評釈で鬼丸かおる・三浦守補足意見に依拠してこの旨を指摘している。曰く，「外科手術は，それ自体として強度の侵襲であり，また生命や身体に対する危険を伴うものである。本件のような場合には，手術そのものに対する同意はあるにしても，手術を望んでもいないのに性別変更のためだけに手術を余儀なくされており，自己の身体への侵襲に対する同意を強制されているに等しい」（稲葉実香「判批」医事法研究4号（2022年）144頁）。

## 1 間接的制約の認定

さて，平成31年決定は次のように論じていた。

「本件規定は，性同一性障害者一般に対して上記手術を受けること自体を強制するものではないが，性同一性障害者によっては，上記手術まで望まないのに当該審判を受けるためやむなく上記手術を受けることもあり得るところであって，その意思に反して身体への侵襲を受けない自由を制約する面もあることは否定できない」[87]。

平成31年決定のこの論証については「間接的制約の一変種」とも評価される[88]。なお，本件における原決定も平成31年決定を踏襲し，「変種」の間接的制約を論じている[89]。他方で，本決定では，「一変種」ではなく，「信教の自由を直接的に制約するものとはいえない」[90]と論じた剣道受講拒否事件類似[91]の，通常の間接的制約[92]を想起させる論証を用いている —— 「強制」と「制約」で文言は異なるが，間接的制約の認定という点では両決定は共通している。

学説上，間接的制約／直接的制約を分けるメルクマールとして規制の「目的」と「対象」が挙げられる。すなわち，(a)「憲法上の権利それ自体を制約することを「目的」とし，(b)「かつ／または，憲法上保障された行為を「対象」にこれを制約している場合を指して，「直接的な制約」と位置づけている」。「この意味での「直接的な制約」に該当しないものを広く「間接的な制約」……として位置づけている」[93]。

横大道は夫婦別姓訴訟合憲判決[94]と再婚禁止期間違憲判決[95]を比較して，(b)の説明を行っている[96]。そこで用いられている表現を借りると，本件では —— 「婚姻という身分関係の変動を自らの意思で選択することに伴って夫婦の

---

(87) 家庭の法と裁判22号（2019年）109頁。
(88) 曽我部真裕「間接的制約・付随的制約」曽我部真裕・赤坂幸一・新井誠・尾形健編『憲法論点教室〔第2版〕』（弘文堂，2020年）109頁脚注13。平成31年決定の匿名解説も「本件では間接的な態様による制約が問題となっている」と指摘する（匿名解説「判批」家庭の法と裁判22号（2019年）108頁）。
(89) 民集77巻7号1855頁。
(90) 民集50巻3号478頁。
(91) 駒村・前掲注(50)59頁。
(92) 間接的制約については曽我部・前掲注(88)104頁以下，横大道聡「人権の制約態様」同編『憲法判例の射程〔第2版〕』（弘文堂，2020年）17頁以下，小山剛「間接的ないし事実上の基本権制約」法学新報120巻1・2号（2013年）155頁以下。
(93) 横大道聡「憲法上の権利に対する制約」法律時報91巻5号（2019年）35頁。
(94) 民集69巻8号2586頁。
(95) 民集69巻8号2427頁。
(96) 横大道・前掲注(92)19頁以下参照。

一方が氏を改めるという場面であって，自らの意思に関わりなく氏を改めることが強制されるというものではない」[97]と論じた夫婦別姓合憲判決と同様に ──「意に沿わないところがあることを理由として，生殖腺除去手術を受けず，性自認に従った法令上の性別の取扱いを受けないことを選択した者がいる」ため，(b) を欠くとも言えそうである[98]。もっとも，本件とは異なり[99]，意思に基づく生殖腺除去手術の拒否ではなく，健康上の理由により[100]，生殖腺除去手術を受けられない場合 ── 再婚禁止期間違憲判決と同様に ── 当該者に対しては直接的制約が発生しているとも言えるのではないか。

## 2 二者択一論の登場

一般的に間接的制約は審査密度を緩やかにする役割を有する[101]。しかし，本件では続けて二者択一論を論じ，「審査密度を高めている」[102]（②）。この二者択一論は平成31年決定の多数意見では登場しなかったものである[103]。もっとも，二者択一論の伏線は既に平成31年決定に存在していた。鬼丸かおる・三浦守補足意見である。同補足意見は「手術を望まない場合であっても，本件規定により，性別の取扱いの変更を希望してその審判を受けるためには当該手術を受けるほかに選択の余地がないことになる」と論じていた[104]。二者択一論が既に登場している[105]。

---

(97) 民集69巻8号2589頁。
(98) 高井・前掲注(54)39頁，御幸聖樹「性同一性障害特例法の生殖不能要件と未成年の子なし要件の合憲性」法教519号（2023年）61頁参照。
(99) 本決定において申立人が生殖腺除去手術を拒否した理由は，第一審によると次の通り。「通常の社会生活では，現在の身体状況で女性として生活することに支障がないにもかかわらず，性別適合手術には，手術による後遺症，激痛といったリスクが伴うのみならず，数百万円単位の多額の費用を要し，長期間仕事を休まざるを得ないという経済的，社会的デメリットも大き」いためであると言う（民集77巻7号1851頁）。平成31年決定において申立人が同手術を拒否した理由は，同決定の第一審によると，手術への恐怖，「手術をしても身体的に男性になるわけではないこと，身体的特徴を基準に性別を判断する考え方に納得できないことなど」があったようである（家庭の法と裁判22号（2019年）119頁以下）。
(100) 例えば，経済産業省トイレ使用事件（令和5年7月11日・最高裁第三小法廷判決）の当事者は性別適合手術を受けていない理由として「健康上の理由」があったことが指摘されている（民集77巻5号1174頁））。また同判決の第一審である令和元年12月12日・東京地裁判決も参照（判時2528（2020年）46頁）。
(101) 横大道・前掲注(92)24頁以下。
(102) 齊藤・前掲注(81)41頁。
(103) 河嶋・前掲注(50)44頁。
(104) 家庭の法と裁判22号（2019年）110頁。

更に，遡ると，平成29年の時点で既にその伏線は存在していた。その伏線はⅢと同様，平成29年2月6日・岡山家裁津山支部審判に対する高井の判例評釈である。

高井は同判例評釈で次のように論じる[106]。

① '「法律上の性別の変更および……法律婚を断念しさえすれば……身体の侵襲を受けることは必要ではない」。「身体への侵襲を国家によって一方的に強制されているわけではない，ともいえそうである」── ここで高井は夫婦別姓合憲判決を引き合いに出す。

② '「しかし，いわゆる違憲条件禁止の法理，すなわち国家が個人に提供する利益の享受の条件としてその個人が有する憲法上の権利の放棄ないし制約を受任することを要求してはならないとするアメリカの法理は，わが国でも妥当の余地がある」。「本件においても，……身体への重大な侵襲を物理的に直接強制されているわけではないが，身体の不可侵性と法律婚のいずれを採るかと言う深刻な二者択一を迫られているのであるから，身体の不可侵性という権利に対する公権力による制約があると認めるべきである」── ここで高井は剣道受講拒否事件を引き合いに出す。

高井のこの指摘は①間接的制約→②二者択一論による身体的不可侵性の自由への権利制約を認めた本決定の原本と言えよう[107]。

---

(105) 河嶋・前掲注(50)44頁。
(106) 高井・前掲注(54)39頁以下。
(107) ここで高井が参照する「違憲条件禁止の法理」とは，「個人に給付を提供するに際して，政府は，当該個人に対し基本的な自由の放棄を条件としてはならない，とするもの」と説明される（蟻川恒正『尊厳と身分』（岩波書店，2016年）209頁）。「アメリカ憲法において，百年以上の歴史を有している」法理である（中林暁生「違憲な条件の法理」法学65巻1号（2001年）35頁）。なお，本稿筆者は「違憲な条件の法理」にも，アメリカ憲法学にも造詣が深くないが，本決定についてはこの違憲な条件の法理で整理するのは適さないように思われる。「違憲な条件の法理」の前提には「規制と給付の二元論」が存在する。「不利益が課せられることは規制の文脈に属」し，「利益が供与されないことは，給付の文脈に属する」（蟻川・前掲207頁以下）。国家が提供する利益（「特権」・「恩恵」）とは「政府の側にはそれを付与すべき法的義務がなく，私人の側はそれを享受すべき法的権利を当然には有していないもの」と定義づけられ，「公務員職，各種の許認可，各種の補助金，公共施設の利用，そして憲法典に社会件規定を欠いているアメリカ合衆国においては，社会福祉給付等が，この意味における「特権」と見做されうる」（中林・前掲35頁）。この一連の例に基づくと，蟻川が例に出す公立学校の教員という公務員に対する「政府による公務員の雇用の解消は，規制ではなく，給付の撤回」に該当し，「違憲な条件の法理」に該当する（蟻川・前掲209頁）。他方で，本決定の文脈で用いられる剣道受講拒否事件における，公立学校の生徒の退学は，「給付の撤回」なのだろうか。本決定に照らすと「性自認に従った法令上の性別の取扱いを受け」ることができないこと，そし

〈第1部②〉 5 性同一性障害者特例法手術要件違憲大法廷決定の憲法学的意義について〔辛嶋了憲〕

　本決定の最高裁判所調査官・野中伸子の解説をみると，本決定の二者択一論は剣道受講拒否事件が念頭に置かれているようである。野中は同事件の「……信教の自由を直接的に制約するものとはいえないが，しかし，被上告人がそれらによる重大な不利益を避けるためには剣道実技の履修という自己の信仰上の教義に反する行動を採ることを余儀なくさせられるという性質を有するものであったことは明白である」[108]という一文に，「自由権（信教の自由）が重要な利益（高等専門学校に在学して教育を受ける利益）と二者択一の関係」を見出す[109]。もっとも，野中は，剣道受講拒否事件の判決文を微妙に読み替えているように思われる。というのも，同事件の二者択一関係は，信仰という自由権と「高専学生の身分」であって[110]，自由権と重要な利益ではなかった。自由権と身分ないし利益の二者択一については既に剣道受講拒否事件以降，思想・良心の自由に関する下級審判例でヨリ明確に登場していた。このことを指摘したのが蟻川恒正である[111]。蟻川が手掛かりにする平成27年5月28日・東京高等裁判所は「……免職処分を受けることにならざるを得ない事態に至って，自己の歴史観や世界観を含む思想等により忠実であろうとする教員にとっては，自らの思想や信条を捨てるか，それとも教職員としての身分を捨てるかの二者択一の選択を迫られることとなり，そのような事態は，もともとその者が地方公務員としての教職員という地位を自ら選択したものであることを考慮しても，日本国憲法が保障している個人としての思想及び良心の自由に対する実質的な侵害につながるものであり，相当ではないというべきである」[112]。

---

　　て，このような状態が生涯継続することは，「給付の撤回」または「給付の文脈」に該当するのだろうか。確かに，「法令上」の取扱いが問題となっている以上，法制度が前提となっていることには違いないが，政府に与えられた身分（利益）の撤回や，助成の問題とは位相が違うのではないかと思う次第である。また，違憲の条件の法理については横大道聡『現代国家における表現の自由』（弘文堂，2013年）85頁以下も参照。なお，前述，柴田泰和は規制・給付二元論及び違憲な条件の法理に着目して，本決定を分析している。また，檜垣は「給付の文脈を規制（制約）の文脈に転換するという形で，制約論に理論的な革新をもたらし」たと評価する（檜垣・前掲注(28)210頁以下，また197頁以下も参照）。

(108) 民集50巻3号478頁。
(109) 野中・前掲注(17)71頁。匿名解説・前掲注(17)44頁。駒村・前掲注(50)59頁。また，野中がそこで指摘しているように，同事件で問題となったのは「処分」の違法性であって，今回の法令の違憲性とは状況が異なる（檜垣・前掲注(28)197頁）。
(110) 髙井・前掲注(54)39頁。
(111) 蟻川・前掲(107)200頁以下。
(112) 判時2278号（2016年）31頁。榎透「判批」『平成27年度重要判例解説』（有斐閣，2016年）19頁参照。

本決定では自由権と身分ではなく，自由権と利益の二者択一を用いる。このような二者択一論の活躍の幅は増え，権利への制約は認めやすくなったとも言えるかもしれない(113)。他方で，権利への制約の認定と，審査密度の濃淡は異なる点に注意が必要である。

　つまり今回の権利制約が「強度な身体的侵襲」であったからこそ，当事者は「過酷な二者択一」に立たされることになった。そのため，審査密度が高くなり，違憲に導きやすくなる。つまり，そもそも今回問題となっていた権利制約は，生殖腺除去手術であったことを忘れてはならない（①）。この「生殖腺除去手術は……，生物としての根源に関わる，子孫を残す可能性を断つものであり，国家による生殖への介入や管理という意味で，外科手術一般よりも重大な侵襲」だったのである(114)。身体的不可侵の自由と二者択一の場面一般に，今回の思考枠組みが妥当するかというわけではない。身体的不可侵の自由が制約される場面(115)には制約の程度にグラデーションが存在する。また，本人の健康上の事情も様々であるので，一般的に身体的侵襲性が低いからと言って，権利制約の程度が低くなるとも言えないと思われる(116)。ケースバイケースな判断が要される。

## V　おわりに

　本稿は本決定の特徴のうち，三段階審査（Ⅱ），身体性不可侵の自由（Ⅲ）そして，二者択一論（Ⅴ）について検討した。本決定は従来の判例法理には見られなかった法理が散りばめられている。この意味で本決定は，本特例法以外の場面でも，活用できる素材を提供してくれる。他方で，新しい思考枠組みであるからこそ検討の余地が残されている。身体性不可侵の自由の根拠付をどこに求めるのか。二者択一論は果たして便利な道具なのか。なお，紙幅の都合で，正当化の論証については，本稿で論じることはできなかった。別稿で論じることにする。

　1つの決定にこのような新要素が多く見られた原因の1つには学説の寄与があるように思われる。三段階審査による論証方法は既に紹介した通りである。民法学は二宮周平をはじめ本特例法の問題をいち早く指摘し(117)，また渡邉泰彦は身

---

(113) 無論，利益と身分は一体のものとも捉えられることも可能であろう。
(114) 森本直子「判批」新・判例解説編集委員会編・前掲注(20) 49頁。
(115) 例えば，ワクチン接種など（ドイツの事例について，拙稿「監護要件としての麻疹予防接種証明決定」自治研究100巻9号（2024年）149頁以下）。
(116) 平成31年決定の申立人は「湿疹，頭痛，筋肉のこわばりなどの副作用があり，ホルモン療法を中止し」ている（二宮周平「判批」国際人権31号（2020年）70頁，家庭の法と裁判22号（2019年）116頁）。
(117) この点につき拙稿・前掲注(4) 331頁以下参照。

〈第1部②〉 5 性同一性障害者特例法手術要件違憲大法廷決定の憲法学的意義について〔辛嶋了憲〕

体性不可侵の自由についてドイツ比較法の観点を交えつつ詳細に分析し続けてきた[118]。また，本文でも幾度と論じてきたように，平成31年決定の第一審決定に対する高井裕之の判例評釈が極めて慧眼であったように思われる。研究者としての筆者のバイアスがかかっているのだろうが，本決定の理論的背景には複数領域の学説による判例の批判的分析，比較法の視座の提供の積み重ねがあるように感じられる。その意味で，本決定は実務と学説の対話の成功例と言っても良い。この成功例を一回限りにすることなく，ヨリ強固なものに，ヨリ適切なものに仕上げる任務が，我々研究者に課せられている。

　※本研究はJSPS科研費24K16245の助成を受けたものである。
　※原稿提出後，広島公法研究会（口頭発表，広島大学東千田キャンパス開催）（2024年12月21日）にて本稿の内容を報告した。校正では同研究会でいただいたご指摘を反映している。同研究会での先生方に御礼申し上げる。また，山本侑先生（東京都立大学）からもご指摘をいただいた。御礼申し上げる。
　※本稿の強調はいずれも筆者によるものである。

---

(118) 渡邉泰彦「「性同一性障害者の性別の取扱いの特例に関する法律」の概要と問題点」ケース研究340号（2021年）42頁以下，同「性別変更における生殖不能要件の要否」新・判例解説編集委員会編『新・判例解説 Watch. Vol.21【2017年10月】』（日本評論社，2017年）112頁以下，同・前掲注(14)31頁以下，同・前掲注(76)11頁以下参照。

クローズアップ③
新たな問題へのチャレンジ

━━━ ◆ 6 ◆ ━━━

"scienceploitation"を行う営利目的医療
Xの特徴・基準と被害

一家　綱邦

I　はじめに
II　Xに該当する医療実践はどのようなものか
III　Xが患者等にもたらす被害は何か
IV　Xが医学・医療と社会にもたらす被害は何か
V　おわりに

# I　はじめに

　筆者は前稿[1]で，当該医療の一般的安全性・有効性（治療効果）を科学的に証明できていないにもかかわらず，それらがあるかのように医師等が宣伝広告し，患者に直接説明して，高額な治療費を受け取って実施した結果，案の定，治療効果がないことの問題性，くわえて，そのような医師や医療機関の背後に企業がいて，当該医療行為に用いられる製品を製造・販売し[2]，当該医療行為の実施計画も作成・指南する場合の問題の大きさ[3]を示した。そうした問題をもたらす実際の活動例として，「再生医療等の安全性の確保等に関する法律」（以下，再生医療法）に基づいて実施される自由診療の再生医療[4]及び自由診療で実施

---

（1）　一家綱邦「"scienceploitation"序論 ── 医科学を用いて患者と医学・医療から搾取することの考察」甲斐克則先生古稀祝賀論文集・下巻『医事法学の新たな挑戦』（成文堂，2024年）407頁。
（2）　企業が①自由診療で用いられるモノ（たとえば細胞・組織を加工等したモノ）を医療機関に製造販売し，治療としての有効性を宣伝する一方で，②同じモノを対象にした治験を実施するケースがある。まず指摘したいのは，①と②を同時に行うことは未承認の医薬品等の販売を禁止する規制に違反する可能性である。この指摘に対して，企業は薬機法の「製造販売」の定義（同法2条13項）に沿って，①で行うのは同製品の製造販売ではなく，医療機関からの委託を受けた製造又は院内調剤の指導・支援であるというロジックで「製造販売」の定義＝法の規制対象からすり抜けるようとするのかもしれない。しかし，日本全国に点在する多くの医療機関が同じ内容で製造委託や院内調剤の支援を単一企業に求める関係は，企業主導でなければ構築できず，薬機法が規制対象外にする趣旨・状況とは異なるだろう。
　そして，この考え方に基づくと，①の活動の理由に，自由診療の実施において安全性・有効性のエビデンスを蓄積することを挙げることにも矛盾が生じる（①において医学界で認められるレベルのエビデンスが蓄積されることは実際には殆ど皆無だが）。なぜなら，仮に自由診療に用いた結果を蓄積・分析して一般的な安全性・有効性の見込みが立ち，その成果を多くの患者に適用するために医薬品等としての製造販売を目指して治験に進む段階で，未承認医薬品等の販売禁止規制に違反しないように自由診療機関への販売を中止することになるが，中止できるはずがない。そう考える理由は，第1に，①が自社の営業活動の全て又は多くを占める場合に，そのような生命線の活動を企業が中止できないこと，第2に，仮に自由診療で安全性・有効性の見込みを確認できた場合には，その自由診療を受けてきた患者から治療法を取り上げることになり，それも非人道的である。
（3）　山口斉昭「専門家の責任 ── 医師の責任を中心に」法学セミナー822号（2023年）20頁は，「近時において，とりわけこの問題［未確立の療法に関する医師の責任］が注目されるようになっている背景には，……患者の希望に応じる形で，自由診療科で先進医療等を行うビジネスモデルが［企業の主導で］開発され，医師もその一部に組み込まれるケースが生じていることがある」と述べる。
（4）　筆者はこれまでにも自由診療で実施される再生医療とそれを規制するはずの再生医療法の問題を指摘してきたが（前掲注（1）の参考文献を参照），本稿でも1つの問題実態

〈第1部③〉 6 "scienceploitation"を行う営利目的医療Xの特徴・基準と被害〔一家綱邦〕

されるがん治療(一部の遺伝子治療とがん免疫療法)を挙げた。

その上で,今後こうした問題に医事法学が取り組むために,次の2点を理解することの必要性を提示した。第1に,「治療」でも「研究」でも「未確立医療」でもない,医学界で非難される専ら営利目的の医療の実施形態がある(それを表すのに適した一般名称がまだ医学界にないので,前稿に続いて本稿でも"X"とする)。第2に,Xにおいて実践されているのが"scienceploitation=医科学を用いて患者と医学・医療から搾取すること"である[5]。

前稿で明らかにしたscienceploitationの悪質で厄介な点について,次のように整理・要約しておく。①実施主体が医師や医学者であるので,非医療者の患者や市民は騙されやすい。②患者や市民を騙す方法として,正当な現代医学の理論,到達点及びそれに至る努力を利用し(この点に医学に対する搾取がある),治療として用いることができるエビデンスがなくてもアイデアとしては医学の専門家が否定しにくい側面がある。③患者や市民の新たな画期的な医療を求める心理につけこむために,幹細胞治療や遺伝子治療等の新規性のある技術を適切且つ実効的に用いることができるかのように装う。その偽装の材料に,肩書きのある人物の言動,動物実験の結果,研究としてデザインされていない少数の症例報告,いわゆるハゲタカ雑誌のような雑誌に掲載する論文(あるいは市民や患者には医学論文・雑誌に見える何か)など[6]を用いるが,非医療者[7]の目には医学的な根拠が

---

について新たに述べておく。再生医療法では,再生医療等提供機関が年1回その1年間の再生医療の実施状況をまとめて報告する義務があり(同法20条1項),それを「定期報告」という。ある特定認定再生医療等委員会(A委員会)における定期報告の内容に対する審査の議事録を調べると,1年分の議事録のうち数十件で,治療結果を確認・検討するために必要な検査データの不備(=測定項目や測定方法の不備によって必要なデータを確認できない問題)を指摘する委員の意見を確認できる(ただし,そのような意見が出た場合にも,A委員会は「定期報告は適切である」と結論している)。このことに対しては,①再生医療等提供機関が自ら作成した提供計画の内容に違反している,②その委員会が審査した提供計画において治療効果を確認・検討するための検査方法が最初から確定していない,いずれかの(あるいは①②両方の)可能性が疑われるが,いずれの場合にも当該再生医療の有効性(個々の患者にとっての治療効果)の存在が軽視されていると言えるだろう。なお,このような問題を指摘できるのはA委員会の議事録の内容が比較的詳細であるからであり,法令(同法施行規則71条1項)で公開が義務づけられているにもかかわらず,多くの委員会の議事録は審査の概要を理解することすら困難という問題が別にある。

(5) Caulfield T. Blinded by science: modern-day hucksters are cashing in on vulnerable patients. THE WALRUS, Sep. 12, 2011 (https://thewalrus.ca/blinded-by-science/).
(6) scienceploitationにそのような論文(あるいは論文に見える何か)を用いることは,臨床研究法制定の直接の契機になった「ディオバン事件」と似た構図がある。ディオバン事件では,保険診療で処方される高血圧治療薬ディオバンの宣伝材料に医学的権威の

113

あるかのように映ってしまう。④大衆に向けてセールス宣伝するために，マスメディアやインターネットを通じて，有名人や患者の疾患や障害をめぐるストーリーや彼ら自身の語り（ナラティブ）を発信する。

本稿は，Xとscienceploitationの問題に取り組むことの重要性をさらに示すために，どのような行為や活動がXに該当するのか，Xがもたらす問題（被害）は何かを明らかにする。その次には，様々な問題（被害）をもたらすXに対しての対応策（特に法規制）が検討課題になるので（それは本稿の射程を超えるが），対応策のあり方は本稿においても意識して検討を進める。

## Ⅱ　Xに該当する医療実践はどのようなものか

1　前稿で，営利目的で安全性・有効性が確立していない医療を多くの患者に提供することが，Xに該当すると述べた。これに対して，個々の患者を治療することを目的に，安全性・有効性の確立していない（すなわち研究での検証を要するレベルの）医療を用いる「未確立医療」との区別が実際には難しいことは想像できる。

未確立医療とXの相違点は，その主たる目的が患者の治療なのか，営利の獲得なのか[8]であるが，その客観的指標は当該医療を大規模に（多数の患者に，長期に亘って）実践するか否かにあるだろう。未確立医療として正当化できる医療は，多数の患者に長期に亘って実施するものではない。なぜならば，標準治療が

---

ある医学雑誌の掲載論文が用いられた。同論文作成には，企業と論文著者との利益相反関係と研究不正があった。ディオバン事件自体は，論文発表・雑誌掲載自体は旧薬事法66条1項が規制する行為に当たらないという論理で被告人であるノバルティス社員は無罪とされたが（最決令和3年6月28日刑集75巻7号666頁），一審から最高裁まで研究不正の存在は事実認定された。保健診療医が他の薬剤よりも優先してディオバンを処方する判断材料・動機になる（換言すれば，保険診療医の医学的判断を誤導するため）には権威ある雑誌に掲載された画期的な治療効果を謳う論文が必要だったわけだが，Xを実施する医師とそのXに用いられる製品を製造販売する企業が一緒になってscienceploitationを実行する場合には，直接の搾取対象である患者や市民に対しては，医学的権威のある医学雑誌の掲載論文までは不要なのである。ディオバン事件の再発防止を目的に臨床研究法が制定されたことを考えれば，scienceploitationに対しても立法措置が必要ではないだろうか。

（7）医療者であっても自分自身が患者になって，当該分野に専門性がなければXに該当する当該療法について正しく判断できない（後に悔やむ）例として，岩澤倫彦『がん「エセ医療」の罠』（文春新書，2024年）144頁。

（8）新田秀樹「医療の非営利性の要請の根拠」名古屋大学法政論集175巻（1998年）15頁を参考にして，医療機関の経営者が正当な業務行為によって相当の利益を得ることは当然に認められると考える。問題は，X実施においては，医療機関・医療者としての正当な業務の中で相当の報酬を得ていると言えないのではないか，ということである。

〈第1部③〉 6 "scienceploitation"を行う営利目的医療Xの特徴・基準と被害〔一家綱邦〕

尽きてしまい，窮余の策として「未確立医療」を必要とした患者に効果がなければ，その実施を繰り返すことはできないし，反対に特定少数の患者に効果があれば，速やかに「研究」計画を立案し，その効果の一般化可能性を検証することが求められるからである。その治療効果を慎重に見極める前に，多くの患者を対象に，検証体制を作らずに，安全性・有効性が不明な医療を「治療」と称して実践することは許されない(9)。これはヘルシンキ宣言37条等が求める医学・医療実践の原則である。

　2　そして，Xにおいて実践されているのがscienceploitationであるが，それはXの特徴であり，特定の医療実践がXに該当することの基準である。さらに，国際細胞・遺伝子治療学会（International Society for Cell & Gene Therapy: ISCT）が「未承認の細胞療法（unproven cell-based interventions）」の商業利用を非難し，そのような療法に該当する基準として示したものを参考にすると(10)，Xの特徴・該当性基準は次のようになるだろう。

①　治療効果の可能性に関する科学的合理性や根拠が不明である
②　治療目的で用いる根拠になる作用機序や生物学的機能を解明できていない
③　患者に用いることの安全性について，基礎実験（in vitro 試験，動物実験等）や臨床試験で十分なデータを得られていない
④　治療に用いるモノの品質と一貫性を確保する標準的手法がない
⑤　患者に投与する方法を標準化できていない，検証していない
⑥　人に対する実験的な手技をコントロールできていない(11)

これらは，Xの医学的側面を捉えた特徴・該当性基準になる(12)。言い換えれ

---

（9）検証体制を作る，すなわち実施計画を立てて実施するからには，科学的に必要な症例数や実施期間を定め，その範囲内で安全性・有効性を明らかにすべきであり，その症例数や期間が増えれば，もはや研究計画の立案が求められる。

(10) Laertis Ikonomou et al. International Society for Cell & Gene Therapy Position Paper: Key considerations to support evidence-based cell and gene therapies and oppose marketing of unproven products. CYTOTHERAPY. 2023; 25(9)p920-929. https://www.isct-cytotherapy.org/article/S1465-3249(23)00064-6/fulltext
　なお，2015年にISCTが発表した内容については，藤田みさお，八田太一「提言『未検証の幹細胞治療』を提供することは倫理的に許容されるのか ── 海外の医学系学会による評価と日本への示唆」日本医事新報5055号（2021年）52頁（表1）を参照。

(11) このことには，当該医療行為による有害事象の発生を判断できなかったり，その発生に対応する方法が不明であったりすることも含まれるだろう。

(12) ISCTはこれら6項目の他に，適切なインフォームド・コンセントを可能にするだけの情報を患者に提示しないこと，行政機関による監督・審査・承認がないこと，未確立医療や臨床研究への参加であれば無いはずの患者の費用負担（多くの場合には法外な金額）が生じることも，未承認の細胞療法に該当する基準に挙げる。

ば，患者の治療目的を標榜して，このような拙い特徴を持った医療を実践しようとすると，その特徴が明らかにならないように偽装したり，曖昧にしたりする必要が生じ，そのような工作行為の存在がXに該当することの基準になる[13]。

3　本節が示したXの医学的側面の特徴・基準は，Xに対する事前規制（当該医療が患者に実施される前に課される規制のことで，最たる例が再生医療法）を考える時に重要になる。筆者がXを非難するのは，Xによる様々な被害があるからだが，その被害を未然に防ぐことを重視すれば，事後規制（当該医療が実施された後に発生した負の結果に対して責任を問う規制）ではなく事前規制が必要になる[14]。事前規制を設けるためには，その規制対象の被害発生リスクを見積もることが必要になるが，本節が示した医学的側面の特徴・基準を有するXについては，後述する被害の発生リスクが高いために事前規制が必要になると考える。

そこで，Xに該当する医療実践を理解するためにも（Xに対して必要になる規制を今後考えるためにも），Xがもたらす被害について検討を進める。なお，Caulfieldは，scienceploitationによって搾取される対象を患者とその近親者（以下「患者等」）及び医学・医療であると考えたが，本稿は社会全体もXに搾取される対象として検討する必要があると考える。次節以降で，その三者にもたらされる被害を順に示していく。ただし，Xに該当するもの全てにおいて，それらの被害の全てが生じているとは限らない。

---

(13) 山口斉昭「未確立医療の実施・提供における医師の義務と役割」甲斐克則先生古稀祝賀論文集・下巻『医事法学の新たな挑戦』（成文堂，2024年）578頁は，11件の「未確立療法を実施したことが問題とされた裁判例」を取り上げ（山口論文の「未確立療法」には本稿の「未確立医療」と「X」の両方が含まれる），その実施を一般的に否定した判決はないが，具体的事案に即して考えると，実施条件が満たされていないために実質上は当該療法を実施すべきでなかったと判断していると解釈できる裁判例もあると述べる。その実施条件（実施者の義務）として，「治療を行う際の患者の状態の詳細な検査及び治療中に生じうる緊急事態への対応のための体制の整備」「十分なインフォームド・コンセント，とりわけ臨床上の有効性の裏付けが十分でないことや未知のものを含めた危険性があることについての説明」「患者に当該治療法の適応があるかどうかの検査」を挙げる。これらの実施条件は適切であり，さらに言えば，これらの実施義務を果たすと当該療法の患者への実施に消極的判断をせざるを得なかったり，患者が当該療法を希望しなくなったりするので，これらの義務を果たせず，その代わりに偽装等の工作行為が行われると推測する。

(14) 小谷昌子「科学的根拠に乏しい診療に対する事前規制の必要性」神奈川法学55巻1号（2022年）57頁も「身体や生命に被害が生じたとき，根本的には金銭賠償により救済しきれないという点は見過ごすことができない。こうした見地から，科学的根拠に乏しい医療を提供する自由診療に何らかの事前規制をし，なんらかの適正化を図ることはできないかを考察する必要があると考える。」と述べる。

## Ⅲ　Xが患者等にもたらす被害は何か

1　（1）患者等にもたらされる被害には，経済的，身体的，精神的被害の3種類がある。判決文が公開されて事実経過が明らかになっている，再生医療クリニックで体性幹細胞の他家移植を受けた患者のケース（以下，再生医療事件）[15]と自家がんワクチンを受けた末期がん患者のケース（以下，がんワクチン事件）[16]を参考例として中心的に取り上げて，3種類の被害を整理し，また他の例を検討材料として適宜補足する。

（2）　再生医療事件とがんワクチン事件ともに，それぞれがXに該当する医療を受けた患者又はその遺族の訴えに基づき，裁判所が医療機関に支払いを命じた治療費相当額が経済的被害の典型であろう。すなわち，Xが標榜する治療効果が実際には証明されていないのに，その治療効果を期待して（誤信させられて）患者等が支払う対価（治療費）である。2つの事件の判決は，説明義務又は検査実施義務の不履行と当該医療を受ける又は実施する選択との関係を認めて，患者にとって適応のない治療に払った費用を損害と判断したが，その判断の背景には，それぞれの事件で実施された医療の悪質な実態（問題性）への一定の理解があると推測できる。

その他に経済的被害と考えられるものとして，次の2つの顕著な例を挙げておきたい。1つは，エクソソーム[17]を用いたXである。エクソソームの使用は，美容，がん治療，コロナ後遺症治療などを目的にして自由診療機関で増えているが，エクソソームを含むと標榜する製品の中には実際には同物質が含まれないものもあることが明らかになった[18]。エクソソームそのものにも治療応用を可能

---

(15) 東京地判平成27年5月15日判時2269号49頁。詳細は一家綱邦他「再生医療を実施する自由診療クリニックに対する民事訴訟——明らかになった実態と残った問題」日本医事新報4766号（2015年）14頁，小谷昌子「自由診療としてなされた幹細胞治療に関する医師の説明が不適切であったとして慰謝料のほか治療費相当額の支払いが認められた例」年報医事法学31号（2016年）158頁を参照。

(16) 東京高判令和4年7月6日判時2553号12頁。詳細は一家・前掲注（1）410頁とそこに挙げた参考文献を参照。そこに挙げた参考文献及び佐藤雄一郎「自由診療の診療報酬請求権に関する主張立証責任—有効性が不明で高額な診療を中心とした検討」桃山法学40号（2024年）84頁を参照。

(17) 細胞から分泌される直径50～150nm程度の物質で，内部に様々なタンパク質や核酸・脂質などを含んでおり，細胞間の情報伝達の役割を担ったり，病気が起こるメカニズムに関連したり，その他にも組織の再生を促す働きもあると考えられており，病気の診断や治療などに役立つ可能性があるとして，世界中で研究が進められている。

(18) NHK「美容目的で使用拡大『エクソソーム』含まれない製品が」2024年7月4日配信（https://www3.nhk.or.jp/news/html/20240704/k10014501621000.html）によれば，東京

にするような科学的エビデンスは未確立であるが[19]，それすらも含有されていない医療が実施されていることに驚くばかりである。これは，よく分からないが聞いたことはあり，有望そうだというイメージ戦略をとる scienceploitation の典型例である。もう１つは，患者が画期的な治療法を求めて，そのような治療を装う商品を販売するマルチ商法の被害に遭うことである。近時の例では，「がん治療に効き，副作用のない飲料水を開発している」と謳うウィンメディックス社が，同社の未公開株（約80億円分）やヨウ素水を末期がん患者やその家族（約１万５千人）に販売し，その後に刑事事件になった例がある[20]。

（3） 患者の身体的被害については，患者の身体的状態が悪い（特に余命宣告をされている，難病に罹患している等の）場合には，状態の悪化が X による被害なのか，原病の悪化による影響なのかは判断が難しいだろう。再生医療事件では，再生医療（他家の幹細胞移植）の受療後数ヶ月のうちに患者の主訴であった全身の痺れが悪化して車椅子生活になってしまったが（さらに，腎機能の数値も低下），患者側がこの点を損害として賠償請求していない。「エセ再生医療[21]」の典型例であり，再生医療法制定の直接的契機となった京都ベテスダ・クリニックの死亡事故でも，司法解剖の結果，肺塞栓による急性右心不全が死因と判断されたが，幹細胞投与の終了直後の容態急変にもかかわらず，その投与と死因との因果関係は明らかにならなかった[22]。それらの理由は，人体や医学・医療一般の

---

医科大学の落谷孝広特任教授（日本細胞外小胞学会の理事長）のグループが，自由診療のクリニック等で使われているエクソソームの製品12品目について，エクソソームに特有の２種類のタンパク質の反応の有無を調べたところ，３品目には反応が見られず，エクソソームが含まれていることを確認できず，他の９品目にはタンパク質の反応は見られたが，製品によって含まれているエクソソームの量にバラつきが大きいと考えられた。

(19) エクソソーム治療に関する規制整備の必要性については，Misao Fujita et al. The urgent need for clear and concise regulations on exosome-based interventions. STEM CELL REPORTS 19 (11) p1517 (2024).

(20) 朝日新聞「無登録で株式80億円販売か 『がんに効く飲料水を開発』と触れ込み」2023年３月９日（https://www.asahi.com/articles/ASR394QFPR39UTIL009.html），毎日新聞「がん患者相手にネットワークビジネスか "陰謀論" 織り交ぜ」2023年３月21日配信（https://mainichi.jp/articles/20230321/k00/00m/040/003000c）を参照。なお，金融商品取引法違反等の罪に問われた刑事事件は，2024年９月19日に執行猶予付きの有罪判決の決着となったようであるが，判決文は未公開のため詳細は不明である。

(21) 厚生科学審議会／科学技術部会／再生医療の安全性確保と推進に関する専門委員会「第３回議事録」2012年12月14日（https://www.mhlw.go.jp/stf/shingi/2r9852000002oguy.html）。

(22) 一家綱邦「医療に対する法規制のあり方についての一考察 ── 「再生医療」を提供する自由診療クリニックにおける死亡事故をめぐって」いほうの会編『医と法の邂逅　第

〈第1部③〉 6 "scienceploitation" を行う営利目的医療Xの特徴・基準と被害〔一家綱邦〕

（くわえて，正当な医療とは言えないX固有の）不確実性ゆえにXによる積極的被害を明らかにするのが難しいことにあるだろう。そもそも，既述の通り，Xの実施者が搾取対象にするのは，つけこみやすい特に身体的状態の悪い患者であるので，治療効果のハイリターンを目指してハイリスクの医療行為を積極的に行う理由はなく，多くのXの問題性は安全性よりも有効性の有無にあるのだろう。

それでも，たとえば，画期的ながんの免疫治療薬（オプジーボ，ヤーボイ）の使用と重ねて他の免疫療法を自由診療で実施したことで，死亡を含む重篤な副作用例が複数発生したことは[23]，Xによる直接的な身体的被害と言えるだろう。また，第Ⅱ節の2で挙げたXの医学的側面の特徴・該当性基準④に当てはまるような再生医療による感染症（汚染されていたと推測される[24]細胞投与による敗血症）の被害も報告されている[25]。

また，多岐に亘るXの主な問題性は有効性を期待できない点にあるとしても，患者等がその有効性を誤信したことで，患者が適切な医療を受ける機会を逸することは，身体的"被害"とまでは言えなくても，患者の身体への悪影響があると考えられる。たとえば，標準治療とXで用いる療法には一般的な有効性の差があり[26]，標準治療を受ければ延命が期待できた時期よりも早期にXを受療

---

2集』（尚学社，2015年）267頁。

[23] 小野薬品工業，ブリストル・マイヤーズ スクイブ株式会社「オプジーボの適正使用について」2016年7月（https://www.pmda.go.jp/files/000240937.pdf）。日本経済新聞「オプジーボに想定外の問題 適正使用を警告」2016年8月27日配信（https://www.nikkei.com/article/DGXMZO06269910Z10C16A8X11000/）。厚生労働省医政局研究開発振興課長「がん免疫細胞療法と免疫チェックポイント阻害薬との併用について（注意喚起）」事務連絡平成28年7月28日（https://www.mhlw.go.jp/file/06-Seisakujouhou-10800000-Iseikyoku/0000150820.pdf）。

[24] 再生医療安全性確保法の下では，圧倒的大多数（2024年6月末のデータでは日本中に3581件あるうちの3500件）の細胞培養加工施設が，厚生労働省の許可ではなく届出で運用されていることの衛生上のリスクは予てから問題視されていた。Misao Fujita et al. The current status of clinics providing private practice cell therapy in Japan. Regen. Med 11(1)p29（2016）及び拙稿「再生医療安全性確保法に関する考察」甲斐克則編集『再生医療と医事法（医事法講座第8巻）』（信山社，2017年）91頁を参照。

[25] 厚生労働省「再生医療等の安全性の確保等に関する法律に基づく緊急命令について」2024年10月25日（https://www.mhlw.go.jp/stf/houdou/0000164606_00001.html）。NHK「再生医療で重大な感染症 医療提供一時停止の緊急命令 厚労省」2024年10月26日配信（https://www3.nhk.or.jp/news/html/20241026/k10014619571000.html）。

なお，当該再生医療は「がんの予防」を再生医療の目的にしており，受療したのが健常人であったために身体状態の悪化＝敗血症感染が疑問視されたのだろうが，それと同一内容の再生医療が同一のクリニックで「がんの治療」を目的に実施されており，その細胞投与を受けたがん患者（免疫機能が低下しており，感染症に罹患しやすい）に同様の有害事象が発生していないのか危惧される。

した患者が死亡した場合には，法的に言えば，延命利益，その時点での死亡を回避しうる相当程度の可能性，あるいは，適切な医療を受ける期待権[27]が侵害されたと考えるべき事案はないのだろうか[28]。

さらに，がんワクチン事件では，様々な資料を用いて画期的効果をアピールされた自家がんワクチン投与の効果なく，投与後2ヶ月で死亡した事実を元にして，自家がんワクチンの副作用に対するケア的処置を行わなかったことが死期を早めたと原告は主張した。被告病院は自分達が引き受けたのはワクチン投与だけで，その後のことは対象外という対応をとったが，Xを実施する医師・医療機関の共通する特徴（常套手段）の1つに，患者が苦しんでいてもX実施後のアフターケアを行わないことを挙げられる[29]。標準治療を受けてきた元の主治医・病院とX実施機関の連携が取れている状況下でXを受ける場合であれば別だが，そのような関係性のないX実施機関で当該Xだけが行われること（その他の医療・ケアは実施されないこと）を予期する患者がいるのだろうか。最高裁の「患者が適切な医療行為を受けることができなかった場合に，医師が，患者に対して，適切な医療行為を受ける期待権の侵害のみを理由とする不法行為責任を負うことがあるか否かは，当該医療行為が著しく不適切なものである事案について検討し得るにとどまる[30]」という判断に該当する「著しく不適切な事案」もX実施においてはあり得るのではないか。

（4）　患者の精神的被害には，悪質な医療であるXを受けたことに基づく精

---

[26] たとえば，がん患者を対象にしたアメリカの臨床研究において，標準治療を受けた患者群と代替医療（非標準治療）を受けた患者群の治療成績を比較し，前者と後者の5年生存率は80％と55％であり，後者の死亡リスクが前者の2.5倍との結果が出ている。さらに，標準治療群と標準治療及び代替医療を受けた混合治療群を比較すると，前者と後者の5年生存率は87％と82％であり，後者の死亡リスクが前者の2倍との結果が出ている。西智弘「医療機関で受けられる非標準治療」緩和ケア2019年6月増刊号10頁を参照。

[27] 損害に関する整理は，2024年10月20日開催の日本医事法学会第54回研究大会シンポジウム「科学的エビデンスの不明な自由診療 ── がん治療を中心に」における，松井菜採氏の「事後規制たる医療訴訟の可能性とその限界 ──『自由診療のがん治療』の裁判例を素材に」の報告を元にした。同報告の内容は年報医事法学40号に収録される予定である。

[28] 個々の事件，一人一人の患者においてXを受けたことで予後が悪化した（寿命が縮まった）ことの判断は難しく，これらの利益侵害の一般的可能性を重く見るならば，X全般に関する事前規制を考えるべきだろう。

[29] 岩澤・前掲（7）98頁によれば，がんの免疫細胞療法の一種であるANK療法等を治療費（430万円）前払いで実施した後に，医師は患者を診ることすらなかったケースもある。

[30] 最判平成23年2月25日判時2108号45頁。

神的苦痛，適切な治療を選ぶ自己決定権の侵害を挙げられるだろう（Xを受けたことによって適切な医療を受けられなかった場合には，その期待権侵害も考えられる）。がんワクチン事件の高裁判決が認めたのも，この2点であった。これらは過失に基づく通常の医療過誤事件でも一般的な被害（損害）であるが，scienceploitationを行うXの悪質性を踏まえると，その被害（損害）はより大きく評価されるべきだろう。また，患者本人とは別に，Xに該当する医療の存在を知って善意で患者に勧めた近親者等が，患者に生じた様々な被害を悔やんだり，自責の念に駆られたりすることは，近親者等の固有の精神的被害であろう。

## Ⅳ　Xが医学・医療と社会にもたらす被害は何か

1　前節に挙げた患者等に生じる被害がXの問題の中心・基本であると考えるが，それとは別に医学・医療と社会全体にもたらす被害の存在を理解することは，Xへの対応策を考える上で重要なことだろう。なぜなら，Xが自由診療という枠組の中で行われ，そこで行われていることは当事者の私的自治や契約自由の原則の対象であって，第三者の介入が望ましいとは考えられず，社会的対応が講じられてこなかったと推測するからである。前節で挙げた様々な被害が患者等に生じうることを認識すれば，社会的対応の必要性も検討されるかもしれないが，私的な当事者間以外の問題がXに関して存在することが認識されることで，さらに社会的対応の必要性が検討されることを期待したい。

2　前稿において[31]，scienceploitationによって患者等及び大衆（マス・メディアを含む）を搾取するための道具（宣伝材料）を作るために，論文・雑誌・学会発表といった研究成果の発表の場，学会や協会などの専門家集団，医学の世界での肩書等を濫立して悪用すること，Xを装飾するために無関係の正当な医学・医療の営み（研究成果等）に言及し，その違いを曖昧にすることが行われていると述べた。これは，研究活動，医療専門職，医学的専門性，専門職組織団体など医学・医療の発展のために正当な本流の専門家が積み上げてきた仕組みと努力が，当該分野の専門性を自称する医療者によって搾取されている状況である[32]。

---

[31] 一家・前掲注（1）421頁。
[32] このように述べること（特に「正当」「本流」「自称」といった区分）は，学問・研究の自由や学問・研究活動の本質からは問題があるかもしれないし，正当なものとそうでないものを区別することは難しいかもしれない。しかし，問題の深刻さを踏まえて，我々の社会や社会から正当に専門的裁量を委任されてきた専門家が形成してきた医療・医学のあり方を損なう活動には厳しい目を向けて対応を考えるべき時期に来ているのではないか。

その結果，何が起きるのか。まず，Xの搾取対象になった当該医療分野あるいは医学・医療全般の営みに対する社会的信頼が低下する恐れがあるだろう。たとえば，日本再生医療学会はこれまでに複数回，いわゆる「エセ再生医療[33]」に対する学会の立場表明や社会への注意喚起を行い，「［患者に対する健康被害の発生とともに］今後の幹細胞治療の推進の障害，国民の皆さんの幹細胞治療に対する誤った認識を持たせてしまう［こと］等に対して強い憂慮［を抱いている］］」と述べており[34]，そのような憂慮は当然だろう[35]。社会的信頼が低下すれば，当該医療分野の発展にも支障が生じるはずである[36]。

また，より直接的に正当な医学・医療の発展を阻害する可能性もある。たとえば，標準治療が尽きた患者にとっては，臨床研究や治験への参加がもしかしたら治療効果を得られる最後の希望になる場合があるのだが[37]，Xを受療する患者が増えると，新しい治療法や医薬品等の発展に不可欠な被験者が不足することになる[38]。さらに，Xが横行すれば，正当な研究者が地道な研究を重ねて真に安全性と有効性が認められる治療を開発する意欲の低下を招きかねない[39]。Xによって意欲を削がれるのは医学研究者だけでなく，標準治療（保険診療）を担う

---

[33] 日本再生医療学会がこの文言を使用しているわけではない。

[34] 日本再生医療学会「日本再生医療学会声明（2011-1）」2011年1月26日（https://www.jsrm.jp/news/news-645/）。

[35] ただし，同学会が批判するような再生医療を実施する会員（自由診療クリニック）が同学会の中に多数在籍することには，矛盾とこの問題への対処の難しさを感じる。

[36] ディオバン事件の発生を受けて制定された臨床研究法が「臨床研究の対象者をはじめとする国民の臨床研究に対する信頼の確保を図ることを通じてその実施を推進」すること（同法第1条）を立法目的にすることを想起してほしい。

[37] 一般的に，治験等への参加においては，被験者（患者）が費用負担することはないし，研究参加によって詳細な検査，経過観察，アフターケア等を受けられるのに対して，Xではこれらのメリットを受けられないことの理解が浸透していないのだろう。藤田みさお「自由診療による再生医療 ── 5つの主張から考える倫理的課題」実験医学41巻2号（2023年）39頁を参照。

[38] 令和2年度厚生労働省委託事業「認定再生医療等委員会の審査の質向上事業　成果報告書」61頁・脚注1（https://www.mhlw.go.jp/content/10808000/000836760.pdf）を参照。

[39] 整形外科学分野の再生医療研究の第一人者である佐藤正人教授は，その著書の中で「こうした当時の状況［＝再生医療法の制定前のエセ再生医療が自由診療で横行していた状況］を知ると，正直，ばかばかしくなります。私たちは臨床応用する前に，試験管内の実験や動物実験を通して安全性と有効性を徹底的に検証します。しかし，自由診療で行うとなると，患者の希望（クリニックの経営者としての医者の希望でもあるか？）が優先されて，医師の裁量権の下，安全性，有効性の検証が軽視されたまま，実施されていたのです。」と率直に述懐している。佐藤正人『日本における再生医療の真実』（幻冬舎ルネッサンス新書，2018年）66頁を参照。

〈第1部③〉 6 "scienceploitation"を行う営利目的医療Xの特徴・基準と被害〔一家綱邦〕

一般的な医師にも当てはまる可能性があり，彼らがXを実施する医師になることは，わが国の医療を担う人材を育てた医学界及び社会全体にとっての損失になる(40)。

3 さらに，我々の社会全体にもたらす恐れのある被害としては，次の2点を挙げておく。

第1に，Xによる直接的な身体的被害が生じた場合に，その治療が保険診療で行われる場合があるはずである。第Ⅲ節の1（3）に挙げた，がんの免疫治療薬と他の免疫療法を併用したことによる重篤な副作用や再生医療の結果としての敗血症感染に対して必要な治療を，それぞれの実施機関が行えたとは考えにくい。京都ベテスダ・クリニックの死亡事故でも，容態急変後に救急車で近隣病院に搬送されている(41)。自由診療の結果生じた有害事象の治療の費用が公的な保険料から支出されることや，その回復治療に当たる医療者がXの実態がわからないまま対応せざるを得ないことには疑問を覚える(42)。

---

(40) 近時，わが国の美容医療をめぐって「直美（ちょくび）」という問題が社会的に注目されている。医師法で義務づけられる2年間の初期研修を終えた直後の医師が，保険医療機関において疾患や障害の治療を行うよりも多額の報酬を得られることから，知識や技術も不十分なまま美容医療機関に就職し，美容医療分野でも未熟ゆえの事故（健康被害）やトラブル（医師法違反や消費者契約法違反に該当するものも含む）を起こす問題である。この直美医師は年間200人ほどいると言われており，1年あたりの医師国家試験合格者数の約2％あるいは医学部卒業生およそ2校分を占める計算になる。m3.com「厳しい診療科からの『回避行動』で美容医療へ ── 武田啓・日本美容外科学会理事長に聞く」2024年8月8日配信（https://www.m3.com/news/open/iryoishin/1224760）を参照。「直美」も含む近時の美容医療全般の問題については，厚生労働省の「美容医療の適切な実施に関する検討会」の資料や議論を参照（https://www.mhlw.go.jp/stf/shingi/other-isei_436723_00013.html）。

Xと「直美」医療は，専門性を伴わない医師が営利目的で患者又は美容医療ユーザーが期待する安全性・有効性を欠く医療を実施する点に共通項がある。直美医師が増えたことは，美容医療分野で成否が患者に判断できる外科的手技から，成否（効果の有無）が判断しにくい非外科的方法（第3種再生医療等の細胞療法もその1つ）が盛んになったことで，専門性のない医師が手を出しやすい分野になったことが一因であろうし，再生医療クリニックの院長を募集する求人広告には「経験不問」を謳うものもあり，「直美」医師のトレンドが「直再生」医師に変わることが強く懸念される。実際に，美容医療クリニックが免疫療法や細胞療法（＝第3種再生医療等）によって，がんの治療を実施するという計画が医療機関のウェブサイトや厚生労働省のサイトでも多数散見される。

(41) 坂上博『再生医療の光と闇』（講談社，2013年）28頁。

(42) 本来，有害事象の治療を担当した医療機関はX実施機関に対して治療に要した費用を全額請求すべきであろう。なお，筆者がこの問題を考える契機になったのは，厚生労働省「再生医療の安全性確保と推進に関する専門委員会」の第1回会議（2012年9月26日，https://www.mhlw.go.jp/stf/shingi/2r9852000002h9nn.html）の澤芳樹委員の「『似非再生医療』は安全にやってもらいたいが，分からない利用者が高額な料金を支払い，

第2に，Xに要する治療費（患者がX実施機関に支払う治療費）を，社会が一部負担していると考えられることも起きている。というのは，治療費が医療費控除（所得税法73条）の対象になり，確定申告による還付金を受けられることを宣伝文句のようにホームページに出す再生医療クリニックを複数確認できる。医療費控除自体は，一定金額の治療費（その治療は保険診療でなく自由診療でも良い）を支払うほどの疾患や障害の発生を担税力の減殺要因として扱う制度である[43]。還付金として税金が返ってくることは，見方を変えると，我々の税金がその治療に用いられるように見え，その対象の医療が安全性・有効性が確認されていないXであっても問題ないのだろうか。保険診療と異なって，自由診療は費用負担についても患者が完全に自己責任を負うことで社会的には放任されているとしたら，この医療費控除・還付金の利用は疑問視しなくて良いのだろうか[44]。

## V　おわりに

　本稿では，営利目的を主として安全性・有効性が未確立な医療を行うことをXとして，そのXの特徴・基準及びXがもたらす被害を明らかにした。患者の治療目的を標榜して安全性・有効性が未確立な医療を実践する点はXと「未確立医療」に共通するが，両者の相違点つまりXの特徴・基準を，当該医療を大規模に（多数の患者を対象に長期に亘って）実施する点に見い出した。さらに，ISCTが示した6項目のXの医学的特徴・基準はX実施者が正面から克服・否定できない内容であり，患者等に対して偽装工作（scienceploitationの道具・材料作り）が行われることになる。そのようにして実施されるXによる被害について，患者等を中心に医学・医療や社会全体にもたらされるものも整理した。

---

　　　合併症で大病院に駆け込むこともある」という趣旨の発言である。それを掘り下げる上で，形成外科医による美容医療に対する問題提起が参考になった。MEDICAL TRIBUNE「美容外科業界独自の補償制度を！美容合併症を治療する尻拭い感」2022年5月12日配信（https://medical-tribune.co.jp/news/articles/?blogid=7&entryid=545484）を参照。

(43)　日本では1年間で治療を受けた費用（医療費）の合計が10万円〜200万円であれば，それは医療費控除の対象になる。その医療費とは「医師又は歯科医師による診療又は治療，治療又は療養に必要な医薬品の購入その他医療又はこれに関連する人的役務の提供の対価のうち通常必要であると認められるもの」であり（所得税法73条2項），「その病状その他財務省令で定める状況に応じて一般的に支出される水準を著しく超えない部分の金額」（所得税法施行令207条）と定められている。医療費控除の適用を受けると，払い過ぎたと見なされる税金が還付されることになる。

(44)　Taichi Hatta et al. Financial risks posed by unproven stem cell interventions: Estimation of refunds from medical expense deductions in Japan. STEM CELL REPORTS. 2022; 17 (5) p1016-1018. doi: 10. 1016/j. stemcr. 2022. 03. 015を参照。

〈第1部③〉 6 "scienceploitation" を行う営利目的医療 X の特徴・基準と被害〔一家綱邦〕

　X について本稿が示したような問題（被害）の存在を認識すれば，規制を検討する必要性を覚えることになるだろう。その検討は今後の課題とするが[45]，治療としての安全性・有効性の科学的エビデンスにこだわって検討してきた立場から，本稿Ⅱの3に述べたことと重複する内容も含むが，現時点で考えられる方向性を示しておきたい。

　一連の X の活動のうち医療行為の実施に対する直接的な事前規制を設ける場合には，X に用いられる物質や技術の医学的側面に着目し[46]，エビデンスという要素が重要になる。言い換えれば，X の実施前には当然にして被害が発生していないので，X の問題性に着目するポイントはエビデンスの有無になる。安全性・有効性のエビデンスがない（又は乏しい）医療を「治療」と称して（治療目的を標榜して）実施することの危険性（リスク）を正しく測り，評価しなくてはならない[47]。

　それに対して，個々の事案において事後規制を発動する場合（すなわち，Xによる被害に対する回復を図ったり，加害行為に対するペナルティを科したりする場合）には，実際に発生した被害の種類，態様，規模，深刻度等を総合的に捉え，科学的エビデンスの有無やレベルは，その被害や加害行為を評価する重要な要素であろう。たとえば，医療行為に基づく患者の身体的被害が発生した場合に，一般的な安全性のエビデンスがある医療行為よりも，それがない医療行為の方が，一般的な被害の発生可能性は高く，未知の医療行為によって発生した身体的被害に対する回復措置を講じられる可能性は低い点で悪質性が高いと考えられる。「新規性のある，実験的な医療技術」等の表書きを前にした際には，その実態の確からしさ（エビデンス）を掘り下げて検討する必要があるだろう。

　〈付記〉本稿が挙げたインターネット URL の最終アクセスは全て2024年12月24日です。本稿は日本学術振興会科学研究費基盤研究 B「科学的エビデンスの不明な医療への社会的対応についての学際的研究」（23K22074）の助成を受けて行った研究成果の一部です。
　〈謝辞〉本稿の執筆途中の時期に，日本医事法学会第54回研究大会シンポジウム「科

---

(45) そのような規制のあり方や方向性について，日本医事法学会第54回研究大会シンポジウム「科学的エビデンスの不明な自由診療 ── がん治療を中心に」において他のシンポジストとともに取り組んで報告した。各シンポジストの報告内容は2025年発行の年報医事法学40号に収録される予定である。
(46) 再生医療法は，細胞加工物を用いる医療技術のリスクを特別視して立法された。
(47) この意味において，再生医療法は再生医療にまつわるリスクを正しく理解していないと言える。

学的エビデンスの不明な自由診療－がん治療を中心に」を開催し，参加者の先生方と意見交換をさせていただきました。特に，米村滋人先生からのご質問・ご意見とその後のメールでのご助言に深く感謝を申し上げます。

◆ 7 ◆
# 再論・医療関係者の医療行為実施後の説明義務について（3）

手嶋　豊

Ⅰ　はじめに
Ⅱ　医療行為実施後の説明に関するこれまでの議論状況
Ⅲ　近時の下級審判決における事後の説明が問題となった事案
Ⅳ　事後の説明を妨げる事情 ── 賠償責任保険との関係（以上，6号）
Ⅴ　アメリカの法状況（以上，7号）
Ⅵ　アメリカ以外の諸外国の法状況（以上，本号）
Ⅶ　検　討（以下，次号）

## Ⅵ　アメリカ以外の諸外国の法状況

### 1　はじめに

本章では，アメリカ以外のコモンロー諸国（英米法圏）における議論状況について，カナダとオーストラリアを取り上げて，概観する(1)。

ここでカナダ・オーストラリアの2国を取り上げるのは，まずカナダについて，本稿の問題について，これを積極的に認めていくべきと主張してきた強力な論者がおり，前稿において，その執筆時点での状況を簡単に紹介していた。このため，前稿以後のカナダでの発展・展開と，それらを受けての今日の状況を情報として追加することが有益と思われることによる。オーストラリアについても，本稿の課題である事故後の情報提供のあり方について，積極的に患者側に知らせるべきという前向きの主張を展開している実務家がおられ，学説でも受け入れられているように見受けられることから，同国での議論状況をカナダと併せて紹介することには意義があると考えられたためである(2)。

### 2　カナダの法状況について(3)(4)

#### （1）はじめに

ここでは，この問題に関して比較法の対象としたカナダの状況につき，ごく簡

---

(1) カナダ・オーストラリアのほか，イギリスについても本来であれば検討すべきであるが，イギリスについては最近の文献として，柳井圭子「不都合な出来事に関する情報開示と法 ―― イギリス法における率直開示義務」只木誠・佐伯仁志・北川佳世子編『甲斐克則先生古稀記念・医事法学の新たな挑戦』（成文堂，2024年）355頁以下所収が近時公表されているため，本稿ではイギリスの状況はそちらに譲り，取り上げない。
(2) カナダでは，この問題に関してコモン・ロー諸国の法制を概観する，ニュージーランドも含めた比較法研究が存在する（J. M. Gilmore, Patient Safety, Medical Error and Tort Law, An International Comparison (2006))。
(3) 最近の文献では，Does Failure to Disclose a Medical Error Amount to Liability? Friday, January 14, 2022 |Susanne Raab, Verdict https://www.pacificmedicallaw.ca/blog/does-failure-to-disclose-a-medical-error-amount-to-liability/ がある。
(4) 医師の事後の説明について，法律以外の規律として職業倫理における背景が指摘される。カナダ医師会（Canadian Medical Association, CMA）の倫理綱領は，事故後に患者に対してその開示をする義務があるかどうかについてかつては沈黙しており，問題があると指摘されていた（Robertston, *Things go wrong*, 28 Queens L. J. 353 FN4 (2002); CMA, *Code of Ethics* (1996), online: ⟨http://www.cma.ca⟩)。しかしながらその後カナダ医師会は，医師に対して開示義務があることを明言するに至りその立場を変更した（CMA, Code of Ethics, 2004, para. 14では，患者に危害が生じた場合はそれを患者に開示せよと定める）。もっとも CMA の Code of Ethics は2018年に CMA Code of Ethics and Professionalism として改訂され，そこでは，危害が生じた場合にそれを患者に開示

〈第1部③〉 7 再論・医療関係者の医療行為実施後の説明義務について(3)〔手嶋豊〕

単に触れた前稿と併せることでその法律関係の現状を概観する。前稿の中心となったのは，Robertson教授の執筆にかかる医療過誤に関するモノグラフ[5]で論じられていた内容である[6]。もっとも，同書の旧版である，Picard教授単著による第二版（1984）[7]では，過誤の患者への報告義務という論点そのものが個別の論点として取り上げられていない。その意味では，この問題は，関連するいくつかの判決が近時出されることによって，課題として認識されるに至ったということができるものである。

　医療事故の場合，患者が治療中に生じた可能性のある事故があることを医療関係者から教えてもらえる権利がないとすれば，治療後の体調に何らかの不調・不具合が生じたときに，その原因が自分にあるのか，何らかの別の理由によるのか区別できる余地がないということが指摘され，そのための説明が必要である[8]，とされる。その際に用いられる説明としてカナダでは，インフォームド・コンセント法理によるものと，医師患者関係の特殊性を強調するものとがある。

　この問題をインフォームド・コンセント法理で説明する立場は，以下のようにいう。すなわち，治療の実施前に患者に十分に説明し患者から同意を得るという，現在，普通に受け入れられているインフォームド・コンセントについての医師の説明義務の内容が，治療前に患者に対して実施する予定の医療行為から生じる可能性のあるリスクとベネフィットを説明し患者からの同意を得ることが医師の義務である，というならば，この義務は，治療前だけでなく，治療中や治療後にも継続する。この場合，当該患者と同様の立場にある合理的な患者[9]からす

---

　　することを定める規定は置かれていない（CMA code of ethics and professionalism - CMA PolicyBase - Canadian Medical Association）。Hebert, P., Levin, A., Robertson, G., "Bioethics for clinicians, (2001) 164 (4) CMAJ 509. https://www.cmaj.ca/content/cmaj/164/4/509.full.pdf; CMPA, "Disclosing adverse clinical outcomes" (Oct. 2001); "Disclosure to Quality Assurance Committees in Hospitals" (June 2004).
（5）Robertson, Legal Liability of Doctors and Hospitals in Canada, 1996 3rd ed.
（6）同書は初版・第2版はPicard判事の単独執筆であり，1978年に刊行されたが，第3版からはPicard判事にRobertson教授が加わった共著となり，その後第4版（2007年）が出版され，第5版（2017年）が最新版となっている。本稿は文献収集の限界から，最新版ではなく第4版に依拠して検討を行っている。
（7）Ellen I. Picard, Legal liability of doctors and hospitals in Canada, 2nd ed., Carswell Legal Pub., 1984.
（8）Robertson, Things go wrong, 28 Queens L. J. 353,353（2002）は，患者が帝王切開を実施されるのと同時に，医師が患者は不妊手術も希望していると誤解して卵管結紮が誤って実施されたという場合を例として挙げている。
（9）カナダにおける現在のインフォームド・コンセント法理では，提供されるべき情報の

れば，これらの情報のうち，何を知りたいと思うと考えられるか，がこれらの情報提供の基準となるとされ，患者の多くは，その事実を知りたがると想定される。従って，治療前と治療後とに関わらず説明を行うことが必要であるとされ，この立場は判例法理と整合的と理解されている。

一方，治療後の説明を，インフォームド・コンセントで説明するのとは異なり，医師と患者との間には，信認義務が存在することによって説明しようとする立場では，医療における医師の患者に対する受託者的な地位を重視し，医師は患者に対して最大限の誠意と忠誠を持って行動する義務がある，として，その義務のなかに事後の説明を行うことも含ませるという。

（２）カナダにおける判例

治療後の説明という論点についてカナダでは，7件程度の判決が存在している。この論点は後掲のように，義務違反があってそれが認められたとしても，生じた損害との間で因果関係が認められなければ賠償につながらないことから，必ずしも医療事故訴訟の中心的なものとは位置づけられていない。また，患者に対する情報提供についての一般論についても，展開されていない判決が大半である。他方で，上掲のように，この義務が履行されなかった結果として，治療上の不手際により自己の身体に生じた不利益を医療者の責任問題として認識しえなかったため，多くの事案が現われてこない，という事態が生じていることもあり得ることが推測でき，この義務の扱いは難しい側面がある。

① Stamos 判決[10]

本件は，56歳男性について，繊維化肺胞炎の疑いで肺生検のために実施された穿刺の際に，術者が患者の脾臓を損傷してしまったが，医師は脾臓損傷の事実を患者に伝えなかった。その後，最終的に患者の脾臓は摘出されるに至った。医師が脾臓の損傷の事実を患者に伝えなかったことについて，裁判所は医師患者関係を受託者関係ととらえて，医師は患者の最善の利益のためだけに権力を行使するとして，説明しなかった医師に義務違反を認めたが，義務違反と患者の損害との間には因果関係がないとした。

② Kiley-Nikkel 判決[11]

この事案は，乳癌の疑いで生検を実施したが，実際は乳がんではなく乳腺炎

---

　　基準として，いわゆる合理的患者説が採用されており，事後の説明についても同様と考える主張が有力である。S. Raab・前掲注（3）170.

(10) Stamos v. Davies (1985), 21 D. L. R. (4th) 507 (H. C. J.), 32 A. C. W. S. (2d) 165, 33 C. C. L. T. 1, 52 O. R. (2d) 10.

(11) Kiley-Nikkel v. Danais, 1992 CarswellQue 100, 16 C. C. L. T. (2d) 290 (Que. Sup.

〈第1部③〉 7 再論・医療関係者の医療行為実施後の説明義務について(3)〔手嶋豊〕

(mastitis)であったのに，凍結切片による診断を実施した病理医の誤診により，乳がんとの報告がなされた。誤診による検査結果に基づいて乳房切除術は実施されたが，手術から数日後，誤診が判明したため，病理医は外科医に対して患者にその旨を伝えたいと申し出た。しかしながら手術を実施した外科医は，この申し出を断って自ら知らせると病理医に伝えたが，実際にはこれを患者に伝えなかったというものである。判決は誤診の責任を認める一方，病理医の診断が誤っていたことを患者に知らせる義務があったとし，これが怠られたために患者は6年間にわたって，本来は不要であったはずのがん再発の不安に苛まれたことについて，損害が認められた。

③ Gerula判決[12]

本件は，仕事に起因する椎間板の突出への治療として，整形外科医によって実施された椎間板手術が，病変部位であるL3-4ではなくL4-5に実施されてしまったため，患者には腰痛が継続した。医師は患者に対して，継続している痛みの治療のために患者に再度の手術を勧め，2回目の手術が実施されたが，医師は術前の診断を変更し，また，患者に対して，手術部位を誤ったことを告げなかった事案である。判決は，同じ状況にある合理的患者であれば何が起こったかを完全に説明されれば当該医師の二番目の手術を受けなかったであろうとし，2度目の手術の実施は暴行（battery）に該当すると判示した。本件では記録の改ざんも問題視され，4万ドルの懲罰的損害賠償も認められている。

④ Shobridge判決[13]

本件は，1995年に実施された手術の際，腸を保護するために使用された包帯一巻（roll of gauze）が患者の腹腔内に誤って残されてしまったため，患者は腹部感染症に罹患した。最初の手術から3か月後に二回目の手術が行われ，異物残存の事実が発覚したが，医師は，2回目の手術での異物除去により患者の問題は解決したとして，感染症罹患の原因が，腹部への異物が残ったことであったことを患者に伝えなかったことから，患者は感情的に不安定となり，抑うつ状態となった，という事案である。判決は，医師が患者に誤りを伝えるのが遅れたことが患者に損害を与えたとして，医師に対してその損害を賠償することを命じた。また本件では，被告医師が過誤を隠蔽しようとしたことを問題視し，懲罰的損害賠償

---

Ct.), [1992] R. J. Q. 2820.
(12) Gerula v. Flores, 1995 Carswell Ont 1683, [1995] O. J. No. 2300, 126 DLR (4th) 506, 56 A. C. W. S. (3d) 996.
(13) Shobridge v. Thomas, 1999 CarswellBC 1714, [1999] B. C. J. No. 1747, 47 C. C. L. T. (2d).

として2万カナダドルを認めた。

⑤　Vasdani 判決[14]

本件も，患者に対して脊髄手術が実施されたが，執刀医師が手術部位を誤って実施し，患者は手術後，継続的な疼痛に悩まされていたという状況であった。患者は，医師には手術の誤りを患者に知らせる義務があり，その義務違反があったと主張した。判決は，Stamos 判決を引用しつつ，医師について，受託者の義務に類似するものとして，その義務違反を認め，その義務は患者がもはや医師の管理下にない状況でも続くとしたが，患者には義務違反による損害があったとは認められないとして，結局，開示義務違反に基づく損害賠償は認めなかったという事案である。

⑥　Fehr 判決[15]

本件は，被告医師が患者を肺炎と感染症として治療していたが，患者の要請により専門医に転医したところ，専門医は患者を脊椎膿瘍と診断し手術を実施したが，患者には後遺症が残存したという事案である。患者は，被告医師が誤診を患者に告知する信義則上の義務に違反したとし，医師が自分に不利な情報を隠蔽したと主張した。判決は，医師の義務とは，患者が訴因の存在を特定するために必要な事実を開示することであり，医療関係者に過失があったかどうかまでに言及することは求められておらず，生じた事実を明らかにすることまでであるとした。

⑦　Emmonds 判決[16]

本件は，腹腔鏡手術による胆嚢摘出術中に，胆嚢から多数の胆石が患者の腹腔内に漏出し，それが原因で患者に腹痛を引き起こし，2回目・3回目の手術において，漏出した胆石の多くの除去，さらに腹腔内の癒着の治療が行われた，という事案である。判決は，最初の手術中に，多数存在した胆石が患者の体内に漏出したことそれ自体は医師の過失ではなく，大量に漏出した胆石を患者の腹腔内に残したことについても，医師に過失はないとした。しかしながら胆石が患者の腹腔内に残っていることを患者に知らせなかった医師について，通常の医師であれば，その事実を患者に知らせるものであるとの認定から，これをしなかった医師の義務違反を認め，この義務違反があったために，患者の痛みの原因が判明せ

---

[14] Vasdani v. Sehmi, 1993 CarswellOnt 3645, [1993] O. J. No. 44, 37 A. C. W. S. (3d) 856.

[15] Fehr v Immaculata Hospital, 1999 CarswellAlta 1057, 1999 ABQB 865, [1999] A. J. No. 1317, [2000] A.W.L.D.215, 253 A. R. 188, 92 A. C. W. S. (3d) 686.

[16] Emmonds v. Makarewicz, 1999 CarswellBC 1475, [1999] B. C. J. No. 1513.

ず，再手術が遅れて痛みが永続したということについて，患者の損害との因果関係を認め，医師の賠償責任を肯定した。

⑧　Raun 判決[17]

本件は，左耳の手術を受けた後，ひどい耳鳴りと平衡感覚障害に悩まされていたという事案で出訴制限法の適用が問題とされた事案において，医師・病院には患者が障害の原因を判断するのに役立つ重要な事実を開示する義務があると主張されたものであり，Vasdani 判決が援用されている。ただし，本件ではこの論点は訴訟で争われていない問題であるとして，この問題に関する裁判所の判断は出されていない。

(3) 諸判決から導き出される内容

上記の判決からは，カナダの法状況は以下のようなものであることを指摘することができる。

ⅰ）治療実施中に事故があったことを説明すべき義務は，医師患者関係が受託関係にあることから導き出される。①⑤

ⅱ）医療側に属する者の過失について説明することが求められる場合もある。②

ⅲ）誤りが修正されており，以後の患者の治療に影響が生じないであろうということは，医療関係者の患者に対する開示義務を制限・免除する理由にはならない。④

ⅳ）患者が，もはや医師の管理下になかったとしても，そのことによって，医師が患者に説明する義務が免除されるものではない。⑤

ⅴ）医師が患者に対して説明すべき内容は，生じた事故の責任の有無についてではなく，起きてしまった事実が何であるのかを伝達することに留まる。⑤⑥

ⅵ）医師が患者に対して説明すべき事実を説明しなかったという場合，その事故の治療のために実施される処置についてのインフォームド・コンセントが，必要な情報を提供せずになされたとして，その処置への同意が無効とされることがある。③

ⅶ）医師の過失がなかったにも関わらず，事故が生じてしまったという場合であっても，医師は患者に対して事実を伝える義務がある。⑦

ⅷ）生じた事実について，通常の医師であればその内容を患者に伝えるという

---

(17) Raun v. Shumborski, 2019 ABQB 823, 2019 CarswellAlta 2292, [2019] A.W.L.D.4171, 311 A. C. W. S. (3d) 725.

のが一般的であるという認定がされれば，医師はその説明を行うことが義務づけられる。⑦

ⅸ）医療関係者の患者への開示が不十分だったことに過失があったとされたとしても，それが患者に生じている被害の原因であると直ちになされるわけではなく，損害賠償が認められるのは，あくまで主張されている被害が，その情報伝達を怠った結果であると因果関係が認められる場合だけである。①④⑤

ⅹ）被害がその情報伝達を怠った結果と認められるのであれば，損害賠償が認められる。②⑦

ⅺ）医療者の行為が情報伝達の不実施にとどまらず，記録の改ざんなどの事実の改変・積極的な隠ぺい工作などと評価される場合，懲罰的損害賠償も認められる可能性がある。④

なお，⑨Raun判決はこの問題について，患者側からの主張がなされただけであって実際の事案の解決には結びついておらず，裁判所も判断をしていないものではあるが，2019年という最近の事例であり，またしばしば引用される④Shobridge判決ではなく，Vasdani判決が援用されているなど，興味深いものである。

（4）いわゆる「謝罪法」など

事故の開示によって医療者が訴訟に巻き込まれるのではないかという懸念は，カナダにおいても非常に強いことが指摘されているが，それにより情報提供が行われないことに対しては不満も大きい。そこでカナダでもYukon州の1州を除いて，いわゆる謝罪法が制定されている。それらは多くの場合，医療関係者が医療行為の結果，患者等に不幸な結果が生じたことについて謝罪を行ったとしても，それは責任を認めたことにはならず，責任判断に際してこのことを考慮に入れてはならないし，証拠に用いることもできないとして，謝罪の有無が医師の責任を導くことにはならないこと，というのがその内容とされている[18]。

---

(18) Canadian Medical Association, "I'm sorry this happened." Understanding apology legislation in Canada. https://www.cmpa-acpm.ca/en/advice-publications/browse-articles/2008/apology-legislation-in-canada-what-it-means-for-physicians このコラムでは，ユーコン州の医師は謝罪することに対して慎重に行うべきとアドバイスする一方，他州の医師についても，このコラムの執筆時期が謝罪法の制定からそれほど時間が経過していないために，どのように解釈されるかについては不明な点もあるとして，謝罪は慎重に言葉を選ぶ必要があることを指摘している。

(5) カナダの状況まとめ

カナダの状況を箇条書きにまとめるとすると，以下のようになると思われる。
・治療中に起こった事故についてその事実と内容を患者に説明することが，医療者に義務付けられている。
・しかしながら，事故の原因が医療者の過失によることまでを説明する義務については，職業倫理上は認められていると解されるものの，法的義務とまではなっていない。
・義務違反があっても，賠償責任が認められるのは，患者に損害が発生したと認められる場合だけである。
・事故があったことという事実を患者に説明しないことと，事故があったことを隠蔽しようとすることとは別問題であり，後者の場合には懲罰的損害賠償を命じられることがある。

## 3　オーストラリアの法状況について[19]

(1) はじめに

オーストラリアでも，この問題について，カナダより若干遅れての時間差があるが，1990年代より，この問題を扱う重要な判決が現れ，それを土台にして学説上も議論がなされつつあるほか，主に事故予防・再発防止の観点からの職業倫理上の義務としての議論も，存在している[20]。

---

[19] オーストラリアについては，岩田太教授の一連の研究があり，同国に関するこの問題の情報は，それらによって大部分が尽きているところもあるが，岩田教授と本稿とは問題関心に違いがあるため，ここで取り上げることとした。岩田教授の業績については，岩田太「医療事故，Open Disclosure，謝罪——法はいかに被害者と「加害」医療者を支援すべきか」岩田太編著『患者の権利と医療の安全』（ミネルヴァ書房，2011年）300頁以下，同「医療安全の向上のための事故情報の説明・謝罪」甲斐克則編『医事法講座第11巻・医療安全と医事法』（信山社，2021年）119頁以下，特に130頁以下を参照されたい。

[20] 医療関係者の開示義務に関する法的責任の問題とは別に，オーストラリアでも，職業倫理上の責任として，医療の過程で問題が発生した場合のオープンなコミュニケーションとして，オープン・ディスクロージャー・スタンダード，及び，職業倫理規範がある。これらは有害事象が起きた場合には，医療関係者は患者に対してオープンで正直に連絡をとり，何が起きたか，適切に報告する責任があるとするものであり，法的な義務を定めたものではないとされているが，これに違反すれば，法的な責任問題とは別に，医療者としての懲戒等の不利益を被る可能性はあるものとされる。オープンディスクロージャーについて，岩田・前掲論文参照。またこれらの違反と医療関係者に対する不利益について，Madden = McIlwraith = Madden, Australian Medical Liability, 3rd ed., 6.23も参照。なお同書では，不良転帰の説明義務に関しては，直接触れるところはない。

(2) オーストラリアにおける判例

患者との関係で，有害事象を患者に伝えることが法的義務となるかについて，不法行為法上の義務として患者に警告する義務があるとする判決がある[21]。

① Breen 判決[22]

本件は，人工物による豊胸術（インプラント）手術を受けた後に合併症を発症した患者が医師に相談したという経緯が過去にあったところ，当該患者がインプラントに関する米国での製造物責任訴訟の和解に参加するための条件として，自身の医療記録を提出することが求められたことから，かつて相談した医師に，相談についての医療記録を開示することを求めた事案である。判決は，重大な情報でなくても，治療には何がなされ，治療中に何が起こったかを患者に伝えることは治療に際して本質的で必要なことであるとして，治療中に発生した有害事象を開示する義務は認めたが，医療記録を閲覧させる義務については，契約上の責任・受託者責任を否定し，その一般的な義務が存在することを否定した[23]。

② Wighton 判決[24]

本件の概要は，以下のとおりである。1999年，26歳女性の首右側に膿瘍が生じ，これが次第に大きくなってきたため，一般外科の開業医に赴き，当該開業医において膿瘍の処置手術が実施された。しかしながら膿瘍はその後も再発を繰り返したため，結局，3回の手術が行われた。患者は3度目の手術で脊髄副神経が切断され，後遺症が残ったとして損害賠償を請求した。裁判では，(a) 神経を切断した疑いを患者に伝えなかったこと，(b) 適切な検査により神経を切断したことを確認できなかったこと，(c) 患者を適切な専門医に紹介し，適時に救済手術を受けさせなかったこと，に義務違反があると主張された。

患者の手術は同年8月に初回が実施され，その膿瘍は除去されたがほどなく再発し，同年9月に2回目の手術が実施された。しかし膿瘍はさらに再発し，同年11月に3度目の手術が実施された。この3度目の手術後，退院した患者は，右腕が上がらなくなり，基本的な身の回りのことが自分でできなくなった。患者には常に肩に痛みがあったところ，この時期に患者は妊娠し，妊娠中は肩の治療を続けず，仕事（レストランのウェイトレス）への復帰もしなかった。被告医師は2001

---

(21) Rogers v. Whitaker（1992）175 CLR 479. が引用される。たとえば，Luntz, Doyen of the Australian Law of Torts, 27 Melb U. L. Rev. 635, 645（2003）など。
(22) Breen v. Williams（1994）35 NSWLR 522.
(23) なお，当初なされた処置について十分に情報提供がされずに，次の処置についての同意を得ていたとしても，同意は無効となりうる。
(24) Wighton v. Arnot ［2005］ NSWSC 367.

〈第1部③〉 7 再論・医療関係者の医療行為実施後の説明義務について（3）〔手嶋豊〕

年5月に行った診察で，患者の脊髄副神経が切断されているとの診断を下し，1999年11月の手術で副神経を切断したことを認めたが，副神経の修復は，2001年5月の時点では既に手遅れだった。なお本件で患者側は，医師が手術中に神経を切断したことについての過失の存在や，1999年11月の手術中に神経を修復すべきだったのにそれをしなかったことについての問題視はしていない。

判決では，患者の切断された副神経の治療は被告医師の専門外であり，医師の注意義務の内容は，切断されたのが副神経かどうかを判断するための合理的な手段を講じることと，起こったことを患者に警告することであったとされ，手術後，副神経の切断の有無の判定のために必要な検査を実施することでその診断ができたはずとされた。また，患者の退院時，その時点で，被告医師が切断した神経が副神経であることは知らなかったとしても，患者には副神経と疑われる神経を切断したことを知る権利があり，被告医師にはこのことを患者に知らせる義務があったとされた。

以上をまとめると，（ⅰ）右脊髄副神経が切断されたかどうかを判断するための十分な術後検査を行わなかったこと，（ⅱ）その神経の切断が疑われることを退院前に患者に伝えなかったこと，（ⅲ）退院後の診察において，副神経の切断を確認する適切な検査を行わなかったこと，（ⅳ）適切な資格を持つ専門医による神経の外科的修復の必要性を伝えなかったこと，について，判決は医師の義務違反を認めた。

本件判決は，これまで述べてきたように，「診療後であっても，医療関係者には患者に対して治療中の事故内容を説明する義務があるか」という枠組みの中で議論されていると解するのが，この問題を扱う論者の多くの立場である。しかしながら，本判決について，こうした多数の意見とは異なる説明を行う論者もいる。その論者によれば，Wighton判決は，手術実施後に，患者の受けた被害の状態悪化を防ぐためには情報を提供することが必要であるのであれば，それを適切な時期に提供するのが医療関係者の義務であり，事案では医療関係者がそれを行わなかったために患者から被害からの回復の機会を失わせたことを問題視したものである，として，これは説明義務違反ではなく，医療技術上の過誤の問題として捉えるのである[25]。

（3）学説・評釈

オーストラリアでは，学説上も，事後の説明の問題に関して，複数の論者に

---

[25] Anne-Maree Farrell = John Devereux = Isabel Karpin = Penelope Weller, HEALTH LAW Frameworks and context, Cambridge U.P. 2017, p145.

よって，論考が公表されている。そこで以下では，これらを年代順に概観する。

TA Faunce＝Steven Bolsin らは[26]，弱い立場にある患者を保護するために，医師患者関係にも信認義務が拡大されており，その基礎にある受託者関係は，医療者に対して，患者っへの最大限の誠実義務を負わせ，事故が生じた場合には患者に対して速やかに報告する義務が存在することを法的に認めるべきであること，を提唱する。

Cockburn＝Maddenによる，不良転帰の開示に関する2007年の論文[27]では，オーストラリアでは有害事象の発生について患者に伝える法的義務は広く認識されていないこと，謝罪しても法的責任と結びつけられないという，いわゆる謝罪法が存在しているところではあるが，事故の開示に関する法律は存在していないことを問題視する。治療中に生じた情報が患者に正しく伝えられなければ，それにより有害事象を被ってしまった患者は，その被害の回復機会を失うかも知れないのであり，Wighton事件では，現実にそれが争点となったものである。事故の発生事実の非開示は，それ以外にも，患者に対して，医療者への民事責任追及の可能性や，有害事象により余分に必要となった治療費支払いについて，医療関係者と交渉機会があることを気づかせる機会を失わせるということもありうるところである。そこで，こうした事実の開示が適切に実施されるようになれば，医師患者関係は，より好ましいものとなりうるが，現実は逆であり，こうした状況は多くの患者に不満を生じさせていると指摘されている。

Skene教授は，医師が事故を開示する義務について，前掲のFaunce＝Bolsinの指摘する内容である医師患者間の信認関係から導かれることを紹介し[28]，これが争われたWighton判決について言及している。

White＝McDonald＝Willmott eds., HEALTH LAW IN AUSTRALIA[29] では，有害事象（adverse event）が発生した場合には，それを患者に開示する義務が医療を提供する義務の一場面として認められている[30]とし，この義務は過失

---

[26] TA Faunce＝Steven Bolsin, Fiduciary disclosure of medical mistakes: The duty to promptly notify patients of adverse health care events, Journal of Law and Medicine, Vol. 12, no. 4 pp. 478-482（2005）.

[27] Tuba Cockburn＝Bill Madden, Disclosure of adverse events: is honesty the only policy?, March/April, 4-9.［2007］Precedent AULA 24;（2007）79 Precedent 4-9.

[28] Loane Skene, LAW AND MEDICAL PRACTICE, Rights, Duties, Claims and Defences, 3rd ed. LexisNexis, 2008, p192（6.29）.

[29] White＝McDonald＝Willmott eds., HEALTH LAW IN AUSTRALIA 3rd ed,pp295-296（2018）.同書は4th ed.が5年後の2023年に改訂されているが，この問題についての記述内容に変更は加えられておらず，この問題について，最近5年間の間に大きな変化はないように見受けられる。

ある医療行為がなされた場合にのみ発生するものではないとしつつ，この義務違反に対する損害賠償については，因果関係が存することが立証されなければ認められない，とするのが判例の立場[31]であるとの説明がなされている。そして，同書においても，Wighton事件が引用・紹介され，この判決の立場を敷衍したものとして，2014年のGood Medical Practiceの3.10の情報開示に結実しているとされる。

・Mcllwraith＝Maddenらは，その共著文献[32]で，独立の1章（Chapter 6 Duties to Disclose Error）を設けて，英米法圏の比較法のもとに，この問題の検討を行っている。同書では[33]，まずアメリカ・イギリス・カナダにおける事後説明の義務について，判例を中心にその内容を紹介し，そのうえでオーストラリアの状況を展開する。そこでは，オーストラリアでは不法行為法上，不良転帰を患者に伝える義務が存在するとされることがあるといい，上記Breen判決でのBryson判事の傍論を引用する。その上で，Wighton判決の内容を紹介し，併せて，こうした場面においても治療上の特権を理由とする説明の省略の可能性があることを認めつつ，具体的事案ではそれが認められなかったこと，懲罰的損害賠償（Exemplary damages）はオーストラリアでは認められる可能性が乏しいこと，治療関係終了後の開示，他の医療者による開示の問題についても検討したうえで，コモン・ローの規律とは別に，懲戒の可能性が残ることを指摘する。もっとも，この場合に医療関係者が開示を義務づけられる情報が責任の有無まで求められているのかについては，必ずしも明確に述べられていないように思われる。

（4）要　　約

以上のように，オーストラリアでは，この問題に関する判決はカナダに比べるとまだ少数である。また，学説でもWighton判決を中心に，事故についての情報提供を行うことの必要性を肯定する立場が多数を占めているが，より積極的な展開は，一部の論者が中心となっているという状況にある。

（5）いわゆる「謝罪法」について

オーストラリアにおいても，カナダと同様に，有害事象となった医療について，医療関係者が患者等に対して，口頭または書面により，謝罪（apology）または遺憾の意の表明（expressions of regret）をしたとしても，その事実があった

---

(30) ここではBreen判決が引用されている。
(31) Harriton v. Stephens（2006）CLR 52. が例とされる。
(32) Mcllwraith＝Madden, Australian Medical Liability, 3rd ed., (2017); 4th ed (2020), 5th ed (2024)。
(33) 本稿は，同書の第3版に依拠している。

ことにより医療関係者が損害賠償責任の存在を認めたと証拠法上扱うわけではないという，いわゆる「謝罪法」が存在している[34]。

謝罪法は，オーストラリア全州で全く同じというわけではなく，それぞれにより，法文に用いている用語に若干の違いがあり[35]，それゆえに，医療者がどのような表現を用いた場合にはそれが民事責任を伴わないという形で保護の対象になるのか，州ごとで不明確であり，国レベルで斉一的な基準を立てる統一が必要，との指摘がある[36]。また，その適用範囲は個人による意思の表明に限定されていることなどが批判されている[37]など，謝罪法をめぐる議論も，必ずしも安定しているとはいえないように思われる。

（未完，以下次号）

---

(34) Malcolm Parker, *A Fair Dinkum duty of open disclosure following medical error*, (2012) 20 JLM 35,41.

(35) Vines, *Cynical Civility or Practical Morality?*, 27 Sydney L. Rev. 23（2005）.

(36) Finlay＝Stewart＝Parker, Open disclosure: ethical;, professional and legal obligations, and the way forward for regulation, MJA 198（8）445, 447・6 May 2013. こうした点は，カナダ医師会での対応と共通したものがある。前掲注(18)参照。

(37) Devereux＝Moore, AUSTRALIAN MEDICAL LAW, 3rd. ed., Routledge-Cavendish, 2007, p658-659. 謝罪法の各州の条文それぞれについては，Australian commission on Safety and quality in Health care, Saying sorry -A guide to apoligising and expressing regret during open disclosure, Table 1.（p8）https://www.safetyandquality.gov.au/sites/default/files/migrated/WRD3521.doc 参照。

# 第2部　国内外の動向

## ◆ 1 ◆
## 〈講演〉トリカブト事件と私

大野　曜吉

《本稿は第74回医療と司法の架橋研究会（2024年1月6日）での
講演内容を文書化したものです》

今回，2023年6月30日の日本法中毒学会第42年会での「温故知新」というシンポジウムで発表した内容をほぼそのままお話ししたいと思います。
　私は東北大学医学部を卒業し，法医学教室に入りました。大学院を4年と助手を3年やり，その後，琉球大学の助教授として，今日お話する事件に遭遇したということになります。1992年から日本医科大学の教授を27年間務めました。その間，1998年から早稲田大学の法学部と大学院法学研究科で，「法医学」あるいは「賠償医学」を講義しました。2004年には法科大学院ができましたので，そちらでも講義を担当するということになりました。その後，専修大学・慶應義塾大学・日本大学の法科大学院でも講義をしております。
　さあ，ちょっとこれを見ていただきたいのですが，5分ぐらいです（「独眼竜政宗」で母が政宗をトリカブト毒で毒殺しようとする場面，ここでは省略）。
　今のVTRは1987年のNHK大河ドラマなのですけど，事件の解剖があったのが1986年です。この放送の少し前ぐらいにわれわれ，あの毒物の分析を終わっていました。それで，たまたまこの「独眼竜政宗」でこの場面が出てきて，非常に驚いたわけです。NHKのこの場面は，かなり時間を縮めていますけれども，最初に口腔内の痺れが出てくるのですね。渡辺謙が「母上」という時に口を開けたまま発音をしていますが，あれは口腔内の痺れを表している演技だと思います。それから突然，非常に激しい嘔吐をする。それから感情的に興奮してきて，以前にもらっていた白い数珠を叩き返すわけです。そのあと，体が痺れてきて動かなくなってくる。そういう場面が短時間ではありますけども，忠実に，と言いましょうか，中毒症状がよく表現されている演出かと思います。まず母がおちゃこという女中に毒物を渡すわけですが，お吸い物に毒を入れて，それを政宗が食べるわけですね。それで嘔吐して体が痺れてきて，というところなのですが，お付きの人たちが入ってきて，母は「死ねばいいの」と思っていたかと思いますけども，お付きの人は，これは毒ではないか，と疑うわけです。ところが政宗は，「腹痛じゃ」と言って，母に疑いがかからないように，つまり病気だと言っているわけですね。
　ですから，この場面は臨床的に見ると「病気なのか中毒なのか」，時として救急などでこういう場面があるかと思われます。そしてこれは，法医学的に見ると，「病死なのか他殺なのか」という，非常に両極端の話ということになります。
　トリカブトなど植物性の毒にはいくつか種類があるのですが，その中でアルカロイドという分類をされているものがあります。これにはたくさん種類があります。
　その中を大きく分けてみますと，一つは依存性薬物で，違法薬物になっていま

す。モルヒネ・ヘロイン，LSD，コカインですね。ケシ坊主から樹液を取るとモルヒネ，さらに誘導体化してヘロインということになります。そして医薬品として使われているアルカロイドはたくさんあります。そしてそれ以外に毒物がある，ということになります。

　これは，有毒植物による食中毒なのですが，少々古い統計になっていますが，ここで死者が出ているのが，トリカブトとジギタリスです。そしてこれらの多くが，アルカロイドということになります（図1）。それから次の，少し新しい統計になりますけれども，やはり死者が出ているのがトリカブトとイヌサフラン，グロリオサというのがあります（図2）。グロリオサ（図3）はヤマノイモなどと間違ってその根っこを食べる，それで食中毒を起こす，という報告があります。

　それから，こちらはジギタリスです。これが構造式ですけども，ここに糖がついています。ジギトースという名前の糖ですが，そういった糖がくっついているということと，強心作用があるということで強心配糖体と呼ばれます（図4）。

　こちらはイヌサフランですね（図5）。こういう綺麗な花なのですが，コルヒチンという，痛風の特効薬として使われているようですが，量が多いと死亡することもあると言うことです。

　これはトリカブトです。多年草ですので，冬に枯れてしまっても，春になる

図1

| 植物名 | 件数 | 摂取者 | 患者数 | 死者 | 主な毒成分 (alkaloid) |
|---|---|---|---|---|---|
| チョウセンアサガオ | 32 | 150 | 126 | | scopolamine hyoscyamine atropine |
| ヤマゴボウ | 28 | 172 | 161 | | $KNO_3$ |
| トリカブト | 23 | 82 | 63 | 6 | aconitine mesaconitine |
| バイケイソウ | 16 | 81 | 59 | | protoveratrine veratridine |
| ハシリドコロ | 5 | 16 | 16 | | scopolamine hyoscyamine atropine |
| ジャガイモ | 5 | 1181 | 389 | | solanine |
| ジギタリス | 4 | 6 | 5 | 2 | digitoxin digoxin |
| ドクウツギ | 4 | 9 | 7 | | coriamyrtin tutin |
| ユウガオ | 4 | 11 | 11 | | cucurbitacin |
| アブラギリ | 3 | 70 | 53 | | elaeostearic acid |
| スイセン | 2 | 11 | 8 | | lycorine tazettine |
| ソテツ | 2 | 10 | 9 | | cycasin |

有毒植物による食中毒 （昭和39年〜平成2年：約160件）

(間違いやすい有毒植物：東京都衛生局編，1993 5)

図2

## 過去10年間の有毒植物による食中毒発生状況（平成18年～27年）

| 植物名 | 間違えやすい植物の例（「自然毒のリスクプロファイル」より） | 事件数 | 患者数 | 死亡数 |
|---|---|---|---|---|
| スイセン | ニラ、ノビル、タマネギ | 37 | 149 | 0 |
| バイケイソウ | オオバギボウシ、ギョウジャニンニク | 21 | 65 | 0 |
| チョウセンアサガオ | ゴボウ、オクラ、モロヘイヤ、アシタバ、ゴマ | 21 | 55 | 0 |
| ジャガイモ | ※親芋で発芽しなかったイモ、光に当たって皮がうすい黄緑～緑色になったイモの表面の部分、芽が出てきたイモの芽及び付け根部分などは食べない。 | 21 | 411 | 0 |
| トリカブト | ニリンソウ、モミジガサ | 12 | 25 | 2 |
| クワズイモ | サトイモ | 11 | 49 | 0 |
| イヌサフラン | ギボウシ、ギョウジャニンニク、ジャガイモ、タマネギ | 8 | 16 | 4 |
| コバイケイソウ | オオバギボウシ、ギョウジャニンニク | 4 | 11 | 0 |
| アジサイ | ※アジサイの葉や花が料理の飾りに使われる場合がありますので要注意 | 3 | 14 | 0 |
| ハシリドコロ | フキノトウ、ギボウシ | 3 | 8 | 0 |
| テンナンショウ類 | トウモロコシ、タラノキの芽 | 2 | 4 | 0 |
| グロリオサ | ヤマノイモ | 2 | 2 | 2 |
| ジギタリス | コンフリー（現在、食用禁止） | 2 | 2 | 0 |
| ドクゼリ | セリ | 2 | 6 | 0 |
| 観賞用ヒョウタン | ヒョウタン | 2 | 17 | 0 |
| スノーフレーク | ニラ | 2 | 5 | 0 |
| その他（ベニバナインゲン、タマスダレ等） | | 44 | 105 | 0 |
| 不明 | | 5 | 19 | 0 |
| 合計 | | 207 | 977 | 8 |

図3

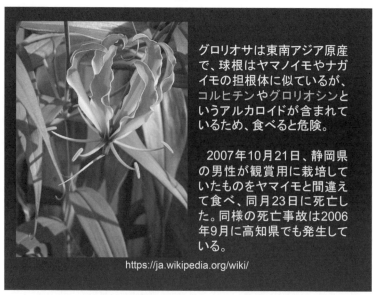

グロリオサは東南アジア原産で、球根はヤマノイモやナガイモの担根体に似ているが、コルヒチンやグロリオシンというアルカロイドが含まれているため、食べると危険。

2007年10月21日、静岡県の男性が観賞用に栽培していたものをヤマイモと間違えて食べ、同月23日に死亡した。同様の死亡事故は2006年9月に高知県でも発生している。

https://ja.wikipedia.org/wiki/

図4

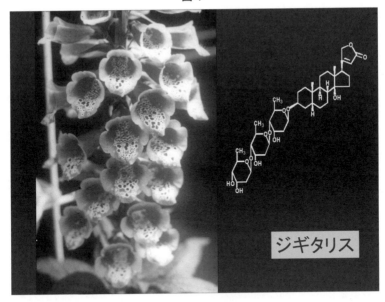

図5

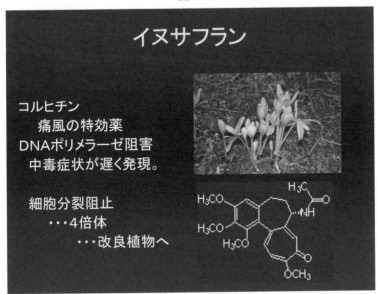

と，5月ぐらいにこのように葉っぱがたくさん出てきます（図6）。この葉っぱを山菜採りなどに行って間違えて採ってきてしまう，ということになります。こちらは北海道の例です（図7）が，一人が亡くなったと書いてありますが，意識不明の重体だったもう一人の方も死亡しています。ニリンソウと間違って採取してきて，それを食べたということです。ニリンソウの葉はトリカブトの葉と非常によく似ています。そのようなことで，誤食事故が春先には起こりやすいということです。

あと，キノコの毒を1つだけ紹介しますと，これはカエンタケという猛毒のキノコです（図8）。カビ毒の一種が含まれていて，これはDNA合成阻害作用があるということで，放射線障害と類似の臨床経過をたどるということで，かなりミセラブルな症状になるとされています。日本でも複数の死亡例が報告されています。

図9は異状死体の取扱いということなのですが，いったん警察の方で事件性があるのではと判断されると司法解剖になりますが，そうでないと，つまり犯罪と無関係ということになれば，監察医制度のある東京23区・大阪市・神戸市では監察医が検案をして，さらに死因がわからなければ，監察医の判断で行政解剖をするということになります。

図6

トリカブトの若芽（5月ころ）

図7

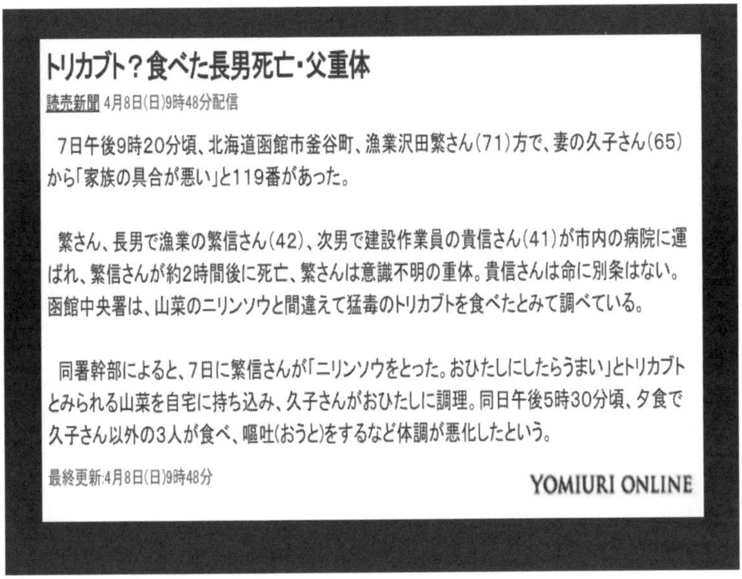

## トリカブト？食べた長男死亡・父重体

読売新聞 4月8日(日)9時48分配信

　7日午後9時20分頃、北海道函館市釜谷町、漁業沢田繁さん(71)方で、妻の久子さん(65)から「家族の具合が悪い」と119番があった。

　繁さん、長男で漁業の繁信さん(42)、次男で建設作業員の貴信さん(41)が市内の病院に運ばれ、繁信さんが約2時間後に死亡、繁さんは意識不明の重体。貴信さんは命に別条はない。函館中央署は、山菜のニリンソウと間違えて猛毒のトリカブトを食べたとみて調べている。

　同署幹部によると、7日に繁信さんが「ニリンソウをとった。おひたしにしたらうまい」とトリカブトとみられる山菜を自宅に持ち込み、久子さんがおひたしに調理。同日午後5時30分頃、夕食で久子さん以外の3人が食べ、嘔吐(おうと)をするなど体調が悪化したという。

最終更新:4月8日(日)9時48分　　　　　　　　　　　　　　　　YOMIURI ONLINE

図8

## カエンタケ

*Podostroma cornu-damae*

- トリコテセン系毒素
  （カビ毒の一種）
  T－2トキシン
  DNA合成阻害作用

  放射線障害と類似の経過となる！

ただし，多くの地域では監察医制度はありませんので，一般の医師が検案をするわけですが，いくつかの地域では，さらに遺族の承諾をとって解剖するというシステムが作られていました。これは全国でやっているわけではなく，一部の地域ということになります。そうしているうちに2013年から，死因身元調査法というのができまして，身元のわからないもの，あるいは死因がよくわからないものについて，警察の判断で解剖できることになりました。解剖するのは，実際は法医学教室ということになります。これによって，警察は，司法解剖か死因調査法による解剖かを選択できるということになってきました。現在は，承諾解剖システムがおそらく調査法による解剖に徐々に移行していくのだろうと思われます。

沖縄の場合には，承諾解剖システムというのが，実は以前からやられていました。こちら（図10）はちょうど事件の起こった少し後の1990年の統計ですけども，沖縄県は監察医制度のある大阪・兵庫，あるいは監察医制度が当時あった神奈川県と匹敵するぐらいの解剖数になっています。もともと沖縄には医学部がないので，法医学者はいないということになるのですが，1957年から琉球政府が新刑事訴訟法を施行するということになったようです。そこで司法解剖の重要性が指摘されて，1956年から法医学顧問制度というのを作りました。当初は東京大学の法医学教室から派遣されていましたが，昭和45年から日本法医学会の若手の助

図9

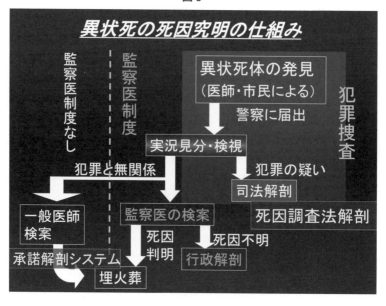

図10

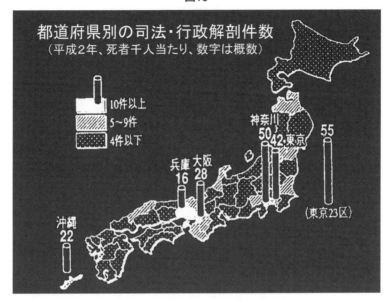

教授クラスが，半年交代で派遣されるようになりました。

その中で，1974年に当時，大阪大学の助教授だった若杉長英先生が大阪で行なっている行政解剖のような解剖を沖縄でもできないかを検討し，遺族の承諾を取ればできるということで，承諾解剖システムが始まったわけです。沖縄返還が1972年なので，返還後にこの制度が始まったのです。

その後，1981年に琉球大学に医学部ができ，82年に法医学教室ができましたので，この顧問制度は解消され，承諾解剖システムはそのまま法医学教室に移行して継続されるということになりました。私が沖縄に行ったのが85年ですが，司法解剖と承諾解剖と両方をやっていたということになります。

事件は沖縄本島から400キロくらい離れた石垣島で起こったわけです。学生さんの講義では2003年にフジテレビが作ったVTRをみせているのですが，今日は時間的余裕もないので省略いたします。ただ，Huluで，「重大事件」というふうにして検索していただくと，多分まだ配信があると思います。NTV系で放送された1時間半ぐらいの再現ドラマになっています。

1986年5月19日に夫婦で那覇に着きました。この時には夫にとって，亡くなる奥さんは実は3番目の奥さんだったのです。次の日に，奥さんは東京から来た女友達3人とで石垣島に行くことになっていました。夫は，用事があるということ

で大阪に帰るため那覇空港に残ったのです。石垣島のリゾートホテルに着いた直後の13：00頃から突然嘔吐，それから発汗，腹痛，体の麻痺などが生じて，救急車で県立八重山病院に搬送されたわけですが，途中14：10分頃心肺停止になっています。それで病院に到着後，直ちに心肺蘇生が行われましたけれど，結局，心室細動と心室頻拍とを繰り返すだけで元に戻らず，15：04に死亡確認となっています。

翌日，私は現地に赴いて承諾解剖を行いました。解剖を承諾したのは夫です。外表所見は治療行為のみです。内部所見としては，法医学上は窒息の三徴候あるいは急死の三徴候と言われる暗赤色流動性の血液，諸臓器のうっ血，漿粘膜下溢血点といったものが見られました。それ以外には，特に病気を指摘できるような肉眼所見はなかったということになります。諸臓器については一部ずつホルマリンに固定し，心臓は切開した後，そのままホルマリン固定をしました。琉球大学で解剖するとなった場合には，場合によると，全臓器をそのまま固定するということもできるわけですが，出張解剖ですとそういったことができないので，一部だけを持ってこざるを得なかったということです。心臓血については，これは何か後々，何らかの分析に役立てればということで，冷凍保存するつもりで試験管2本分を大学に持って帰りました。

こちらがその時に遺族に発行した死体検案書になります（略）。琉球大学では解剖の直後に死体検案書を書いて遺族にお渡しすることをしていました。病死に丸をつけて死因を「急性心筋梗塞」としましたけれど，外因死の追加事項に，少々書いたりしています。定型的ではないというか，少し変な，というわけじゃないけれど，そういう検案書になっています。

早速，病理組織の検査を始めました。心臓の左室後壁に若干，肉眼的に赤っぽい部分があったので，顕微鏡で見ているところです（図11）。出血（赤血球）がパラパラと見られます。かなりガッチリ心臓マッサージをしていますので，そういった影響で出血が出てきたのではないか，というふうに考えられました。こちらは教室で工夫した特殊な染色です（略）。急性の酸素欠乏と言いましょうか，虚血性の変化を染め分けることができるような染色方法を工夫したのですが，結果としては陰性でした。

その後，雑誌記者や新聞記者などが，教室を訪れるようになって，少しずつ色々な情報を持ってくるようになりました。その中で，薬局で夫が種々のカプセル剤を買っていたとか。あとレオピンファイブとかキョーレオピンというのを買っていた，というようなことが分かってきました。これらは，茶色い液体で匂いがかなり強いので，付属のカプセルの中に入れて，飲むという薬剤でした。

**図11**

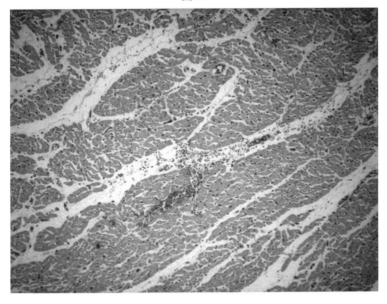

　その後，7月の末ぐらいになってくると，どうも注射筒や注射針を買っているという情報，それからさらに精製水や無水エタノールを500ccのビンごと買っているという情報が徐々に寄せられてくるようになりました。この無水エタノールなのですが，何に使うのだろう，と非常に不思議だったのですが，教室の薬学出身の講師から，ひょっとしたら何かを抽出するのに使ったのではないか，という話も出てきたわけです。

　3人の妻の急死なのですが，1人目が1981年です。これは，東京の民間病院で，診断としては急性心筋梗塞となっていますが，発症して，その日のうちに亡くなっています。警察には届け出られずに，監察医務院扱いにはなっていません。それから1985年9月，2番目の奥さんが群馬県の奥さんの実家で，突然具合が悪くなり，夫が近隣の循環器専門病院に担ぎ込んだのですが，症状が徐々に悪化し，死亡しました。この時は「急性心不全」という形で死亡診断書が出ています。

　その後，約1か月後に，1000万円の生命保険が支払われていたということが，後からわかってきました。それから3番目の方ですが，池袋の高級クラブでホステスをしていたのですが，1985年の11月ぐらいに2番目の方の夫だった人が店にやってきて，そこで意気投合して，と言いましょうか，翌年2月には，結婚して

大阪へ転居ということになりました。その後，5月の初旬に生命保険に加入。そして5月20日に死亡という経緯になっています。

八重山署は6月30日になって鑑定嘱託書というものを私に送ってきました。ですから，承諾解剖で解剖したのですが，その結果について文書で回答してくれというものでした。

保険金殺人の典型というのがよく言われています。1つが「集中加入」といい，加入する時期が集中しているという意味です。もう1つは「分散加入」といい，複数の保険会社に分散して入るという意味です。もう1つは「相互加入」ですね。これは，「私も入るから，あなたも入ろうね」と，お互いに保険金の受取人になり合うというものです。もう1つが「飛び込み加入」といい，保険会社の支社に自ら赴いて，こういう保険に入りたいのだ，というものです。今ですとインターネットで保険に入ったりしますけれど，当時は，会社に保険の勧誘員の人が赴いて，色々と説明して，最初は断っていたけれども，付き合いがだんだん長くなってくると，じゃあ一つ入ってあげようかということで，入るのが普通だったのではないかと思いますが，飛び込み加入というのは，自分から進んで入るという意味です。そして，最後が「早期死亡」です。加入から死亡までの期間が短いということです。

実際の保険は4社に分散してそれぞれ5000万～4500万，総額額1億8千5百万円です。保険会社は支払いを拒否して民事訴訟になっています。

八重山病院での心電図は心室細動という状態で，その心臓に電気ショックを加えても元に戻らない，洞調律に戻らなかったということでした。そこで，そういった心室細動を引き起こす薬物をまず列挙する，ということをいたしました（図12）。交感神経の刺激性のもの，アンフェタミンは覚醒剤です。あとは，興奮性の麻薬，それから興奮剤ですね。それから逆に，副交感神経の遮断剤，あるいは抗うつ剤，それから神経節ブロッカー。あとその他に抗不整脈剤で，キニジンとかプロカインアミドなどがあります。それから3環系抗うつ剤。これも心室細動を起こすというので有名なようです。あとジギタリスですね。これも，心室細動を起こします。それから，重金属でコバルトというのがあり，報告事例があります。

ということで，この中にあるだろうか，という検討をしたのですが，まず琉球大学でできる検査として，キニジンとジギタリスについては，血液が0.1ccあればチェックできるということで，附属病院薬剤部で使われていたTDX装置（蛍光抗体検査法）で検査しましたが，結果は陰性でした。重金属については，やはりこれも0.1ccで網羅的に血液の検査ができるということで，東北大学薬学部の

図12

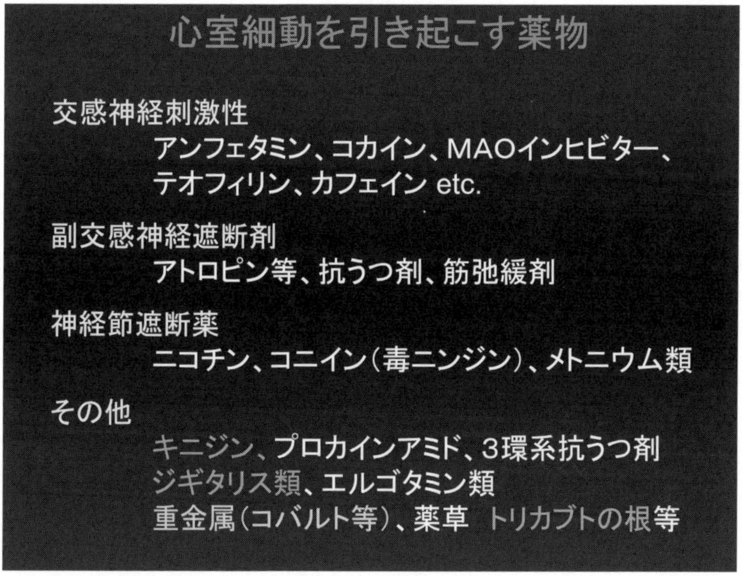

**心室細動を引き起こす薬物**

交感神経刺激性
　　アンフェタミン、コカイン、MAOインヒビター、
　　テオフィリン、カフェイン etc.
副交感神経遮断剤
　　アトロピン等、抗うつ剤、筋弛緩剤
神経節遮断薬
　　ニコチン、コニイン（毒ニンジン）、メトニウム類
その他
　　キニジン、プロカインアミド、3環系抗うつ剤
　　ジギタリス類、エルゴタミン類
　　重金属（コバルト等）、薬草 トリカブトの根 等

鈴木康男先生にお願いしたのですが，最終的には福島県警で検査し，陰性ということになりました。

　あとは色々と考えたのですが，結局，心室細動だけではなくて，嘔吐がひどかったり，しびれを訴えるということになると，どうも単純な薬物ではないのではないか，というような気が，検討の中でしてきました。そうなると，薬草類への疑いが出てきたということになります。

　ある裁判化学の教科書（「裁判化学　薬物分析と毒理 ── その応用」沢村良二・鈴木康男編，廣川書店，1984）に「ブシ・ウズといって，漢方薬として使用するけれども，毒性は極めて強く，自殺・多殺・誤用事故がある，と。根では，1gが致死量とあります。根っこが1gあれば死ぬ，ということです。毒性は末梢・中枢神経に作用し，始めは刺激症状を示すが，引き続き麻痺を起こす。経口的に摂取すると口腔内の麻痺が起こり，次いで悪心・吐気・流涎を引き起こす。さらに手足の知覚麻痺，全身の運動麻痺，不整脈，ついには呼吸，あるいは心臓麻痺で死に至る」という記載でした。そのアコニチン自体ですと，3～4mgが致死量，という記載もあったわけです。

　そういったものが出てきたので，琉球大学の法医学教室を中心に，薬理学の先生，あるいは薬剤学の専門家の先生とで検討会をしました。そうしますと，こん

な文献が出てきました（図13）。インドの文献なのですが，Aconite Posioning で引き起こされた Malignant Arrhythmias，ということなのですが，2人の兄弟が風邪をひいたので，ホメオパシック・プラクティショナーというところに行ってその薬剤を投与されたのですが，それが5滴なのですけれども，マザーチンクチャー，つまり，アルコール抽出液の母液を間違って5滴投与されるわけです。本来であれば，それを薄めたものを5滴投与するはずが，原液を投与されてしまったということで，1人は亡くなっています。あとの1人はなんとか助かったが，不整脈が出ています。

ホメオパシック・プラクティショナーというのはよく分からなかったのですが，同毒療法士などと訳されています。ホメオパシーという考え方があって，これに基づいて治療を行うのが，ホメオパシック・プラクティショナーということのようです。ホメオパシーというのは，日本だとあまりいい意味では使われていないかもしれませんが，「健康な人が摂取したら同様の症状を起こすだろう物質を摂取すること」というふうにされています。つまり，対症療法という考え方とは全く逆なのですね。不眠症の患者に鎮静剤を使用するのではなくて，興奮剤を投与する，というのがホメオパシーというふうに言われています。イギリスでは，製剤として薬局で販売されています。その中で，トリカブトの毒は多くの症

図13

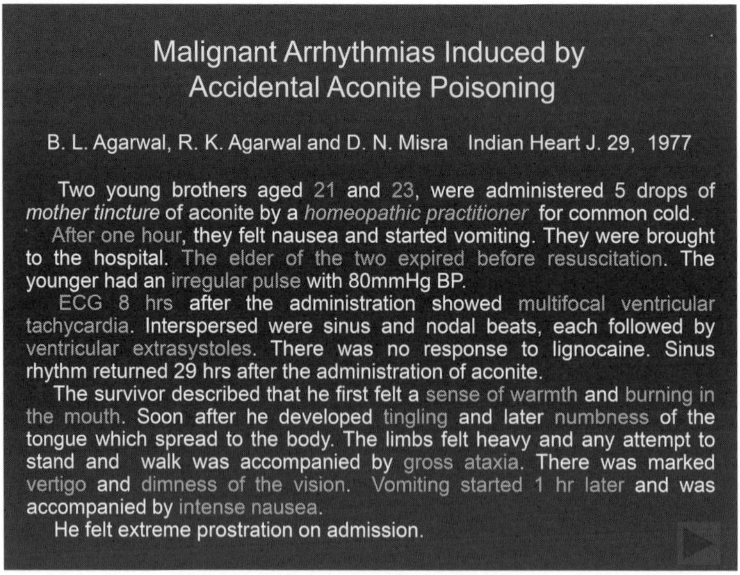

**Malignant Arrhythmias Induced by Accidental Aconite Poisoning**

B. L. Agarwal, R. K. Agarwal and D. N. Misra　Indian Heart J. 29, 1977

Two young brothers aged 21 and 23, were administered 5 drops of *mother tincture* of aconite by a *homeopathic practitioner* for common cold.
After one hour, they felt nausea and started vomiting. They were brought to the hospital. The elder of the two expired before resuscitation. The younger had an irregular pulse with 80mmHg BP.
ECG 8 hrs after the administration showed multifocal ventricular tachycardia. Interspersed were sinus and nodal beats, each followed by ventricular extrasystoles. There was no response to lignocaine. Sinus rhythm returned 29 hrs after the administration of aconite.
The survivor described that he first felt a sense of warmth and burning in the mouth. Soon after he developed tingling and later numbness of the tongue which spread to the body. The limbs felt heavy and any attempt to stand and walk was accompanied by gross ataxia. There was marked vertigo and dimness of the vision. Vomiting started 1 hr later and was accompanied by intense nausea.
He felt extreme prostration on admission.

状で第一に選択される薬だというふうにされています。ドラッグストアで買える，ということですね。あるインドの先生に聞いたら，医師とは異なる免許制度となっているようです。ですから，薬剤師と医師との中間ぐらいという感じがします。

その後，文献を色々読んでみますと，aconitine によって不整脈が色々出てくるのですね。ですから，飲んだ毒の量と，それから経過した時間によって変わってくるというふうに考えられます。そして心室頻拍～心室細動が一番致死的になってくるということになります。

トリカブトの花は，秋になってから咲きます。結局われわれ，トリカブトに注目してなんとかこれが血液から分析できないかということで，東北大学薬学部の鈴木康男先生にも相談していたのですが，東北大学医学部薬剤部に新しいGC-MS（ガスクロマトグラフィ・質量分析計）の機械が入ったので，それで検査をしてもらおうか，ということになりました。鈴木先生の一番弟子の水柿道直教授が大学病院の薬剤部長をされていましたので，水柿先生にお願いしてスタッフの方々と検討していただいたということになります。

それで分析方法が確立しましたので，論文にしようということで。ただ，ちょっと急いで出すと，何かの拍子に被疑者に見つかってしまうかもしれない，というので少し待とうということで，1年間寝かせてから論文にしたわけです。

図14はアコニチン系アルカロイドの構造式です。アルカロイドの特徴は窒素が入っているということです。R1，R2，R3とありますが，これらが少しずつ違ってくるとアコニチン，メサコニチン，ヒパコニチン，ジェサコニチンと，この当時知られている毒性の強い毒が4種類あるわけです。

これらのうち地域によって，あるいは種類によって，例えばアコニチン，メサコニチン，ヒパコニチンが入っていたり，あるいはアコニチンとジェサコニチンが入っていたりと，色々な組み合わせがあったりします。それから，それぞれのパーセンテージも，植物体一個一個全部違う，と。隣り合わせで生えていても，毒の割合はみんな違うのだということです。警察や水柿先生の方でもかなり調査をした結果です。

こちら（図15）は，その分析結果です。左側は87年2月に検査結果が出たものですが，アコニチン・メサコニチンが，定量的に検出されています。あと，ヒパコニチンについては純品が手に入らなかったので，定性だけで終わっています。ジェサコニチンについては標品もなかったので，検査ができませんでした。

その4年後，検察庁からもう一度測ってくれという依頼があって測ったものが，この右側の数値です。この頃にはヒパコニチンやジェサコニチンの純品が手

図14

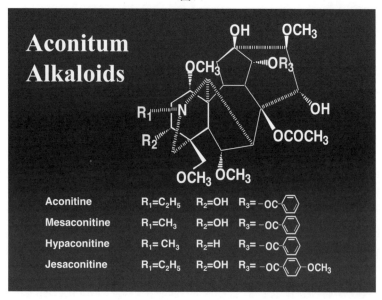

図15

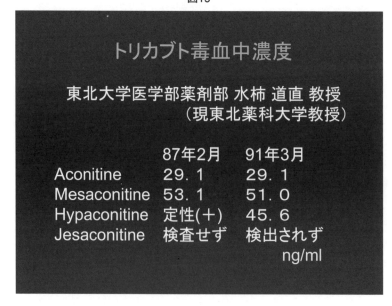

〈第2部〉 1 〈講演〉トリカブト事件と私〔大野曜吉〕

に入る状態だったので，定量検査ができています。ジェサコニチンについては検出されませんでした。血液はこの間，水柿先生の方では，−20度で冷凍保存をしていました。つまり，冷凍保存しておけば，ほとんど数値が変わらないということが，結果として明らかになったことになります。単位はこの ng/ml というのですが，これは，なかなか具体的にイメージするのは難しいかもしれませんが，1ng/ml というのは，20m×50m のプールで水深が1m の中に1g の，例えば，角砂糖を1個落としてよくかき混ぜた時に検出できるという数値になります。

　これらの数値が致死量なのかどうかというのは，なにせ測ったのが初めてですので比較ができなかったのですが，動物実験の結果を見ると，かなり致死量と言っていいのではないか，というふうに考えられました。その後，水柿先生のところや，我々日本医大でも検査ができるようになりましたので，救命救急センターなどからそういった中毒例があったので分析してほしい，という依頼がいくつか来ました。その中で見てみると，1ng/ml という血中濃度で不整脈が生じている事例もありましたので，1ng/ml 以下の，より低濃度のものを検出できないと，トリカブト中毒であることの証明にはならないということになります。

　当時，水柿先生らは GC-MS という機械で測定していましたけども，われわれの方でも GC-MS を使い，その後 LC-MS で，最近では LC-MS・MS というもので測定できるようになりました。1ng では足りませんので，pg オーダーの測定ができるように現在ではなっています。

　さて，保険会社は保険金の支払いを拒否していましたが，民事事件の第1審の判決が1990年2月に東京地裁で下りました。判決は，「動機・目的・経緯などの点で大きな疑問を抱かざるを得ない」と述べているのですが，「死を誘発したとまでは言えないので，保険会社は支払え」となっています。ただし，裁判官の独自の判断として，「担保を供した被告は仮執行を免れることができる」という仮執行免脱宣言を付け加えています。これは，民事事件としては，かなり異例なことだそうです。つまり，民事というのは争点を争って，どちらかの判断をするわけなので，原告の方は，仮執行をしろ，というのを言っていたのですが，保険会社側の方は仮執行を免れることができる，という決定を出してくれ，ということは言ってなかったのですね。言ってなかったのだけど，裁判官は，独自にその仮執行免脱宣言を付け加えた，ということだそうです。

　保険会社の方では，死因について今度は私に証言を依頼してきました。警察庁と沖縄県警とで調整をしたようです。刑事訴追の可能性が低くなってきたからなのか，あるいは突発的な打開を期待したのか，この辺は私の方では分かりませんが，1990年10月に東京高裁で証言をすることになりました。トリカブトに含まれ

る毒物が検出され，それによる急性心不全と判明した，というような証言を致しました。
　ところが，その1か月後の口頭弁論を前に，夫は保険金の訴訟を取り下げてしまったのです。これでマスコミが「これはおかしい」ということに気づいて，一斉に報道するようになりました。週刊誌に記事がたくさん出ました。当時，私は日大の方に移っていましたので，日大の方に新聞記者等が押しかけてきて，非常に対応に苦慮したという記憶がございます。
　その後，12月にトリカブトを売ったという福島の高山植物店のご夫婦がテレビに登場したわけです。びっくりしたわけですが，その後，警視庁の方が出向いていって確認をしたようです。さらにそこから半年ぐらいしてからですかね，業務上横領だったかな，それで逮捕され，さらに殺人で再逮捕ということになりました。
　そうこうしているうちに，今度は，血液からフグ毒が検出されたということが新聞に出ました。警視庁の方では，横須賀の漁師から，この被疑者にクサフグという毒性の強いフグを大量に売ったという証言が出てきたのです。そうなるとフグ毒が血液から検出できないかということで，琉球大学で保存していた血液の一部を，警視庁に預けました。警視庁の依頼で，東大の水産化学科の野口玉雄先生と東京理科大の先生方のチームが，フグ毒の検出をしたわけです。フグ毒のもともとは，おそらく海中の細菌が作っているのではないか，というふうにされているようですが，それが食物連鎖で，フグなどの海中生物に蓄積されるというわけです。ヒョウモンダコというのは結構有名だと思います。フグは，フグ中毒でどうして死なないのか，というのが不思議なところなのですが，後からお話しするように，フグ毒が作用する，細胞にあるナトリウムチャネルの構造が他の動物よりもやや異なっていて，フグ毒に対する耐性があるというふうにされています。
　こちらは，当時文献を漁っていたのですが，Catteral という人は，ナトリウムチャネルの大家というふうにされています。その先生の書いた論文で，ナトリウムチャネルに関連する神経毒という総説を書いています（図16）。1980年のときには，Receptor site（毒物が作用する部位）が3つあるのだ，と。その中でテトロドトキシンは第一番の Receptor site にくっつく。これはイオンの流れを抑制するわけですね。一方でアコニチンが属するものでは，別の site にくっついて，ここではアクティベーションとインアクティベーションを変化させて，継続的なアクティベーションを引き起こすのだというようなことになっています。3つ目の方は，これは2番目をエンハンスするっていう言い方になっています。
　図17はナトリウムチャネルを横から見たところですが，細胞の外にナトリウム

図16

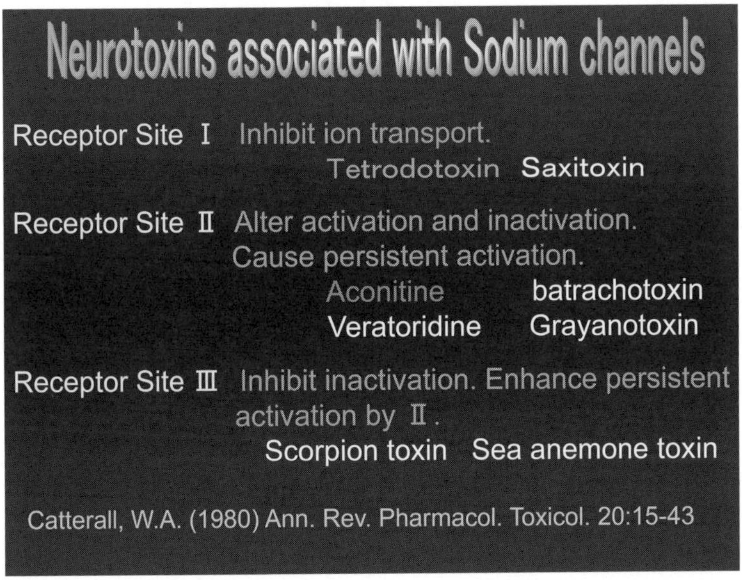

```
Neurotoxins associated with Sodium channels

Receptor Site I    Inhibit ion transport.
                          Tetrodotoxin    Saxitoxin
Receptor Site II   Alter activation and inactivation.
                   Cause persistent activation.
                          Aconitine           batrachotoxin
                          Veratoridine    Grayanotoxin
Receptor Site III  Inhibit inactivation. Enhance persistent
                   activation by II.
                          Scorpion toxin    Sea anemone toxin

Catterall, W.A. (1980) Ann. Rev. Pharmacol. Toxicol. 20:15-43
```

イオンがたくさんありますけれども，細胞が興奮すると，ナトリウムが細胞内に流れ込むということになります。アコニチンはその途中のゲートに取り付いて流れをさらに強めると言いましょうか，流れやすくするというのが，アコニチンの作用ということになります。一方，テトロドトキシンの方は，細胞のナトリウムチャネルをちょうど塞ぐような形でイオンの流れを抑制する，ということが，作用機序として言われているということになります（図18）。

図16では，ナトリウムチャネルに作用する毒物はReceptor site I ではそのフグとそれからサキシトキシンという麻痺性貝毒が挙げられています。Receptor site II では，アコニチン（トリカブト毒）以外にヤドクガエルというのがあります。南米のアマガエルですね。この皮膚の分泌物に猛毒バトラコトキシンが含まれています。アコニチンよりもさらに毒性が強いとされています。あとは，植物でバイケイソウという高山植物がありますけど，こちらもトリカブトと同じ作用機序になり，誤食事故が時々見られているようです。またハナヒリノキというのがありまして，これにはグラヤノトキシンというのが含まれています。枝葉は便槽のウジ殺しに用いたとされています。ウジを殺すのは実はかなり大変なことなのですが，これは，相当強い毒性を持っているということになります。

その後1988年にCatteralがもう一度Science誌に総説を書いています（図19）

図17

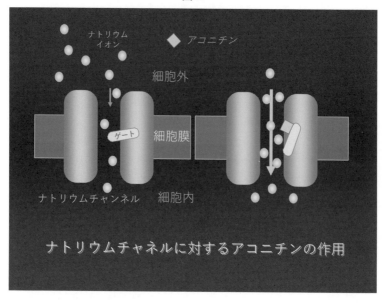

ナトリウムチャネルに対するアコニチンの作用

図18

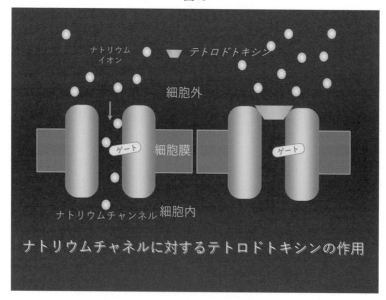

ナトリウムチャネルに対するテトロドトキシンの作用

**図19**

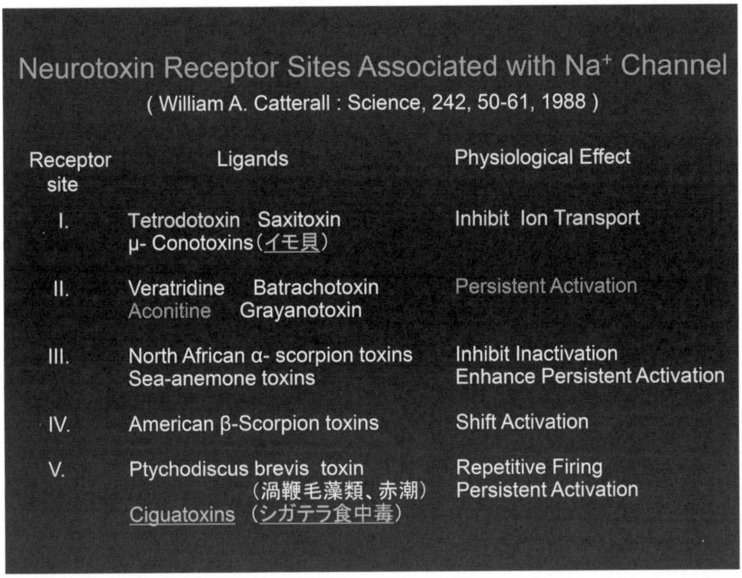

```
Neurotoxin Receptor Sites Associated with Na⁺ Channel
( William A. Catterall : Science, 242, 50-61, 1988 )

Receptor      Ligands                              Physiological Effect
site
  I.    Tetrodotoxin  Saxitoxin                    Inhibit Ion Transport
        μ- Conotoxins（イモ貝）

  II.   Veratridine   Batrachotoxin                Persistent Activation
        Aconitine     Grayanotoxin

  III.  North African α- scorpion toxins           Inhibit Inactivation
        Sea-anemone toxins                         Enhance Persistent Activation

  IV.   American β-Scorpion toxins                 Shift Activation

  V.    Ptychodiscus brevis  toxin                 Repetitive Firing
              （渦鞭毛藻類、赤潮）                    Persistent Activation
        Ciguatoxins（シガテラ食中毒）
```

が，Receptor site はさらに2つ増えました。第一番のテトロドトキシンの仲間にコノトキシンというのが入ってきました。これはイモガイで沖縄のアンボイナという貝になります。巻貝なのですけども不用意にダイバーが触ってしまうと，毒棘がついていまして，刺されると，場合によると死亡する可能性があるとされています。この毒棘で小魚を麻痺させて食べてしまう，そういう非常に獰猛な貝ということになります。あとシガテラ毒ですね，シガテラキシンです。この新聞記事（図20）はシガテラの毒で中毒を起こした例ですが，製造物責任を争った事例です。これについては，私が2004年，日本賠償科学会を引き受けた時シンポジウムをしたのが，このテーマです。山口斉昭先生にはその時のシンポジストのお一人になっていただいたわけです。実は沖縄ではそんなに珍しい中毒ではありません。

　問題は，そのテトロドトキシンとアコニチンが両方作用したときには一体どうなるのか，ということになります。つまり，アコニチンとテトロドトキシン，これらは全く作用が逆になりますので，本当にどうなのかというのはやってみないと分からないわけです。

　色々文献を読んでいると，どうもデトロトキシンの方が早く回復するようなのですね。アコニチンの方がやや症状が長く残るというふうに，どうも文献上は見

図20

受けられます。そこでそれぞれ，お互いに拮抗していたものが，最初にテトロドトキシンが分解していく，あるいは消失していくと，後からアコニチンの症状が出てくるのではないか，と。そうすれば結局，トリカブトの症状が後から出てくるということが考えられるのではないか，というわけです。空港で夫と妻が別れてから，1時間半ぐらいしてから発症しているので，その別れる前にカプセルを飲ませてないと殺人に問えない，ということになります。その1時間半の謎というのは，そんなふうにして解けるのではないかと考えてマウスで実験することにしました。

　われわれの方は研究者ですので，こういった試薬を試薬会社から購入することができます。ただ，夫はそういったことは当然できませんので，それぞれトリカブトから抽出したり，クサフグから抽出したりしないとダメだったということになります。

　動物実験の結果です（図21）。これは経口投与です。マウスに3mg／kgを投与すると，5匹全部死亡します。およそ死亡するまでの間が，13分です。そこに0.33mg／kgのテトロドトキシンを混ぜて投与してやると，5匹中3匹は死亡するけども，2匹は生き延びるということになります。死亡までの時間も倍以上に伸びてくると。有意差はありますよ，ということになります。

図21

Table 1. Time of death of mice treated orally with aconitine and different amounts of tetrodotoxin

| Dose of aconitine (mg/kg) | Dose of tetrodotoxin (mg/kg) | Number of mice treated | _____Time of occurrence of death (min)_____ ||||||  Mean ± S.D. | Number of mice that died |
|---|---|---|---|---|---|---|---|---|---|---|
| | | | 1-5 | -10 | -20 | -30 | -45 | -60 | | |
| 2 | 0    | 5 | 1 | 1 |   |   |   |   | 5.5 ± 1.5      | 2 |
| 2 | 0.33 | 4 |   |   | 1 | 1 |   |   | 17.5 ± 3.5**   | 2 |
| 2 | 0.67 | 5 |   |   | 1 | 2 | 1 |   | 18.3 ± 7.3**   | 4 |
| 2 | 1.0  | 5 |   | 1 | 1 | 2 | 1 |   | 21.6 ± 9.8**   | 5 |
| 3 | 0*   | 5 |   | 3 | 1 | 1 |   |   | 13.0 ± 7.3     | 5 |
| 3 | 0.33 | 5 |   |   |   | 2 | 1 |   | 30.7 ± 10.3*   | 3 |
| 3 | 0.67 | 5 |   | 1 | 2 | 1 | 1 |   | 21.4 ± 9.3     | 5 |
| 3 | 1.0  | 5 |   | 1 | 1 | 2 |   | 1 | 27.4 ± 16.4    | 5 |

( * $p < 0.05$, ** $p < 0.01$ )

LD50 treated orally with aconitine = 1.8 mg/kg
tetrodotoxin = 0.33 mg/kg

　今度は腹腔内投与をしたところです（図22）。0.4mg/kgのアコニチンを腹腔内に投与しますと，7分ぐらいを平均にして全部死亡します。そこでテトロドトキシンを，例えば10μg/kgを一緒に投与してやると，9匹中5匹は死亡するけど，4匹は生き延びます。その死亡時刻も倍ぐらいになるということが分かりました。つまり，ある一定の割合で混合投与すると，死亡時刻を延ばすことがどうもできるのではないか，ということになります。テトロドトキシンをさらに増やしてやると，今度はバタバタバタっと死亡してしまうのですが，こちらはその後の別の実験で，テトロドトキシンによる呼吸障害が原因になっているのではないか，というふうに考えられました。

　さあ今度は刑事裁判になります。1回目の公判で，被告人は横領は認めたのですが，殺人は否認しています。2回目と3回目に，私の証人尋問ということになりました。こちらは新聞です（図23）。

　検察側は無期〔懲役〕を求刑しました（図24）。非常に大きな記事で掲載されています。結果としては，判決は，第1審では無期懲役です（図25）。こちらについては判例時報1532号などに掲載されています。かなりボリュームが多いので，興味がある方は調べてみてください。第2審ではやはり無期懲役になりましたけども，こちらも判例時報1647号に掲載されています。どこが違っているか，

図22

| Dose of tetrodotoxin (μg/kg) | Number of mice treated | Time of occurrence of death (min) | | | | | | Number of mice that died |
|---|---|---|---|---|---|---|---|---|
| | | 1-5 | -10 | -20 | -30 | -60 | 60- | Mean ± S.D. | |

Table 2. Time of death of mice treated intraperitoneally with 0.4 mg/kg of aconitine and different amounts of tetrodotoxin

| Dose of tetrodotoxin (μg/kg) | Number of mice treated | 1-5 | -10 | -20 | -30 | -60 | 60- | Mean ± S.D. | Number of mice that died |
|---|---|---|---|---|---|---|---|---|---|
| 0 | 9 | 2 | 6 | 1 | | | | 7.8 ± 3.2 | 9 |
| 2.5 | 5 | | 2 | | | | | 7.5 ± 1.5 | 2* |
| 5 | 5 | | 2 | 1 | | | | 9.7 ± 2.9 | 3 |
| 10 | 9 | | 2 | 2 | 1 | | | 15.0 ± 5.2** | 5* |
| 15 | 5 | 1T | 1 | | 1 | 1 | 1+ | 43.0 ± 49.9 | 5 |
| 20 | 0 | 3T | 5(3T) | 2 | | | | 8.5 ± 4.2 | 10 |
| 30 | 4 | 2T | 1T | 1T | | | | 6.5 ± 3.4 | 4 |
| 40 | 5 | 4T | 1T | | | | | 4.6 ± 0.8** | 5 |

( *$p<0.05$, **$p<0.01$ )
+ : died at 140 min. T : the number determined to have died of TTX poisoning
LD50 treated intraperitoneally with aconitine = 0.308 mg/kg
tetrodotoxin = 0.010 mg/kg

図23

図24

図25

判例時報1532,
28－60

ということなのですが，第1審では，2番目の奥さんについては人体実験したのだ，という認定になっているのですが，第2審では，そこはさすがに第1審は言い過ぎだろうということで，その部分を削除した形の判決になっています。それでもなお無期懲役だということになっています。

その後，2002年2月に，最高裁は上告を棄却しています。無期懲役が確定したというわけです。決定文はわずか2ページです。検察官の方からいただいたのですけど，「これだけですか？」と言ったら，「ああ，そうですよ」というわけなので，通常，最高裁の上告棄却は，こういった2ページぐらいだそうです。社会的な問題があるようなケースなどは，理由が長くなるのだと，そんなことを，弁護士さんなどから教わりました。

両方の代謝スピードが違うということなのですけども，これについては一応アコニチンについてはマウスで実験をして，代謝スピードは出しています。それから，心臓の筋肉内の量，あるいは肝臓・腎臓の量なども測っています。肝臓と腎臓にはかなり大量に，血液よりはるかに高い濃度で検出されるということが分かりました。テトロドトキシンの方ですが，これはLC-MSという機械で，その後，教室員の方で工夫してくれまして，一応，代謝スピードまでは出ています。それによると，アコニチンよりはやや短い半減期というふうに結論されました。

このように，うちの教室ではトリカブトについてかなり詳しく検査をしている，あるいは研究をしているということが法中毒学会等で知られておりましたので，埼玉県警の科捜研から相談を受けた例があります。本庄の保険金殺人事件（八木事件）と言われるものです。どうやら2人が亡くなっているのですが，そのうちの1人にトリカブトを投与したのではないか，という疑いが出て，その当時，解剖して5年間，ホルマリン漬けだった臓器から検出できるかどうか，ということで相談を受けました。その当時はGC-MSで検査をやっていたのですが，県警の方は，いい機械（LC-MS）を持っていたので，そちらでできるようになったようです。検出されたのは類似成分ということなのですが（図26），これは何かというと，この元々のアコニチン・メサコニチン等ではなくて，これは毒性が非常に強いわけですが，それはもう長期間ホルマリン液に入れておいたので分解されてしまって，こちらのような分解物質がかろうじて微量に検出されたという結果だったのです（図27）。その微量に検出されたものについて遡っていって，元のものが多量にあったのだ，ということが言えるかどうかということで，そのあたりはかなり疑問なわけです。

そういった分解産物のアコニンとかメサコニンなどが非常に微量に検出されたのですが，その毒性は極めて低いわけです。それをトリカブト中毒死と言ってい

図26

図27

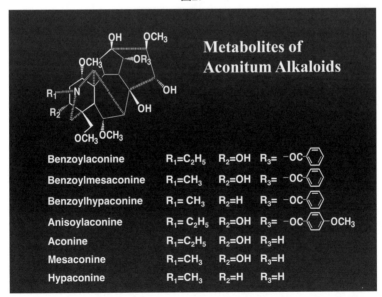

いかどうかという，これは，われわれは疑問に思っていますが，検察の方としてはそれで死刑を求刑して，裁判所の方では死刑判決になっています。現在は，さいたま地裁で第2次の再審請求の途中だと思われます。ということで，この八木事件についてもまだこれから，弁護士さんの方では検討して，再審に持ち込みたいということのようです。

さて1時間になりましたので，こんなところでそろそろ終わりたいと思います。

法医学における中毒なのです（図28）が，何が疑われるかというようなことを，よく考えないとまずいけない。何をどのように分析するか，と。これはルーチンで決まっているケースならよいのですけれども，そうでないものについては，どうやって分析するかについても，検討していかなければいけません。それで最初にやったということになると，それを全面的に信用していいかということになりますので，やはり再検査ができるような体制にしておかないといけない。ですから，例えば血液サンプルを採ったとしても全部使うわけにはいかなくて，幾ばくかを必ず残しておいて，次の検査に備える，ということをしておかないといけない，ということです。

今回の事件でも一応，試験管2本で30cc取りましたけれども，実際に分析で

図28

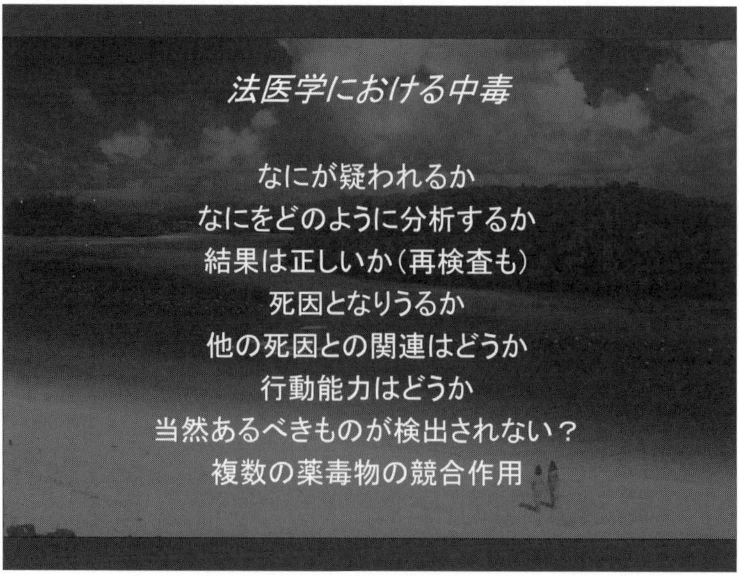

**法医学における中毒**

なにが疑われるか
なにをどのように分析するか
結果は正しいか（再検査も）
死因となりうるか
他の死因との関連はどうか
行動能力はどうか
当然あるべきものが検出されない？
複数の薬毒物の競合作用

消費した量は，水柿先生の検査で4cc，テトロドトキシンの検査で5 cc，ということで，まだ相当量は実は日本医大の方に残っているはずです。廃棄してもいいのですけれども，その後もし何かで使う必要性が出てくれば，まだとってはありますよ，ということになります。あと死因になるかどうかということですね。それから他の死因と関連があるかどうか，この辺も難しいところです。

　それから最近問題になるのは行動能力です。睡眠導入剤を使った事件などで，致死量を投与したなら，従来の分析で対応できるわけですが，1錠2錠飲ませて，それで朦朧としたところを別の手段で殺害したとか，例えば寒冷な環境に放置したとか，そういうふうになってくると，致死量が検出できればいいというわけではなくなってきます。要するに，治療レベルぐらいの濃度も十分検出できる感度を持っていないと，司法解剖時の検査としては不十分だというふうに考えられるわけです。

　あと，当然あるべきものが検出されない場合はどうだ，なんてこともあります。複数の薬物の競合作用も考えていかなければいけない，というわけです。つまり，再鑑定が必要になるということに備えてですね，DNAの検査も一緒なのですけれども，薬物検査も，結局，将来になればなるほど分析の感度も良くなるし，それから方法も機械もどんどん良くなってくる，ということになりますので，これは，今できる場合ならやる，今できない場合は無理してやる必要はないので，もう少し時期を見てからやるということも考えられるのではないか，というふうに思っています。

　大急ぎでやってきましたけど，法医学とは何か，というわけですが，東北大で，私が大学院でご指導いただいた教授の赤石英先生は，「法律に関係のある医学的問題を研究し応用する医学部門であり，基礎医学ではなく社会医学に属し，具体的問題を対象として社会活動をしなければならない」，と述べられています。

　さて，実は私の父親は職業歌人でした。これはちょうど私が大学に合格した時に作っておいてくれた歌です。
「人みなのいのち尊ぶ医師となれよ単に金の為の技術者となるな」
　ということで，私，臨床医にはならなかったので，人の命を救うというわけにはいかなかったのですが，職業として，司法解剖等を通して，一応父親の意思には添えたのかな，というふうに考えています。26年間になりますかね，早稲田大学で講義をさせていただきましたので，本年（2024年）1月15日の法科大学院の講義が最後となります。教室の前の方の席はまだ少し空いておりますので，もし興味のある方は来ていただいても結構です。今日はここまでということにいたします。

甲斐先生はじめ，皆様ご清聴ありがとうございました。

◆ **2** ◆
# 第54回日本医事法学会研究大会

加藤　摩耶

I　はじめに
II　公募ワークショップ及びミニワークショップ①〜④
III　個　別　報　告
IV　ポスター発表
V　シンポジウム
VI　おわりに

## I　はじめに

　第54回日本医事法学会研究大会は，2024年10月19日（土）及び20日（日）の二日間にわたり，広島大学東千田キャンパスの未来創生センターにおいて開催された。大会長は秋野成人会員（広島大学），実行委員長は神野礼斉会員（広島大学）であった。

　第54回大会は，1日目に公募ワークショップとミニワークショップ（①〜④）が行われ，翌2日目に総会と4つの個別報告，3つのポスター発表が行われ，午前から午後にわたりシンポジウムが開催されて幕を閉じた。その内，ミニワークショップ②〜④を除いた他の演題については動画配信もなされた。

　本稿は，プログラムの順に従って，その概要について紹介するものである。周知のように，医事法学会は『年報医事法学（以下「年報」と記す）』という学会誌を例年9月に発行しており，そこに前年の研究大会の内容について報告者自身による原稿が掲載される。したがって9月まで待てば，私たちは年報に掲載されたそれらを読んでその詳細な内容を確認することが出来る。そこで本稿の存在意義が問われるが，昨今の医療をめぐる諸問題の情勢は目まぐるしいので，速報的にその概要をここに紹介することが時事的な関心を有する読者に資するかもしれない。本稿は（紙幅の都合もあり）あくまでも雑駁な「概要」にとどまらざるを得ず，それが年報との相違である。しかも，本稿は筆者の能力不足により，おそらく誤解に基づく記述や記すべき内容の遺漏を避けることが出来ない。それゆえ，年報発行後は年報を併せ確認していただくべきであることを強く申し添えたい。

## II　公募ワークショップ及びミニワークショップ①〜④

### 1　公募ワークショップ「法曹・医師養成教育以外での医事法や生命倫理教育の役割と意義」

　　企画責任者：瀬戸山晃一会員（京都府立医科大学）

　医事法学の発展においては教育を通じた次世代育成が肝要である。医事法教育については本学会22年，23年大会においてそれぞれ医師養成と法曹養成の場におけるそれについて検討されてきた。今年度は上記以外の場での意義について検討し，示唆・展望を得たいとの，瀬戸山会員による企画趣旨説明がなされた。

　まず，畑中綾子会員（尚美学園大学）より，法学部以外の学部（総合政策学部）での例として報告がなされた。学生は価値観も基礎知識も多様であり，多様性を認める見解を良しとして議論が深まらず終わってしまう傾向がある。医事法は命や病気・障害等に関する内容で感情が揺さぶられとっつき易く，法律知識が無く

〈第2部〉 2 第54回日本医事法学会研究大会〔加藤摩耶〕

ても自分なりの意見が言いやすい面もあるので，マイノリティや弱者の思いを追体験しつつ，批判的視点を備えた議論を行う訓練の場と捉えられる。

次に，薬学部教育の観点から十万佐知子会員（武庫川女子大学）による報告がなされた。薬学部生が医事法や倫理を学ぶ理由として，国試にいわゆる禁忌肢が導入されたこと，国試に法規・制度・倫理に関する問題が30題出題されることがある。しかし，薬学部生は国試に向け「答えのある」勉強をするが，卒業すれば「答えのない」世界（やるべきか・やっていいのかが問われる世界）に旅立っていくのであり，答えのない問題を考える授業として倫理と法を勉強する意義がある。現場を知る医療者だけではなく，法の専門家双方による教育がより望ましい。

法学部での例として小西知世会員（明治大学）から報告がなされた。近年，学生も多様化し法律学の面白さを理解せず，法律学＝暗記と誤解し考えることに不慣れな法学部生も多くいる。医事法学は身近でとっつきやすい面と，法律基本科目すべての基本的理解を要求する難しい専門応用科目であるという二面性を有し，医事法学の学際性と上述の点を加味して講義を構成する必要がある。社会的には倫理審査委員など，医事法学の知見に対する需要は大きいにもかかわらず，医事法学の体系や原理が確立しておらず，学問として軽んじられる傾向があり，伝統法領域に対抗する上ではこれらを明らかにしていくことが不可欠であろう。

指定コメントとして廣瀬清英会員（岩手医科大学）から，医科大での実情を踏まえ，教育の方法論の確立や医事法専門家養成，質保障の観点から医事法の標準化・体系化の必要性が指摘された。フロアからは，医歯薬とその他学部の試験の相違や，教養としての医事法の意義，医学部が医事法に求める内容を提示できていないこと，本ワークショップがより具体的な方向性を示すべきことなどが指摘された。

## 2　ミニワークショップ①「離婚後の共同親権と子の治療」
　　企画責任者：永水祐子会員（桃山学院大学）・磯部哲会員（慶應義塾大学）

民法改正により離婚後の共同親権の制度が始まるが，親権者が医療同意権を有しているため，新制度開始後医療従事者はどのような対応を求められるか，生じうる問題点は何か，というのが本ミニワークショップの主題である。

まず永水会員より，関連判例（大津地判令和4年11月18日）と改正法の内容が紹介され，問題状況について説明がなされた。すなわち，子の手術につき別居中の親権者の同意を取らなかったことが不法行為に該当するとした上記判例によれば，親権者間の意向に対立がある場合や，病状等に照らし緊急性があるといった特段の事情がない限り，両方の親権者から同意を得なければならないとされた

が，そのような「特段の事情」を誰がどう判断するのかは明らかでなく，その判断を担った医師が事後的に責任を問われかねないとすれば大きな不利益を被ることになる。この点，改正後の民法824条の2は例外的に単独で子の医療への同意が出来る場合を定めたが，同条1項3号（急迫の事情のある場合）と3項（家裁が父母の一方が単独で同意できることを認める場合）の適用に際し，緊急性判断は誰が行うのか，また家裁の関与が必要な場合とどう区別するのかといった点で問題となり，「急迫の事情」「子の利益」の意味をより明確にする必要がある。また親権を行使できない側の親に対して，なお医療者側は説明等何かする必要はあるのか。

これに対し，フロアから医療実務の現状について言及された。ICのために医療者側から両親双方に個別にアプローチしないといけないとすれば大変だが，そもそも共同親権はこれまで医療の場面以外でも意識されておらず，今後の行方如何といった指摘や，家裁がどのような場合に介入し，どうやって何を判断するのか不透明であること，ガイドライン作成の留意点などが議論された。

## 3　ミニワークショップ②「死因究明制度をめぐる今日的課題」
　　企画責任者：磯部哲会員（慶應義塾大学）・米村滋人会員（東京大学）

磯部会員，米村会員から，死因究明等推進基本法（2019年）に基づく死因究明等推進計画検証等推進会議報告書（2024年）が公表され，死因究明制度の種々の問題点が指摘されたことを受け，同制度の現状と背景，改善の方向性等を議論するという本企画の趣旨が説明された。

池田典昭会員（九州大学名誉教授）によれば，死因究明等推進基本法施行後も，異状死体の届出（医師法21条）が死因究明の端緒となっており，犯罪性が否定された場合には死因究明に向けた解剖が行われないという従前の運用に変化がなく，解剖率の低さも顕著である。また，多様な種類の解剖が別個の法律で規定されており，混乱の一因となっている。解剖件数を増加させ，死因究明制度を改善していくには，当然，費用負担の問題も生じる。死因究明が犯罪捜査目的に尽きるものでなく，死者の尊厳や公衆衛生の保護，社会保障，保険等の問題も伴うものであることを正しく認識することが必要である。

天田悠会員（香川大学）によれば，死因究明制度に関する医事法学会の議論は1984年に始まり，統一的・一元的な死因究明制度の創設が目指されてきたものの，未だ実現されていない。その障壁の1つが，「検案」と「解剖」という中核概念にまつわる法的問題にある。「検案」には医師法，刑訴法，戸籍法，死体解剖保存法など目的や文脈を異にするものがあり，「解剖」にも司法解剖，行政解

剖のほか，遺族の承諾を得て行う解剖，警察署長権限により行われる新法解剖などがあるにもかかわらず，個別の検案や解剖について十分な議論が行われていない。

両報告を受けて，死因究明制度の活性化に向けて，本制度の目的（が犯罪捜査に尽きないこと）を再確認すべきであるなど，議論が交わされた。

## 4　ミニワークショップ③「日常診療における応招義務と患者対応」

　企画責任者：水沼直樹会員（東京神楽坂法律事務所・東邦大学）

　水沼会員により報告がなされた。まず，応招義務の歴史的展開が示され，現在諸外国に我が国のような応招義務規定は存在せず，どのような由来に起因するのか定説はないものの，規定は明治初期の醫制・旧刑法から始まり，戦前は刑事罰を擁していたが現在は公法上の義務（私法上の義務ではない）と位置づけられており罰則は存在しない。応招義務の趣旨は医療独占と患者保護をその本質とする説，医業の公共性・健康権に由来するという説，医療アクセス保障とする説がある。「正当な事由」の解釈につき，判例においては，戦後から平成初期は緊急性を有する事案において医療機関側の事情を顧慮する事案が多かったが，平成・令和期は緊急性はなく，患者と医療者間での信頼関係が破綻したケースが多く，患者側の事情を主に顧慮している。近時の裁判においては，信頼関係の喪失，緊急性の有無，代替医療機関の存在という3要件が考慮されているようである。

　フロアからの指摘により，応招義務違反による厚労省による処分がこれまでにあったのかどうか，罰則がないことによる実効性や水道法における契約拒否等との整合性，また契約上権利義務関係の文脈にある応招義務と，公法上の応招義務が観念されるとして，両者をどう位置づけるか等が議論された。

## 5　ミニワークショップ④「身体への侵襲を受けない自由」

　企画責任者：野崎亜紀子会員（獨協大学）・中山茂樹会員（京都産業大学）

　まず野崎会員より，企画趣旨が説明された。すなわち，最大決令和5年10月25日（性別変更における手術要件が違憲とされた性同一性障害特例法事件）と最大判令和6年7月3日（不妊手術の強制を違憲とした優生保護法事件）において，身体への侵襲を受けない自由が，人格的生存に関わる重要な権利として憲法13条によって保障されると判示されたことを契機として，その意義と，このことが医事法領域に与える影響，その展開可能性について検討したい，というものである。

　これを受けて，中山会員から憲法学の観点から以下の提題が示された。すなわち，上記各の判例において，性別変更断念か手術かという過酷な二者択一を迫

もので過剰な制約であるとか，優生目的によって不妊手術の同意を求めるということ自体が許されないということが指摘されたが，このことの根本には身体の完全性（統合性）の保障が基礎にある。公権力による個人の身体への侵襲に際し，本人の意思に反しないことを求める原則は，その内容を意思決定の自由と客観的身体利益（身体的基体）に切り分けるのか否かが民・刑事上も問題とされている。さらに，裁判所は不可侵性に限って権利を認めており，自己決定により身体を積極的に処分する自由については言及しておらず，今後両者の関係について議論があることが望ましい。

　フロアからは提題の最後の部分に関して，不可侵性と身体の処分権は区別したほうが，医学的に適切な治療を拒否し不適切な治療を受けることの問題を考える上で妥当ではないか，強制でない予防接種についてどう考えるべきか，治療拒否権や終末期における患者の自己決定との関係等について言及・議論がなされた。

## Ⅲ　個別報告

### 1　「院内急変への対応と組織過失論」大下宗亮会員（愛媛大学）

　入院患者の急変に際しての見逃し（急変前に悪化の徴候を見逃していること）事例につき，医療者個人の過失ではなく，見逃しを回避する実効性ある体制を構築していなかったという組織の不注意を問うということが可能か，組織にそのような義務があるかを検討する。ところで，大川小学校控訴審判決は津波襲来以前の平時における危機管理体制の不備による組織過失を肯定しており，かような学校防災と入院急変は①災害と傷害がいずれも人為的介在なく生じること，②防止の為に法的義務が存在していること，③事前対応の重要性の認識が形成されている，という点では共通しており，①被害者の多寡，②対応者の専門性の有無という点では相違がある。被害者の多寡や専門性の有無にかかわらず，不備は適切な連携によって補完されるべきであり，組織過失論は院内急変のケースにおいても導入しうる。

　フロアからは義務負担者の分散が生じているかの検討が必要なのでは，組織過失論において義務主体や義務内容をどう考えるかといった質疑が投じられた。

### 2　「ハンセン病家族訴訟における損害論」岡本友子会員（熊本大学）

　ハンセン病問題は熊本の社会的課題の一つであり，最近の全国意識調査でハンセン病の歴史認識が未だ不十分であることが示されたところである。国家賠償請求の認容に加えて，熊本地裁令和元年6月28日判決によって，患者家族が被った損害の賠償が初めて認められ，社会復帰支援策を行う旨の政府声明がなされ，立

法も行われた。同判決では人格権の具体的な一内容として「平穏生活権」を認めている。損害論として包括一律請求となれば賠償額の定額化・低額化という問題が生じうる。従来見過ごされがちであった「生活の基盤である居住地域で平穏に暮らす」という環境的利益自体を奪われたことによる損害賠償を積極的に位置づけ、救済の在り方を検討したい。

フロアから、医事法学会がこれまでハンセン病問題に対して何を行ってきたか、平穏生活権の侵害カテゴリーは何かといった点が言及された。

3 「機能性表示食品を巡る法的問題と法制度設計・序説
　　――『紅麹』関連サプリメントによる健康被害を契機として」
　　神坂亮一会員（川村学園女子大学）

現状、機能性表示食品（サプリメント）は医薬品ではないので食品衛生法上の食品に分類される。今般の紅麹事案を契機として「機能性表示食品を巡る検討会報告書」において、健康被害情報の行政官庁への届出と製造・品質管理等に関して提言がなされたが、そもそも機能性表示食品制度が規制緩和とセルフメディケーション実現を目的とした制度であることを前提として、対応する法制度設計を考える必要がある。まずサプリメントの法的定義を明らかにし、医薬品と食品の中間にあたるものと位置づけた新法を制定し、そこにアメリカのサプリメント健康教育法やそれに関する議論を参考にしつつ、GMPによる適切な管理、健康被害報告の義務化、サプリメント教育・情報提供の司令塔設置を盛り込むことを提案する。

フロアからは、サプリメントの製造販売は会社の規模や開発・製造過程にも相当の差があり同一法枠組みでの対応が可能なのかという点、ある一つの成分が機能性食品として認定されるとそれを混ぜるだけですべて機能性食品とされてしまうことへの法規制の是非、紅麹問題はコンタミによる被害であって機能性食品への規制の問題ではないのではという指摘、消費者に対する教育啓発についての重要性、厚労省か消費者庁かという行政庁の縦割りの問題に言及がなされた。

4 「仮名加工医療情報の本人同意のない二次利用法案の理論的基礎」
　　鈴木正朝会員（新潟大学）

医療AIや創薬などの研究開発に活用するため、患者の要配慮個人情報である仮名加工医療情報の二次利用（一次利用は本人の治療や健康管理のために利用することをいうが、二次利用はそれ以外の目的のための利用のこと）を本人の同意なく可能とすれば、量・質的に充実したデータが得られ、研究者がこれを活用しやすく

なる。同意不要とするためには，患者のリスクの内実，法的な理論的基礎が確認されねばならない。個人情報保護法は個人の権利利益保護を目的としているが，権利利益を侵害せずリスクを低下させ相応の担保を図るなら同意不要を導きうる。しかし，そこでの一次利用は「不利益利用の禁止」という形で限定されたとしても認められるべきではない。また，憲法における自己情報コントロール権説に依ればプライバシーに属する医療データの二次利用は許容できず，オプトアウト手続を経たとしても論理的に整合しない。統計法に準ずる形で二次利用を可とし法制化すべきである。

　フロアからは，憲法学説の他の学説での整理はできないかという点，不利益利用の禁止の反対解釈の内容について，また国民の理解促進・醸成の必要性について言及がなされた。

## Ⅳ　ポスター発表

### 1　「歯科衛生士養成課程における法と制度に関する教育の現状
　　── 教科書分析からの考察」
　　　柴野荘一会員（医療創生大学歯科衛生専門学校他）

　歯科衛生士の教育においてほぼ独占的に用いられている教科書『歯・口腔の健康と予防に関わる人間と社会の仕組み2　保険・医療・福祉の制度』（医歯薬出版株式会社，2023年）の記述内容を分析し，そこでの法教育に関する現状と課題が示された。すなわち，法学の勉強の入り口で実例や歴史を示し，学生の興味関心を引くべく丁寧に叙述すべきであること，医行為の理解のため医師法を項目として取り上げるべきであること，医業類似行為と医行為との相違が理解されにくい記載になっていること，実務において生じうる法的責任に関する記述も不十分であることから，これらを充実させ理解を深めることで衛生士に過度な萎縮を生じさせないようにすることが望ましい。これに対してフロアからは，法教育の時間数や，教科書の執筆者はどういう属性の人かといった質問が投げかけられた。

### 2　「障害者権利条約初回対日審査後の精神保健福祉法
　　── 一般医療と共通の法律での運用について」
　　　高嶋里枝会員（国立精神・神経医療研究センター精神保健研究所）

　精神保健福祉法に関し，国連の障害者の権利に関する委員会による総括所見が示されたところ，その内容は，①意思決定の代行の廃止，②非自発的入院・非自発的治療の廃止，③精神科医療の一般医療エリアからの分離の廃止，を勧告するものであった。これは日本の精神保健福祉法制の抜本的改革を促すものであり，

精神保健から強制の要素を排して一般医療と共通の枠組みで考えなければならないとすれば，精神保健分野の人間だけでこの問題を考えるのは適切でなく，ここで問題を共有・提起したい。これに対して，医療保護入院の基準が不明確で問題があることはかねてから指摘されており，現在の精神保健福祉法制のどういった点が問題なのか，より具体的に示してほしいとの指摘がなされた。

## 3　「人生の終末期における人工的水分・栄養補給療法の選択の実際 ── 家族の関わり方を中心に」

　　　　　肥田あゆみ会員（明理会東京大和病院他）

　終末期に経口摂取困難となった患者に実施される人工栄養・栄養補給療法（AHN）の実施に際し，患者本人の意思の確認ができない場合，家族と複数回面談を行いAHNの種類とそれぞれのメリットデメリットについて説明を行った上で，家族固有の意思と離れて患者の意思を推定してもらうよう努めているが，前の主治医が独断で行ったAHNをやむを得ず引き継ぐパターンや，本人は希望しないだろうと考えつつも，家族が心の準備が出来ていないからとAHNを実施せざるを得ず人権が損なわれていると感じられるパターンもある。今年度から診療報酬の改定でアドバンストケアプランニング（ACP）や身体拘束最小化の取り組みも評価対象となることから，AHNの差し控え中止の論点も改めて検討される必要があると考えられる。これに対し，地域ACPの推進が望ましいが，医師にも国民にもACPがなかなか浸透していない現状や，胃瘻の実情等が議論された。

## V　シンポジウム

### ■科学的エビデンスの不明な自由診療 ── がん治療を中心に

　　　企画担当：一家綱邦会員（国立がん研究センター），五十嵐裕美会員（西荻法律事務所），小谷昌子会員（神奈川大学），佐藤雄一郎会員（東京学芸大学）

　まず，一家会員より企画趣旨説明がなされた。保険適用の医療は，国が安全性・有効性のエビデンスを審査し承認した医療であるが，自由診療はそうした制限のない治療である。Evidence-Based Medicine（EBM）の考え方に拠らない「安全性・有効性が確立していない医学的方法を営利目的で患者に用いる活動」が自由診療としてなされ，これが問題となる。特にsciensploitationと呼ばれる，治療応用の根拠がないが，現代医学の（それ自体は正しい）アイデアを利用することによってもっともらしく見せかける搾取の在り方がより悪質である。これは，患者に対する搾取であると同時に，医学・医療に対する，また社会に対する搾取でもある。今回はがんの自由診療の問題に限定して議論をするが，解決の

方向性として，①当該医療行為への規制，②医師患者間の IC または Shared Decision Making に基づく対応，③医療行為に伴う宣伝行為への規制，④医師・医療者の資格・専門性に関する規制が考えられ，以下の報告は①②④に関連している。
　○「自由診療で提供されるがん治療に関した科学的根拠と具体的対応」下井辰徳氏（国立がんセンター中央病院）
　がんの遠隔転移が顕在化した場合に完全にがんが消失する頻度は非常に少なく，その場合は治療目標をがんを抱えながら元気に生活することに切り替え，緩和治療と薬物療法を行うが，自由診療を行う医師は，標準治療と組み合わせる形でこれを実施すればより高い効果が見込めると喧伝する。ところで，医薬品は，何千人という患者のデータと莫大な費用をかけて開発され，PMDA と厚労省の薬事承認を経てようやく保険適用となるものであって，たった一人の患者への効果の有無でその薬の評価が決まるわけではない。そうした意味で，自由診療のいう「高い効果」は適切な比較検証がなされておらず EBM に基づくものとは言えない。その悪質さは，エビデンスレベルの低い治療を勧め，標準治療と併用することで標準治療の効果を落としている可能性すらあり，副作用を診ることをせず，高額な費用を徴収する上，混合診療に抵触する危険を患者に負わせる不誠実さにある。
　○「なぜ患者は科学的根拠が乏しい医療にすがってしまうのか」轟浩美氏（認定 NPO 法人希望の会）
　患者は初期検査の段階では，まだ悪質医療とつながってはいないが，初期の検査段階で医療者との対話が不十分であり情報にも非対称性があるため，不安に苛まれ過剰に検索をしてしまう（「標準治療」は標準＝並の治療であって，もっといい治療があると勘違いしてしまう）。その結果，自分を安心させてくれる耳触りの良い言葉に安易にのせられてしまう。医療者による動画配信や善意でのそれらの拡散によりインフォデミックが生じて，患者が標準治療の理解から遠のき，本来の治療の機会や効果を逃してしまう可能性が懸念される。日本では，医師と対話できる環境，患者が治療や医薬品開発を理解する場が不足しており，医療者・研究者側にも正しい情報を発信する努力が求められ，Shared Decision Making (SDM) の普及が重要である。
　○「確かな医療・健康情報の発信〜適切に活用される環境を目指して」高山智子氏（静岡社会健康医学大学院大学）
　誤情報があふれ正しい情報にたどり着けない患者のために，①正しい情報を提供し活用しやすくすること，②医師・医療者をサポートすること，③患者の気持

ちに寄り添い，当該患者に不足している情報の理解を促進することが求められる。①に関して，国立がん研究センターはがん情報サービスを提供しているが，正しい情報提供や用語の統一，医療者間の専門性の差異に基づく温度差の調整や，温かみを感じる表現，医療者とのコミュニケーションに役立つ示唆が得られるか等も加味して，大変労力をかけて作成編集されている。②③に関して，病院にがん相談支援センターを設置し全人的相談支援を行うこととしている。これらを実行する課題として，国としてのインフラが不十分であり，持続可能性が問われることや，ネット情報のその先の規制（ネット上に直接悪い情報を書かず，その先はセミナーや電話に誘導するようになっている等）の不備等が考えられる。

○「事後規制たる医療訴訟の可能性とその限界～『自由診療のがん治療』の裁判例を素材に」松井菜採会員（すずかけ法律事務所）

自由診療の治療を受けた事案の民事判例における損害賠償責任を検討する。問題となる注意義務違反の内容は，エビデンスが不明な治療について医療界も厚労省も多額費用も含めて容認してしまっている現状がある以上，裁判所はよほどの事情が無い限り不適切とは判断出来ず，説明義務違反以外認定しづらい。患者を「藁にも縋る患者＝たいした効果はないとわかっていてもどのみちその治療を受ける患者」と解すれば説明の内容は重要でないことになるが，「藁にも縋る患者＝高額費用に見合う効果を期待している患者」と解して，有効性の明示的説明がない以上説明義務違反とすべきである。因果関係に関しても，適切な説明を受けていれば当該診療を受けなかったであろうとの不作為の因果関係論は立証困難であり，そうと推定した上で，被告に反証責任を負わせるべきである。いまだ裁判例が少なく，十分な事前規制もない中で司法による事後規制には限界があるだろう。

○「療法決定における医師の裁量と患者の希望」小谷昌子会員（神奈川大学）

これまで医師の裁量が尊重され，患者の承諾があれば当該医療行為は違法でないとされてきたが，それは安全性有効性がある程度確立された医療が前提となっていた場合の話であり，そうでない場合においては異なるルールが必要なのではないか。患者の自己決定は万能ではなく，それゆえ近年SDMが主張されているがSDMにおいてはその療法決定の責任主体・役割分担が曖昧になる。医学的正当性のない医療の規律を医師患者関係のみに委ねることには限界があり，エビデンスに乏しい療法実施の判断過程を適正にする手続の担保など，医師の裁量に対する事前的規制が必要である。

○「エビデンスに乏しい医療に対する医療専門職集団による規律～それは可能か」手嶋豊会員（神戸大学）

医療専門職集団は高い技能・判断能力と倫理観を備えているものと一般に期待されており地位の保障も厚い。また，医師会や各種学会の参加・所属も強制ではないのでそこにおける地位を失っても医療職としての職務執行に支障はなく，専門職集団による規律が機能しにくい。各種学会も定款の内容や紛争リスクの故か，学会の役割として不適切な医療を指摘する提言をなすことなどに積極的でない。今後考えられる対応策として，関係者の医療リテラシーの向上や，紛争発生時にその責任追及を学会が援助するといったこと，さらに補完代替医療について検討・情報提供する機関の創設などが考えられる。アメリカの National Center for Complementary and Integrated Health（NCCIH）が参考になる。

以上の報告を受けて，フロアからは，許される未確立医療とそうでない療法をどう区別するのか，EBM の本旨の確認，医療者の自浄作用が機能するか，事前規制の可能性等について質疑が投じられた。また，本シンポジウムには NHK による取材も入り，この問題への社会の関心の高まりもうかがえた。

## Ⅵ　お わ り に

総会において，次回の研究大会は藤田医科大学で開催されることが発表された。

本稿の作成にあたり，新谷一朗会員（海上保安大学校）と澁谷洋平会員（熊本大学）の助力を得た。お二人に深謝申し上げるとともに，本稿の不備はすべて筆者に因るものであることを特に記しておきたい。

医事法 ポイント判例研究

〈1〉凍結保存精子を用いた生殖補助医療によって生まれた子が，女性に性別を変更した生物学的な父に対して認知を求めることの可否
最判令和 6 年 6 月21日民集78巻 3 号315頁

神野　礼斉

## I　事案の概要

　Yは生物学上は男性であったが，性自認は女性であったため，性同一性障害者の性別の取扱いの特例に関する法律（以下，「特例法」という）に基づいて性別を変更するため，ホルモン注射の治療を受けるなどの準備を進め，名を変更した。その間，YはA女と交際するようになり，AはYの凍結保存精子を用いた生殖補助医療によって長女Bを出産した。Yは，性別適合手術を受け，Aと婚姻したが，特例法の審判を受けるために，その後離婚した。Yは，Bの出産の事実を家庭裁判所に申告しないまま，特例法 3 条に基づき，女性へ性別を変更した。性別変更後，Aは，Yの凍結保存精子を用いて 2 女Xを出産した。Yは，BおよびXの認知届をしたが不受理とされたので，BとXは認知請求訴訟を提起した。
　第一審（東京家判令和 4 年 2 月28日判時2560号57頁）は，性別変更後のYを民法787条の「父」と解することはできないとし，BX双方の認知請求を棄却した。しかし，原審（東京高判令和 4 年 8 月19日判時2560号51頁）は，認知請求の相手方となるのは生殖機能を有する生物学上の男性と解されるが，Yの性別変更前に出生していたBは，出生時に認知請求権を行使しうる法的地位を取得しており，Bと関係のない事情（Yの性別変更）によってこの地位を失うことは相当でないとして，Bの認知請求のみ認容した（Xの請求は棄却）。Xが上告。

## II　判　旨

　破棄自判。
　「民法の実親子に関する法制は，血縁上の親子関係をその基礎に置くものである。父に対する認知の訴えは，血縁上の父子関係の存在を要件として，判決により法律上の父子関係を形成するものであるところ，生物学的な男性が生物学的な

女性に自己の精子で子を懐胎させることによって血縁上の父子関係が生ずるという点は，当該男性の法的性別が男性であるか女性であるかということによって異なるものではない。

　そして，実親子関係の存否は子の福祉に深く関わるものであり，父に対する認知の訴えは，子の福祉及び利益等のため，強制的に法律上の父子関係を形成するものであると解される。仮に子が，自己と血縁上の父子関係を有する者に対して認知を求めることについて，その者の法的性別が女性であることを理由に妨げられる場合があるとすると，血縁上の父子関係があるにもかかわらず，養子縁組によらない限り，その者が子の親権者となり得ることはなく，子は，その者から監護，養育，扶養を受けることのできる法的地位を取得したり，その相続人となったりすることができないという事態が生ずるが，このような事態が子の福祉及び利益に反するものであることは明らかである。

　また，特例法3条1項3号は，性別の取扱いの変更の審判をするための要件として『現に未成年の子がいないこと。』と規定しているが，特例法制定時の『現に子がいないこと。』という規定を平成20年法律第70号により改正したものであり，改正後の同号は，主として未成年の子の福祉に対する配慮に基づくものということができる。未成年の子が，自己と血縁上の父子関係を有する者に対して認知を求めることが，その者の法的性別が女性であることを理由に妨げられると解すると，かえって，当該子の福祉に反し，看過し難い結果となることは上記のとおりである。そうすると，同号の存在が上記のように解することの根拠となるということはできず，むしろ，その規定内容からすると，同号は子が成年である場合について，その法律上の父は法的性別が男性である者に限られないことをも明らかにするものということができる。そして，他に，民法その他の法令において，法的性別が女性であることによって認知の訴えに基づく法律上の父子関係の形成が妨げられると解することの根拠となるべき規定は見当たらない。

　以上からすると，嫡出でない子は，生物学的な女性に自己の精子で当該子を懐胎させた者に対し，その者の法的性別にかかわらず，認知を求めることができると解するのが相当である」。

## Ⅲ　研　　究

　本件は，凍結保存精子を用いた生殖補助医療によって出生した子であるXが，当該精子を提供した生物学的な父であるYに対して認知を求めたという事件であるが，X出生時にYは特例法に基づき女性へ性別変更をしていた。結果

〈判例研究〉〈1〉凍結保存精子を用いた生殖補助医療によって生まれた子が，女性に性別を変更した生物学的な父に対して認知を求めることの可否〔神野礼斉〕

として「女性である父」を認めることになるこのような認知請求は可能であろうか[1]。

「実親子関係は，身分関係の中でも最も基本的なものであり，様々な社会生活上の関係における基礎となるものであって，単に私人間の問題にとどまらず，公益に深くかかわる事柄であり，子の福祉にも重大な影響を及ぼすものであるから，どのような者の間に実親子関係の成立を認めるかは，その国における身分法秩序の根幹をなす基本原則ないし基本理念にかかわるものであり，実親子関係を定める基準は一義的に明確なものでなければならず，かつ，実親子関係の存否はその基準によって一律に決せられるべきものである」[2]。

通常の強制認知では父の意思に反して父子関係が創設されるが，本件では当事者双方が親子関係の創設を望んでいる。しかし，法律上の親子関係は上記のように公益的な性格を有しており，当事者間の自由な処分が認められるものではない。

## 1 法律上の実親子関係と血縁上の親子関係

わが国の民法の実親子に関する法制は，血縁上の親子関係を基礎に置いて，嫡出子については出生により当然に，非嫡出子については認知を要件として，その親との間に法律上の親子関係を形成するものとし，この関係にある親子について民法に定める親子，親族等の法律関係を認めるものであるが[3]，本判決の第一審も指摘するように，民法の実親子に関する現行法制は，血縁上の親子関係を基礎に置くものであるが，法律上の親子関係と血縁上の親子関係は必ずしも同義ではない。

たとえば，血縁上の親子関係がなくとも嫡出の推定によって法律上の親子関係の形成が認められる（民法772条，777条）。嫡出推定制度の意義は，婚姻関係を基礎として父子関係を推定することで，子について逐一父との遺伝的なつながりの有無を確認することなく，子の出生の時点で父子関係を定め，子の地位の安定を

---

(1) 本判決の評釈として，手嶋昭子「判批」WLJ 判例コラム327号（2024年），白須真理子「判批」法教529号（2024年）121頁，二宮周平「判批」戸時856号（2024年）2頁，森山浩江「判批」法セ増刊（新判例解説 Watch）36号（2025年）79頁，木村淳子「判批」ジュリ1605号（2005年）112頁，熊谷大輔「判解」ジュリ1606号（2005年）93頁などがある。

(2) 最判平成19年3月23日民集61巻2号619頁（代理懐胎子の母は分娩者であり，卵子提供者ではないとした事例）。

(3) 最判平成18年9月4日民集60巻7号2563頁（死後懐胎子と死亡した父との間には法律上の親子関係は認められないとされた事例）。

図ることにある。この制度の意義は，DNA鑑定等が発展した現在でも何ら変わるものではない[4]。最判平成26年7月17日民集68巻6号547頁は，いわゆる「推定の及ばない子」について外観説の立場から血縁関係のない父子間の嫡出推定を維持し，また，最決平成25年12月10日民集67巻9号1847頁は，女性から男性に性別を変更した者とその妻が懐胎した子との間の血縁関係のない父子間の嫡出推定を肯定している[5]。

非嫡出子の父子関係を形成する認知についても，認知の訴えに出訴期間があること（民法787条ただし書），成年に達している子を認知するにはその子の承諾を得なければならないこと（民法782条），胎児を認知する場合には母の承諾を要すること（民法783条1項）などがある。また，令和4年の民法改正では，認知無効の訴えについて，提訴権者が限定され，出訴期間も制限された（民法786条1項）。さらに，認知無効の訴えにおいては，子と父との間に血縁上の父子関係があるかどうかに加えて，社会的な実態としての親子関係が形成されたことがあるかどうかも考慮されている（民法786条2項）。その背景には，子の出生から子が自ら認知無効の訴えを提起するまでの期間中，子を認知した者が子の養育をしていた場合には，子による認知無効の訴えの提起により，子を認知した者は強い喪失感を抱くなど精神的にも著しい不利益を受けることが想定されること，扶養や相続など子を認知した者自身の身分関係にも大きな影響が生じることが想定されること，また，将来，子から認知無効の訴えが提起されるおそれがあるとすると，子との間に生物学上の父子関係がないことが明らかになった後，子を認知した者が子を養育する意思を失うなど，かえって子の利益が害される事態が生じる懸念などがある[6]。

以上のことからも，法律上の実親子関係については，血縁上の親子関係のみならず，子の利益の保護，当事者の意思，身分関係の安定など諸般の事情も考慮に入れた上での慎重な判断が求められている。

## 2　生殖補助医療によって生まれた子の親子関係

ところで，父母の性交渉ではなく，凍結保存精子を用いた生殖補助医療によっ

---

（4）佐藤隆幸『一問一答　令和4年民法等改正 ── 親子法制の見直し』（商事法務，2024年）19頁。

（5）ただし，AIDによって子をもうけることについては，子の将来における精神的な負担などなお慎重な検討を要するように思われる（水野紀子「性同一性障害者の婚姻による嫡出推定」加賀山還暦『市民法の新たな挑戦』（信山社，2013年）601頁）。

（6）佐藤・前掲注（4）108頁。なお，嫡出否認においても，社会的な実態としての親子関係の意義を考慮した規定がある（民法778条の2第2項本文）。

〈判例研究〉〈1〉凍結保存精子を用いた生殖補助医療によって生まれた子が，女性に性別を変更した生物学的な父に対して認知を求めることの可否〔神野礼斉〕

て生まれた子も，民法787条の「子」として認知請求権を有するのか。令和2年12月に制定された「生殖補助医療の提供等及びこれにより出生した子の親子関係に関する民法の特例に関する法律」もこれについては何も定めていない。しかし，本判決の原審は，「性交渉によっては生殖ができない夫が妻との間の子をもうけることを目的として自己の凍結保存精子を提供し，妻が生殖補助医療により夫との間の子を懐胎して出産する場合と同様に，性交渉によっては生殖ができない男性が特定の女性（例えば内縁関係にある妻）との間の子をもうけることを目的として自己の凍結保存精子を提供し，当該女性が生殖補助医療により当該男性との間の子を懐胎して出産したという場合においては，当該男性は子との父子関係の形成を目的として自己の凍結保存精子を提供しているもので，子にとっても，当該男性との間に法律上の父子関係の成立が認められることは，その福祉にとって重要なことである」とし，これを肯定する(7)。

### 3 性別変更と実親子関係

本件では，XとYとの間で血縁上の父子関係は認められるが，Yは特例法に基づいて男性から女性に性別を変更している。このような場合でも，Yは民法787条の定める「父」と認められるのか，父の性別変更が民法上の父子関係にどのような影響を与えるかが問われなければならない。

特例法における「性同一性障害者」とは，生物学的には性別が明らかであるにもかかわらず，心理的にはそれとは別の性別であるとの持続的な確信を持ち，かつ，自己を身体的及び社会的に他の性別に適合させようとする意思を有する者であって，そのことについてその診断を的確に行うために必要な知識および経験を有する2人以上の医師の一般に認められている医学的知見に基づき行う診断が一致しているものをいう（特例法2条）(8)。

(a) 性別変更の要件（特例法3条1項）

性別変更の要件は，特例法3条1項によれば，性同一性障害と診断された者で，①18歳以上であり（1号），②現に婚姻をしておらず（2号）(9)，③現に未成年の子をもたず（3号），④生殖機能を永続的に欠く状態にあり（4号），⑤他の

---

(7) なお，精子がその提供者の意思に反して用いられた場合にもその父子関係の成立を認めることができるかについては別途検討を要する（本判決の尾島明裁判官の補足意見参照）。
(8) 性別の取扱いの変更の審判の令和5年の新受件数は934件，認容率は98.1％である（令和4年はそれぞれ912件，98.3％であった）。
(9) 同性婚の状態が生ずることを回避することがその趣旨であるが，近時，同性婚を認めない現在の民法の規定などが違憲であるとの高裁の判断が続いている。

性別に係る身体的外観を備えている（5号）[10]ことである[11]。

（ⅰ）3号要件　このうち，3号要件の趣旨は，「女性である父」や「男性である母」が生じることになれば，男女という性別と父母という属性との間に不一致が生ずることとなり，これを法や社会が許容できるかという問題，また，子に心理的混乱や不安などをもたらしたり，差別やいじめなどを生じたりしかねないことにある。もっとも，平成20年改正によって，特例法3条1項3号の「現に子がいないこと」は，「現に未成年の子がいないこと」に改正された。3号要件が完全に撤廃されなかったのは，「肉体的にも精神的にも未成熟な未成年の子に心理的な混乱や不安等をもたらし，親子関係等に影響を及ぼしたり，未成年の子を取り巻く学校や生活環境等の中で差別等を生じたりすることを回避する必要性」が考慮されたものと考えられる[12]。しかし，成年に達した子にとっては，当初男性であった父が女性になる，当初女性であった母が男性になる可能性が開かれることとなった。

（ⅱ）4号要件　また，4号要件の趣旨は，性別変更の「審判を受けた者について変更前の性別の生殖機能により子が生まれることがあれば，親子関係等に関わる問題が生じ，社会に混乱を生じさせかねないことや，長きにわたって生物学的な性別に基づき男女の区別がされてきた中で急激な形での変化を避ける等の配慮」にある[13]。ところが，最決令和5年10月25日民集77巻7号1792頁（以下，「令和5年決定」という）は，4号要件は「身体への侵襲を受けない自由に対する重大な制約に当たる」として，違憲の判断を下した[14]。令和5年決定は，立法時に懸念されていた社会の混乱や急激な変化については，「性同一性障害を有する者は社会全体からみれば少数である上，……生殖腺除去手術を受ける者も相当

---

[10] 他の性別に係る外性器に近似するものがあるなど外観がなければ，例えば公衆浴場で問題を生じるなど，社会生活上の混乱を生じる可能性があることがその趣旨であるが，4号要件を違憲とした後述の最高裁の令和5年決定では，3名の裁判官が5号要件も違憲であるとの反対意見を付している。
[11] 各要件の趣旨について，南野知惠子監修『解説 性同一性障害者性別取扱特例法』（日本加除出版，2004年）129頁以下参照。なお，各要件を批判的に検討するものとして，渡邊泰彦「『性同一性障害者の性別の取扱いの特例に関する法律』の概要と問題点」ケース研究340号（2021年）18頁以下参照。
[12] 神戸家尼崎支審令和2年2月10日家判38号45頁。
[13] 最決平成31年1月23日判時2421号4頁。
[14] 性別適合手術である生殖腺除去手術としては，生物学的男性である性同一性障害者が女性への性別の取扱いの変更を求める場合には，精巣摘出術，陰茎切除術，生物学的女性である性同一性障害者が男性への性別の取扱いの変更を求める場合には，卵巣摘出術，子宮摘出術，尿道延長術，膣閉鎖術等を受けることが考えられる。

〈判例研究〉〈1〉凍結保存精子を用いた生殖補助医療によって生まれた子が，女性に性別を変更した生物学的な父に対して認知を求めることの可否〔神野礼斉〕

数存在することに加え，生来の生殖機能により子をもうけること自体に抵抗感を有する者も少なくない」ことからすれば，「性別変更審判を受けた者が子をもうけることにより親子関係等に関わる問題が生ずることは，極めてまれなことであると考えられる」こと，「平成20年改正により，成年の子がいる性同一性障害者が性別変更審判を受けた場合には，『女である父』や『男である母』の存在が肯認されることとなったが，現在までの間に，このことにより親子関係等に関わる混乱が社会に生じたとはうかがわれない」こと，また，「特例法の施行から約19年が経過し，これまでに1万人を超える者が性別変更審判を受けるに至っている中で，性同一性障害を有する者に関する理解が広まりつつ」あることなどを挙げて，4号要件が欠けることで「社会全体にとって予期せぬ急激な変化に当たるとまではいい難い」とする。最高裁は，「極めてまれなこと」としつつも，性別変更前の性別の生殖機能により子をもうける余地を認めたといえる。

　(b) 性別変更の効果（特例法4条）

　特例法4条は，性別変更の審判の効果について定めている。

　（ⅰ）1項　　特例法4条1項は，性別変更の審判を受けた者は，民法その他の法令の規定の適用については，法律に別段の定めがある場合を除き，その性別につき他の性別に変わったものとみなす旨を規定する。この規定によれば，Yは審判を受けた後は民法上女性とみなされる。そこで，Xらは，母子間の法律上の親子関係の原則が分娩の事実により当然に発生するとしても，性別の取扱いの変更の審判を受けた者が「母」として認知することも妨げられないと主張した。法的性別が女性となった者が「母」として認知することは許されるのか。

　最判昭和37年4月27日民集16巻7号1247頁は，「母とその非嫡出子との間の親子関係は，原則として，母の認知を俟たず，分娩の事実により当然発生すると解するのが相当である」とする。さらに，前掲最判平成19年3月23日は，「民法には，出生した子を懐胎，出産していない女性をもってその子の母とすべき趣旨をうかがわせる規定は見当たらず，このような場合における法律関係を定める規定がないことは，同法制定当時そのような事態が想定されなかったことによるものではあるが，……実親子関係が公益及び子の福祉に深くかかわるものであり，一義的に明確な基準によって一律に決せられるべきであることにかんがみると，現行民法の解釈としては，出生した子を懐胎し出産した女性をその子の母と解さざるを得」ないとしている。子を懐胎・出産していないYを「母」として，YとXとの間に母子関係を認めることはできないであろう。

　（ⅱ）2項　　特例法4条2項は，性別の取扱いの変更の審判が確定したとしても，審判前に生じた身分関係等に影響を及ぼすものではない旨を規定する。こ

れは，性別変更の審判の効果は，過去に遡及するものではなく，すでに生じた身分関係や権利義務は従前のとおりであるということである。そこで，Xらは，この特例法4条2項が類推適用され，Yの性別変更前の地位が消滅するわけではないとして，Xは認知請求権を行使できる旨を主張したが，本判決の原審は，Xは性別変更後に出生した子であるので，この前提を欠いているとした。認知の訴えが形成の訴えであるとすれば，子の出生時の認知者の性別を基準として認知請求の可否を判断せざるを得ないと原審は考えたものと思われる。

ところが，本判決は，「生物学的な女性に自己の精子で当該子を懐胎させた者に対し，その者の法的性別にかかわらず，認知を求めることができる」とし，特例法による法的性別の変更は，認知請求権には何ら影響を及ぼさないとの解釈をとった。すなわち，法律上の父母という属性と，男性，女性という法的性別との間に不一致が生ずることを正面から認めたことになる。

### 4 「女性である父」との父子関係の創設

民法787条に定める認知の訴えは，嫡出でない子と血縁上の父との間において法律上の父子関係を形成することを求める訴えである。民法制定当時には，ここでいう「血縁上の父」は，性交渉によって子の母を懐胎させた者を指しており，精子の形成や射精などの生殖機能を有する生物学的な男性であることは明確であったように思われる。しかし，生殖補助医療の技術が進歩し，特例法が施行されるなどしたことで，法的性別が女性である者が自己の精子で生物学的な女性に子を懐胎させ，当該子との間に血縁上の父子関係を有するという事態が生じ得ることとなった。

(a) 社会の混乱

本判決の尾島明裁判官の補足意見は，「法的性別が女性である，未成年の子の法律上の父」が生ずることとなる場合に生ずるおそれがあり得る家族秩序の混乱として想定されているものも具体的なものとはいい難いとする。しかし，令和5年決定の原審が述べるように[15]，民法779条の「父」に「法律上の性別取扱いが女性である父」を含むとの解釈が定着しているともいえず，現在の社会状況が「父である女性」を問題なく容認する状況に至っているともいえず，現時点においては，社会の混乱を生じさせることがなく，戸籍実務の問題が残るにすぎないとまで断ずることができる状況とはいえないとの見方もありえよう。

---

(15) 広島高岡山支決令和2年9月30日家判49号64頁。

〈判例研究〉〈1〉凍結保存精子を用いた生殖補助医療によって生まれた子が，女性に性別を変更した生物学的な父に対して認知を求めることの可否〔神野礼斉〕

(b) 子の福祉

本判決は，子 X が自己と血縁上の父子関係を有する Y に対して認知を求めることができないことは「当該子の福祉に反し，看過し難い結果となる」とする。最判平成18年9月4日民集60巻7号2563頁（以下，「平成18年判決」という）の事案は，本件と同様，凍結保存精子を用いた生殖補助医療によって出生した子が認知を求めた事案であったが，子は死後懐胎子であった。平成18年判決は，「死後懐胎子については，その父は懐胎前に死亡しているため，親権に関しては，父が死後懐胎子の親権者になり得る余地はなく，扶養等に関しては，死後懐胎子が父から監護，養育，扶養を受けることはあり得ず，相続に関しては，死後懐胎子は父の相続人になり得ない」ことなどから，「死後懐胎子と死亡した父との関係は，……法律上の親子関係における基本的な法律関係が生ずる余地のないものである」として，法律上の親子関係の形成を認めなかった。しかし，本件の事案では，子は「監護，養育，扶養を受けることのできる法的地位を取得したり，その相続人となったりすること」ができる。

もっとも，令和5年決定の原審が述べるように，現在の社会が生物学的な性別に基づく男女の区別に捉われずに心理的な性別に基づく男女の区別を受容するような状況に至っているとは言い難いとすれば，学校等の社会において「女性である父」の子として生活していかなければならないことが未成年者の子の福祉を害するとの見方もありえよう。しかし，本判決は，性同一性障害者等を取り巻く社会的環境への不安よりも，法的実親子関係の創設をより重視したものと思われる。


5　結びに代えて

特例法の3号要件が「現に未成年の子がいないこと」に改正され，さらに4号要件について違憲判断が下された現在，凍結保存精子を用いた生殖補助医療によって生まれた子が女性に性別を変更した生物学的な父に対して認知を求めることを否定することはもはやできないように思われる。

最高裁の実態調査によれば，4号要件について違憲判断が下された令和5年10月以降，手術をせずに性別を変更した者が少なくとも33人いるという[16]。今後こうした方向に進むとすれば，女性から男性に性別変更した者が子を出産するこ

---

(16) 中国新聞2024年11月4日朝刊1面。この調査によれば，令和6年1月から9月に性別変更が認められた者は790人おり，うち33人は審判書の記述から手術を受けていないことが明確で，実際にはさらに多い可能性もあるという。また，性別変更の件数自体もこれまでよりも増えているという。

と，すなわち，「分娩する男性」が存在することになり，この場合の親子関係はどのように成立するのか，分娩の事実によって成立するのか，との問題も生じてくる[17]。

静岡家浜松支審令和5年10月11日賃金と社会保障1841＝1842号88頁は，「仮に生物学的には女性である者が，男性への性別の取り扱いの変更を申し立て，当該性別の取扱いの変更の審判がされて戸籍上の父母との続柄が更正された後に，子を出産した場合に，当該子自身の母の続柄欄の記載に特にその性別が記載されるわけではない。戸籍の記載上，性別の取扱いの変更により男性として取り扱われることとなった者や，同様に女性として取り扱われることとなった者については，審判前に性別の取扱いの変更の効果が遡るわけではなく（特例法4条2項），父母との続柄上，当初は男性あるいは女性として戸籍に記載された者について，戸籍の更正により異なる性別として記載されるに至った経過は戸籍の記載から分かることであるから，戸籍の記載上の性別自体による社会の混乱のおそれがあり得るとしても，実際上は相当程度限られた場面に関するもの」だとする。

性の多様性についての社会の理解が今後さらに広まるとともに，性別変更前の生殖機能により子をもうけた場合の法律上の親子関係や戸籍への記載方法等についての立法措置が必要となろう。

---

(17) 性別変更前の性別の生殖機能により子が生まれた場合の法的親子関係について論ずるものとして，石嶋舞「性同一性障害者特例法における身体的要件の撤廃についての一考察」早法93巻1号（2017年）79頁，大島梨沙「性別の取扱いの変更前の性別による生殖機能によって性別変更後に子が生まれた場合の法的親子関係」新潟52巻2号（2019年）1頁参照。

医事法 ポイント判例研究

〈2〉統合失調症の治療のため任意入院した患者が無断離院をして自殺をした場合において，病院の設置者に無断離院の防止策についての説明義務違反が否定された事例
最判令和5年1月27日判例時報2578号5頁

西山健治郎

## I 事案の概要

1 Aは，平成8年8月，Y県が設置する病院（以下，「本件病院」という。）を受診し，統合失調症と診断され，過去6回，精神保健及び精神障害者福祉に関する法律（以下，「法」という。）22条の3及び4（平成25年法律第47号による改正前のもの。現行法20条及び21条）による任意入院（患者の同意に基づく入院）をした。上記各入院中，Aが自傷行為や自殺企図に及んだことはなく，無断離院をしたこともなかった。

2 法36条1項は，精神科病院の管理者は，入院中の者につき，その医療又は保護に欠くことのできない限度において，その行動について必要な制限を行うことができると定め，精神保健及び精神障害者福祉に関する法律第37条1項の規定に基づき厚生労働大臣が定める基準（昭和63年厚生省告示第130号。以下，「告示」という。）は，任意入院患者は，原則として開放処遇を受けるものとし，開放処遇の制限は当該任意入院患者の症状からみてその開放処遇を制限しなければその医療又は保護を図ることが著しく困難であると医師が判断する場合にのみ行われる旨定める。

3 本件病院の任意入院患者は，原則として，入院後しばらくの間病棟からの外出を禁止されるが，その後，症状が安定し，主治医において自傷他害のおそれがないと判断されたときは，敷地内に限り単独での外出（院内外出）を許可されていた。

病棟の出入口は常時施錠されており（以下，「閉鎖病棟」という。），単独での院内外出を許可されている任意入院患者が院内外出をするときは，鍵を管理している看護師にその旨を告げ，看護師が出入口を開錠するなどして当該患者を病棟から出入りさせていた。また，本件病院の敷地には門扉が設置された1箇所を除き塀で囲まれていたが，上記門扉は平日の日中は開放され，その付近に守衛や警備

員はおらず，監視カメラ等も設置されていなかった。

　4　Aは，平成21年11月26日，本件病院に7回目の任意入院をした（以下，「本件入院」という。）。Aは，本件入院に際して，主治医から，本件入院中の処遇につき，原則として開放処遇となるが，治療上必要な場合には，開放処遇を制限することがある旨等が記載された書面を交付された。しかし，主治医はAに対し，本件病院においては，平日の昼間は，門扉が開放され，その管理をしておらず，特段の無断離院防止策を講じていないため，院内単独外出許可を受けた患者自身で無断離院をしないように注意しなければ，無断離院して自殺事故の危険性があることを説明しなかった。

　5　Aは，平成22年6月16日以降，単独での院内外出を許可されたが，同年7月1日，看護師に対し，本件病院の敷地内の散歩を希望する旨を告げて病棟から外出し，そのまま本件病院の敷地外に出た後，本件病院の付近のマンションから飛び降りて自殺した。なお，Aは，本件入院中，自殺企図に及んだり，希死念慮を訴えたりすることはなかった。

　6　Aの母X1及び父X2（相続人）は，Yに対し，診療契約上の債務不履行（安全配慮義務違反）を主張して，2864万3166円の損害賠償金及び遅延損害金を請求した。

　7　第1審（高松地判平成31年3月26日。LEX/DB：L07450390）は，Aが自殺を図る具体的・現実的危険性はなかったとして医師の安全配慮義務違反を否定した。X1控訴。

　8　原審（高松高判令和3年3月12日。LEX/DB：L07620781）において，X1は予備的請求として，「本件病院の医師が，Aに対し，本件病院外に外出する許可を受けていなくても，患者自身で無断離院をしないよう注意しなければ，無断離院して自殺事故の危険性があることを説明して，本件病院のほかに，無断離院防止策を講じている病院と比較して，入院すべき病院を選択できる機会を保障すべき義務があったにもかかわらず，その義務を履行しなかったため，Aが他の病院に入院する選択をすることができず，Aの自己決定権を侵害し，損害金350万円の損害を被った」旨の債務不履行（説明義務違反）による損害賠償請求を追加した。

　原審も主位的請求（安全配慮義務違反）につき否定した（なお，「患者の顔写真の院内配布や，徘徊センサーの装着等の対策を講じている精神科病院も存在することが認められる」ものの「これらの無断離院防止策が精神科病院の一般的な医療水準であったとまでは認め難い」とした）が，予備的請求につき次のように判示して医師の説明義務違反を認めた（110万円認容）。「医師の説明義務は，患者が自らの意思で当該医療行為を受けるか否かを決定するという人格権の一内容としての自己決定権と

〈判例研究〉〈2〉統合失調症の治療のため任意入院した患者が無断離院をして自殺をした場合において，病院の設置者に無断離院の防止策についての説明義務違反が否定された事例〔西山健治郎〕

直結したものであり，医師は，患者が自らの意思でいかなる医療行為を受けるかを決定することができるように，当該疾患の診断，実施予定の療法の内容，危険性など必要な情報を説明すべき義務がある」。「医師としては，通常の患者が必要とする情報のほか，特にその患者が関心を持っている情報については，その希望に相応の理由があり，医師においてそうした患者の関心を知った場合には，当該患者が自己決定をする上で必要なものとして……説明義務がある」。「精神科病院に任意入院をする統合失調症の患者にとっては，一般的に，他の疾病と比較しても，無断離院をした上で自殺に及ぶ危険性が類型的に高いという特質を有するため，……無断離院防止策の有無やその実効性についても，重大な関心事項であるといえる」。「Aは，統合失調症の症状が再発したために自ら本件病院を外来受診して本件入院になったこと，本件入院中には，他の入院患者とトラブルになり，自ら希望して保護室に入室したこともあったことが認められ，……自ら自傷他害行為に及ぶおそれがあると認識する一方で，本件病院に入院していれば適切に自己の症状を管理してくれるのではないかと期待していたと推認することができる。そうすると，Aにとっても，本件病院における無断離院防止策の有無・内容が重大な関心事項であった」。「Aの本件病院の入通院歴に照らせば……医師……にとっても，Aが，本件病院における無断離院防止策の内容に重大な関心を持っていたことを認識していた」。主治医は，「本件診療契約上の債務に付随する信義則上の義務として，Aに対し，本件病院においては……特段の無断離院防止策を講じていないため，……無断離院して自殺事故の危険性があることを説明して，Aが本件病院のほかに，無断離院防止策を講じている病院と比較して，入院すべき病院を選択できる機会を保障する義務を負っていた」。「患者本人に意思能力があるか疑わしい場合には，患者本人に加えて，患者の法定代理人又はそれに代わるべき近親者の双方に対して説明をする義務を負う」。「Aの意思能力については……疑わしい状況にあった」。「X1は，Aの1回目の入院から本件入院まで，本件病院に任意入院していたAの見舞いに来ていたほか，Aが本件病院の医師の許可を得て外出や外泊をする際には付き添っていたことが認められ，Aの実母として療養看護にあたっていた」。「そうすると，本件病院の医師としては，本件入院の時点で，X1に対し……（無断離院防止策に関する）説明をすべき義務を負っていた」。にもかかわらず，「Yは，A及びX1に対し……説明を何らしていなかった」。

　Yは，「門に守衛を置く，監視カメラを設置する，見守りの看護師を巡回させるなどの無断離院防止策を講じている精神科病院が一般的であるとか，これらの無断離院防止策を説明している精神科病院が一般的であるとは到底いえ」ないと

主張するが，「精神科病院の中には，無断離院防止策として，院内の移動に際して看護師らが付添いをする，顔写真を撮影して院内に情報提供する，徘徊センサーを装着するなどの個別具体的な対策を講じている病院が存在することが認められるのであるから，同じ対応をすること自体が医療水準とはいえないとしても，患者に病院選択の機会を与えるために，無断離院をしないことやその前提としての無断離院防止策の現状を患者に説明することが，一般的な精神科病院の医療水準を超えるものとは到底考え難い」。Y上告受理申立て。

## II 判　旨

破棄自判（請求棄却）。「任意入院者は，その者の症状からみて医療を行い，又は保護を図ることが著しく困難であると医師が判断する場合を除き，開放処遇を受けるものとされており，本件入院当時の医療水準では無断離院の防止策として徘徊センサーの装着等の措置を講ずる必要があるとされていたわけでもなかったのであるから，本件病院において，任意入院者に対して開放処遇が行われ，無断離院の防止策として上記措置が講じられていなかったからといって，本件病院の任意入院者に対する処遇や対応が医療水準にかなうものではなかったということはできない」。「また，本件入院当時，多くの精神科病院で上記措置が講じられていたというわけではなく，本件病院においては，任意入院者につき，医師がその病状を把握した上で，単独での院内外出を許可するかどうかを判断し，これにより，任意入院者が無断離院して自殺することの防止が図られていた」。「これらの事情によれば，任意入院者が無断離院をして自殺する危険性が特に本件病院において高いという状況はなかった」。「Aは，本件入院に際して，本件入院中の処遇が原則として開放処遇となる旨の説明を受けていたものであるが，具体的にどのような無断離院の防止策が講じられているかによって入院する病院を選択する意向を有し，そのような意向を本件病院の医師に伝えていたといった事情はうかがわれない」。「以上によれば，Yが，Aに対し，本件病院と他の病院の無断離院の防止策を比較した上で入院する病院を選択する機会を保障すべきであったということはでき」ず，Yに説明義務違反があったということはできない。

## III 解　説

### 1　本判決の意義

本判決は，入院する病院を選択する場面で，精神障害者の無断離院による自殺

〈判例研究〉〈2〉統合失調症の治療のため任意入院した患者が無断離院をして自殺をした場合において，病院の設置者に無断離院の防止策についての説明義務違反が否定された事例〔西山健治郎〕

の防止策（無断離院防止策）に関する説明義務を否定する旨の判断をした初めての最高裁判決であることに意義がある[1]。

ところで，米国のインフォームド・コンセント法理を含むいわゆるインフォームド・コンセント理論は，医事法等の法律分野において活発な議論がなされるとともに，民事訴訟（損害賠償請求）を通じて医療界にも強く影響を与えた。もっとも，その結果，「インフォームド・コンセント」の意味が極めて多義的となり，例えば「自己決定権」・「説明義務」・「同意」といった用語が，医療倫理として用いられているのか，その射程が広く生命倫理規範にまで及ぶ医事法的観点から用いられているのか，それとも純粋に民事法のそれとして用いられているのかが不明確となり，理解の妨げ・混乱につながっているようにも思われる。

そこで本稿では，まず民事法上の説明義務に関して本件に即して整理することとし，医事法的な観点からの「インフォームド・コンセント」に関しては，最後の項目（「Ⅳ残された課題」）で触れることとする。

## 2　自己決定権と説明義務

自己決定権は，医師の説明義務を正当化する根拠として論じられる。学説上，自己決定権は憲法13条の幸福追求権から導かれた私法上の「権利」（民法709条）として捉えられ，これを保護するために診療契約に基づきあるいは国家から医療機関に説明義務が課せられると解するものがある[2]。

自己決定権が医師の説明義務を導く根拠になる旨を明示した最高裁判例は見当たらないものの，判例は，説明義務の実質的根拠を自己決定権に求めることを積極的に排斥せず，これに限定されないという姿勢であると考えられる[3]。

他方で，下級審では自己決定権を根拠に医師の説明義務を導く裁判例は少なくなく，本件の原審でも，「医師の説明義務は，患者が自らの意思で当該医療行為を受けるか否かを決定するという人格権の一内容としての自己決定権と直結したものである」と述べる。

---

（1）本判決の判例批評として，林誠司「判批」新・判例解説 Watch33号（2023年）83頁，村山淳子「判批」ジュリスト1597号（2024年）64頁，樋口賢一「判批」民商法雑誌159巻6号（2024年）912頁，小笠原奈菜「判批」私法判例リマークス69号（2024年）30頁，星野茂「判批」実践成年後見110号（2024年）103頁など。
（2）潮見佳男「説明義務・情報提供義務と自己決定」判例タイムズ1178号（2005年）9頁。
（3）片野正樹「患者の自己決定権と医師の義務，医師の裁量論」秋吉仁美編著『リーガル・プログレッシブ・シリーズ医療訴訟』（青林書院，2009年）225頁。

### 3　説明の懈怠と同意の有効性

インフォームド・コンセントは「説明と同意」と翻訳される。では，医師による「説明」が不十分だった場合，患者の「同意」は無効になり，民事法上，医的侵襲行為の違法性は阻却されないのか。

この民事法上の「説明」と「同意」の関係について，以前は，十分な説明は患者の同意の有効要件であるとして，説明不足は患者の同意を無効にし，そのため治療行為の違法性が阻却されず，医師は，不法行為責任（ないし債務不履行責任）を免れないとする説（同意無効説）もあった[4]。しかし，米村滋人教授は，「（違法性阻却要件としての）被害者の同意」と「患者の同意」は同義ではなく，後者は「患者の同意」に加え「医学的正当性」（医学的に適正な医療行為）がある場合に違法性が阻却されると解されるところ，医学的に適正な医療行為を行う場合には，明示的同意がなくともほぼ常に推定的同意によって違法性が阻却されることにもなりうるとして，同意無効説について，「患者に対する説明の充実に寄与しうる法律構成ではなかった」と述べる。そして，「自己決定権」はこの問題を補う法的構成として機能する役割を果たし，「説明の懈怠があっても同意の有効性自体は否定されず，自己決定権侵害として損害賠償請求（慰謝料）をなしうるに留まると整理できる」とする[5]。

このような考え方は裁判例の変遷にも整合する。すなわち，かつては同意を無効とするものも存在したが，近時は同種の裁判例はなく，自己決定権の保護を中心に「説明義務」の判例が大きく展開している状況である[6]。

### 4　説明義務の法的根拠

そこで次に問題となるのは説明義務の法的根拠である。学説上，診療契約の契約類型を準委任契約と解した上で（通説），受任者による報告義務（民法656条・645条）の一つとして理解できるとする見解，善管注意義務（民法656条・644条）に求めることができるとする見解，不法行為の「過失」（注意義務違反）に求められるとする見解などがある[7][8]。いずれにしても，医師の説明義務違反は診療契約に基づく債務不履行責任及び不法行為責任に問われ，時効や遅延損害金の起

---

(4) 石田瞳「医療事件 —— 医療過誤における主張立証」小賀野晶一他編著『一般条項の理論・実務・判例第2巻応用編』（勁草書房，2023年）201頁。
(5) 米村滋人『医事法講義〔第2版〕』（日本評論社，2023年）132頁。
(6) 米村・前掲注（5）132頁。
(7) 片野・前掲注（3）225頁。
(8) 医師の説明義務の法的根拠については，前田・前掲注（4）201頁に参照文献を含め学説が整理されている。

算日の問題を除けば，これらの見解に差はないとされる。
　なお，債務不履行責任を根拠としつつ，診療契約に基づく付随的義務とする見解もある。本件の原審は，「診療契約上の債務に付随する信義則上の義務」として医師の説明義務を導いている[9]。

## 5　判例における説明義務の客観的範囲の考え方と医療水準

　医師の説明義務の内容・程度（客観的範囲）は，判例上，医師の注意義務に関する判例法理（医療水準）を基準に論じられる。すなわち，医師の注意義務は「最善の注意義務[10]」であり，その内容は「診療当時の医学的知識[11]」，具体的には，「診療当時のいわゆる臨床医学の実践における医療水準[12]」で規定される。医療水準は全国一律のものか（絶対説），地域・施設等により異なるのか（相対説）については，「当該医療機関の性格，所在地域の医療環境の特性等の諸般の事情を考慮すべきであり…全ての医療機関について一律に解するのは相当ではない[13]」とされる（相対説）。

　そして，当時医療水準としては未確立な治療だった乳房温存療法についての説明義務が争われた最判平成13年11月27日民集55巻6号1154頁（以下，「平成13年判決」という）は以下のように判示し，事例判決であるものの，これが現在の医師の説明義務の判断枠組みにおける一つの到達点とされている。すなわち，平成13年判決は，「医師は，患者の疾患の治療のために手術を実施するに当たっては，診療契約に基づき，特段の事情のない限り，患者に対し，当該疾患の診断（病名と病状），実施予定の手術の内容，手術に付随する危険性，他に選択可能な治療方法があれば，その内容と利害得失，予後などについて説明すべき義務があると解される」，「医療水準として確立した療法（術式）が複数存在する場合には，患者がそのいずれを選択するかにつき熟慮の上，判断することができるような仕方でそれぞれの療法（術式）の違い，利害得失を分かりやすく説明することが求められるのは当然である」，他方で，「一般的にいうならば，実施予定の療法（術式）は医療水準として確立したものであるが，他の療法（術式）が医療水準として未確立のものである場合には，医師は後者について常に説明義務を負うと解することはできない」が，「少なくとも，当該療法（術式）が少なからぬ医療機関

---

（9）　そのほか，横浜地判昭和58年6月24日判タ507号250頁等。
（10）　最判昭和36年2月16日民集15巻2号244頁。
（11）　最判昭和44年2月6日民集23巻2号195頁。
（12）　最判昭和57年3月30日判時1039号66頁。
（13）　最判平成7年6月9日民集49巻6号1499頁。

において実施されており，相当数の実施例があり，これを実施した医師の間で積極的な評価もされているものについては，患者が当該療法（術式）の適応である可能性があり，かつ，患者が当該療法（術式）の自己への適応の有無，実施可能性について強い関心を有していることを医師が知った場合などにおいては，…患者に対して，医師の知っている範囲で，当該療法（術式）の内容，適応可能性やそれを受けた場合の利害得失，当該療法（術式）を実施している医療機関の名称や所在などを説明すべき義務がある」とした。

その後，医療水準として確立した療法が複数ある場合について最判平成17年9月8日判時1912号16頁（以下，「平成17年判決」という。）が，経腟分娩術と帝王切開術の選択に関し次のように判示した。「帝王切開術を希望するという上告人らの申出には医学的知見に照らし相応の理由があった」から，「被上告人医師は，…分娩方法の選択に当たって重要な判断要素となる事項を挙げて，経腟分娩によるとの方針が相当であるとする理由について具体的に説明するとともに，…被上告人医師の下で経腟分娩を受け入れるか否かについて判断する機会を与えるべき義務があったというべきである」。この平成17年判決については，判文上は必ずしも明確ではないが，平成13年判決の理解を前提として説明義務の有無を問題としており，「患者の強い希望の表明との関係を論じている点」で意義があるとする評者がいる[14]。

## 6　説明義務（情報提供義務）の客観的範囲に関する学説の判断枠組み

学説上，医師の説明義務が問題となる場面は，伝統的に，①承諾の前提としての説明，②療養指導方法としての説明，及び③転医勧告としての説明義務に分類されてきた（③を②に含める分類もある）。しかし，①については，同意無効説が通説ではない現在，民事法的な分類としてやや不適当に思われる[15]。さらに米村教授は，従前の分類が，医療的利益保護を目的とする行為（②及び③）を説明義務の内容に含めていること，さらには米国のインフォームド・コンセント法理の導入に歴史的意義を見出しつつも説明義務に倫理的側面までも混在するに至った状況を問題視した上で，民事法的に純化した真の説明義務を「情報提供義務」

---

(14) 林道晴「医師の説明義務と患者の自己決定権 ── 胎児（逆子）の経腟分娩に関する医師の説明義務違反を認めた最高裁判決（最一小判平成17年9月8日）を素材として」ジュリスト1323号（2006年）124頁。

(15) なお，「有効な承諾を得るための説明」（例えば熊代雅音「医療訴訟における説明義務について」ジュリスト1317号（2006年）138頁），「承諾を得るための説明」（例えば手嶋豊『医師患者関係と法規範』（信山社，2020年）65頁）と表現するものもある。

〈判例研究〉〈2〉統合失調症の治療のため任意入院した患者が無断離院をして自殺をした場合において，病院の設置者に無断離院の防止策についての説明義務違反が否定された事例〔西山健治郎〕

と定義し直し，これをA類型：患者・家族等の医療的決定保護を目的とする情報提供義務とB類型：その他の利益保護を目的とする情報提供義務の2類型に分けた。このうちA類型は，自己決定権全般が保護されるのではなく，医療的決定の場面のみに限定され，さらには，入院決定等，患者の医療的利益に客観的に重大な影響を及ぼし得る決定がされる場面についてのみ情報提供義務が発生するとした。また，A類型の情報提供義務の内容として，平成13年判決と同様に，患者が有する疾患の診断，実施予定の治療の内容と必要性，治療に伴う合併症等の危険性，他に選択可能な治療法の内容と利害得失などを挙げるが，平成13年判決で問題となった「医療水準として未確立な治療」の説明については，医療水準が医療機関によって異なることから（相対説），患者に転院の機会を与えるには当該医療機関の医療水準適合治療の情報のみでは狭すぎる等として，医療水準を客観的基準として流用することに慎重な立場である。もっとも，「特にその患者が関心を持っている情報」の説明については，患者の希望や主観により提供すべき情報の内容が変動することになるとしてA分類から除外する（ただし現実に医療的決定に際し有用な情報である限りB類型に含まれ得るとして，平成13年判決の乳房温存療法の説明をB類型に分類する）。

### 7　原審について

原審は，平成13年判決のほか，「患者の…希望に相応の理由」の文言からは平成17年判決も意識しているように思われるが，問題も少なくない。

まず，徘徊センサーの装着等が医療水準にないにもかかわらず，その説明については医療水準を超えないとすることは，米村教授の前記問題意識に対する一つの回答にはなり得るが，医療水準につき説明と治療が乖離することになる。外延が不明確ゆえに説明義務を課される医師にとって酷とは言えまいか[16]。

また，医療水準にない治療に関して説明義務を認めるとしても，平成13年判決は患者が乳房温存療法の適応に関して「強い関心」を有していることを医師が知った事案であるし，平成17年判決は患者らに帝王切開術の「強い希望の表明」があった事案である一方で，原審は患者らに明示的な希望の表明すらなかった事案であるから，これらの判決の射程が及ばないのではないか。にもかかわらず原審は，間接事実による推認によりAの「期待」を認定しており，疑問である。加えて，「統合失調症患者は無断離院して自殺する危険性が高い」こと，及び，

---

[16] 薬物療法のようないわゆる「医療」ではなく無断離院防止策のような「保護」に関し，本件病院のような開放病棟・閉鎖病棟・行動制限という枠組みを超えた具体的な取り組みを知る精神科医は少ないように思われる。

「他患とのトラブル」からＡが「他害」のおそれを認識し，そこからさらに「自傷」のおそれも認識したことの２点をもって，Ａにとって「無断離院防止策は重大な関心事項」と認定するのは飛躍が過ぎるように思われる。関心事項に対する医師の認識についても，説明義務違反が原審で初めて争われたにもかかわらず，証人尋問が行われた形跡がないのも問題である。

### 8　本判決について

（１）本判決は，まず開放処遇に関する法37条１項・告示を指摘する。その上で，本件病院の処遇等が医療水準にあったとする一方で，徘徊センサーの装着等については医療水準にないとし，患者の主観につき無断離院防止策が入院選択における関心事項ではなかった（意向も伝達もなかった）旨を述べており，平成13年判決の枠組みを踏襲したものと思われる。しかし，本判決に平成13年判決の枠組みをそのまま用いて良いのだろうか。

一般的に精神科病院は，$\alpha$：総合病院に設置された精神科のように，他の身体科と同様，病棟への出入りが自由な施設（開放病棟）及び$\beta$：閉鎖病棟が設置された施設に大きく分けられる。任意入院者が「自殺企図又は自傷行為のおそれがある場合」（告示）には，①$\alpha$において$\beta$へ転院（転棟）させるか，②$\beta$において開放処遇を制限した上で（法37条１項・告示），院内外出を不可とする（法36条１項の行動制限）という対応が考えられ，いずれも無断離院防止策としても機能し，かつ$\alpha$ないし$\beta$における医療水準と判断される可能性がある。他方，「顔写真の配布」及び「警備員の監視」は$\alpha$又は$\beta$における①又は②に付加した無断離院防止策であり，「徘徊センサーの装着」は主に$\alpha$における①に付加した無断離院防止策である。仮に，①又は②の対応が医療水準にある場合，これらに付加した措置が医療水準にないからといって，最低限，①又は②の説明義務の有無を検討・指摘しないまま平成13年判決の枠組みを用いて良いものか，疑問が残る。

（２）次に，本件から離れて，入院決定時に医療機関は他施設の取り組み（$\alpha$は②，$\beta$は①）をそれぞれ説明する義務があるのか考えてみたい。相対説に立てば，各医療機関の医療水準を超える説明義務は原則としてないはずだが，こと行動の自由に関する自己決定権の行使場面においてもそれでよいか。また，絶対説に立つとしても，患者の行動の自由を強調すれば，より制限的でない施設に関する説明義務（$\beta$における①）を肯定する方向に傾き，自殺防止（保護）を強調すれば，より制限的な施設に関する説明義務（$\alpha$における②）を肯定する方向に傾くように思われる。もっとも，行動制限は管理者の裁量事項でもある上に（法36条１項），①②が「各療法の効果やリスクの有意に異なるとき[17]」であるとも直

〈判例研究〉〈2〉統合失調症の治療のため任意入院した患者が無断離院をして自殺をした場合において，病院の設置者に無断離院の防止策についての説明義務違反が否定された事例〔西山健治郎〕

ちには言い難い[18]。

　結局は，かかる説明義務の有無は入院決定時の自殺の危険の評価（自殺の危険の有無及びその程度）に係らしめられるように思われるが，自殺のリスクがない場合に，より制限的な施設における無断離院防止策を説明する必要があるのか，逆に自殺のリスクがある場合に，より制限的でない施設における無断離院防止策を説明する必要があるのか（さらに進んで，パターナリズムに基づき敢えて説明しないという選択はあり得るのか）という問題は，精神科医療に携わる者にとって非常に気になるところでもあり，さらなる研究の深化が待たれる[19]。

---

(17) 林誠司「判批」甲斐克則＝手嶋豊編『医事法判例百選〔第3版〕』（有斐閣，2022年）74頁。
(18) とはいえ，多くの医療関係者は閉鎖病棟（β）の方が開放病棟（α）に比べて行動の自由はより制限されるが自殺防止は図れるものと考えているだろう。
(19) A類型で情報提供義務が発生する要素としての「患者の医療的利益」（前掲米村・注（5）132頁）の内実は必ずしも明らかでない。私見だが，「医療的利益」が患者にとって法律上保護されるべき権利・利益のうち生命・身体等に関わる重要なものであり，かつ，治療の意義があるものを内包していると解した場合，「治療の意義」にはパターナリスティックな要素が含まれるように思われる。すなわち，医師の説明義務の内容・程度は，患者の自己決定権における保護範囲と医師の裁量との均衡，具体的には診療契約に内在される公法上の比例原則 ── 特に精神科医療の場合は精神保健福祉法令により解釈されるパターナリスティックな制約 ── に従い確定される場合があるように思われる。この観点から本判決について見ると，法令といういわば客観化された基準を医療水準の基礎に置いた点は賛成だが，より指摘すべきは，開放処遇の制限及びその基準に関する法37条1項及び告示ではなく，行動制限に関する法36条1項だったように思われる。なぜならば，任意入院における「必要な制限」（法36条1項）は，患者の行動の自由等の尊重と，生命・身体等に対する「医療又は保護」（同項）というパターナリスティックな制約の要請との衡量から，開放処遇が「著しく困難であると医師が判断する場合」（法37条1項・告示）において比例原則に従い認められると解すべきところ，各種無断離院防止策は開放処遇の制限そのものではなく行動制限の具体的な表れだからである。しかし，本件では「付加した無断離院防止策」の説明義務という問題設定により比例関係が不明瞭になり，結果として法37条1項・告示のみが前面に出て法36条1項が前面に出ることはなくなったものと思われる。この点について，村山・前掲注（1）64頁では，「精神科病院としての設備ならびに体制は，個々の裁量的医療行為の前提条件として，個々の医療行為を条件づけ限界づけるものである。本判決で問われているのは，その前提条件としての病院の設備や体制であって，そこに遡って，患者の人格にかかわる意思活動の機会を保障すべきであったか否かである」と述べられているが，医療水準を満たす保護設備とは大枠において保護室，閉鎖病棟及び開放病棟で確定すると思われ，各設備において実施可能な「個々の医療行為」としての行動制限により医療水準を満たす無断離院防止策が決定されるものと考える。

## Ⅳ　残された課題

1　手嶋豊教授は，インフォームド・コンセント理論がわが国において果たした，あるいは果たしつつあることの意義を，①医療における患者の自己決定権の承認，②パターナリズムに基づく医療から患者の自律に基づいた医療への展開の契機，及び，③医療問題の「法化現象」「社会化現象」の３点に要約することができると述べる[20]。実際，少なくとも下級審においては明示的に自己決定権が医師の説明義務を導く根拠とされるようになり，平成13年判決により医師の説明義務の客観的範囲については一応の到達をみた一方で，損害賠償請求という強い圧力が今度は医療現場にも自己決定権やインフォームド・コンセントを定着させる効果を生み，20数年を経た本判決に至りようやく精神科医療の現場にもその効果が波及しうる状況となった，とみることができよう。

2　しかし，本判決で明らかにならなかったことがある。説明義務の相手方（説明義務の主観的範囲）の問題である。本判決は説明義務を否定したことから説明すべき相手方に関する言及はなかった。他方，原審では，患者本人のほか，「法定代理人に代わるべき近親者」として母親も説明義務の相手方に認定したが，その法的根拠は不明である[21]。

そもそも，本判決（や平成13年判決）は，患者の意向及びその伝達を要求するが，患者の意思能力が疑わしい場合（原審。同意能力の方が適切か），意向の伝達が難しいこともあろう。この場合について，平成13年判決はもちろんのこと，現行民法の後見制度を含む法は未だ具体的な解決方法を提示していない。手嶋教授はこの事態を，自己決定権の承認により患者が主体的な判断を求められることとなり，患者のオートノミーはそもそも可能なのかという自己決定権への懐疑論が生じ，これを再検討する契機が生まれている[22]状況と評する。そこでは自己決定と他者決定の問題が生じるが[23]，翻って，現在のわが国での意思決定代行は，あまりにも曖昧に行われており，未だ家族の判断や医師の裁量によって決定されているのが実情である[24]。

---

(20)　手嶋豊「インフォームド・コンセント法理の歴史と意義」甲斐克則編『医事法講座第２巻インフォームド・コンセントと医事法』（信山社，2010年）３頁（前掲手嶋・注(16) 73頁に収載）。
(21)　西野・前掲注(19)18頁は，「患者の推定的意思」を根拠に挙げる。
(22)　手嶋・前掲注(20)３頁。
(23)　町野朔「自己決定と他者決定」年報医事法学15号（日本評論社，2000年）44頁。
(24)　神野礼斉「精神科医療とインフォームド・コンセント」甲斐克則編『医事法講座第２

特に，精神科医療においては病識がないなどして意思能力（同意能力）が十分とは言えない場合が少なくないことから，今なお活発な議論が求められている。

---

巻インフォームド・コンセントと医事法』（信山社，2010年）237頁。同意者とドイツにおける意思決定代行システム（世話法）について詳述されている。なお，角田光隆「ドイツ改正世話法における被世話人の希望と限界」実践成年後見110号（2024年）76頁には，改正世話法における「被世話人の推定意思」が，日本の障害者等に関する各種意思決定支援ガイドラインと比較しつつ詳述されている。

医事法 ポイント判例研究

## 〈3〉 臓器売買あっせん事件
(東京地判令和5年11月28日判例集未登載
令和5年11月28日東京地方裁判所刑事第8部宣告
令和5年特(わ)第497号臓器の移植に関する法律違反被告事件)

甲斐　克則

## I　事実の概要

　被告法人A（以下「被告法人」という）は，癌及び難病患者への支援に関する事業等を目的として設立された法人，被告人B（以下「被告人」という。）は，被告法人の実質的責任者としてその業務全般を統括管理していたものであるが，被告人は，被告法人の業務に関し，業として行う臓器のあっせんに関する臓器の別ごとの厚生労働大臣の許可を受けないで，業として以下の2つの行為を行ったとして，臓器移植法12条1項違反の罪で起訴された。

　（1）　令和3年1月31日頃から同年2月15日頃までの間，日本国内のいずれかの場所において，パーソナルコンピューターを用いて，「内閣府認証NPO法人A」「腎・肝・心臓・肺移植の海外渡航に関する支援及び情報提供が私たちの活動です。」「活動を始めてから十数年今日まで百数十名のサポートをして来た実績と経験があります。患者様が聞きたいこと，知りたいこと，医師との意思の疎通を，翻訳並び通訳し仲立つのが私どもの活動です。」「海外の各医療機関へ照会検査結果，診療情報を英文または中国文に翻訳して海外の医療機関に送信します。」「海外の各医療機関から回答医師の所見及びの通達がNPO宛てに届きます。移植可否の判断については現地の病院で精密検査を受けて頂く必要があります。」「移植治療の申し込み　手術費用や諸条件を比較検討の上，医療機関を選択します。」「移植手術　手術前の最終検査及びドナーとのマッチング検査を行います。※出発から帰国まで概ね腎・肝移植で1ヶ月〜2ヶ月，心臓・肺移植は3ヶ月程度を要します。」「私どもは海外の医療機関と患者様との懸け橋となり，海外の医療機関の情報提供や現地サポートが主な活動となっています。」「お問合せ▲▲▲-▲▲▲▲-▲▲▲▲▲」などと表示した被告法人のホームページのデータファイルを東京都内に設置されたサーバーコンピューター内に記録・保存させ，インターネットを利用する不特定多数の者に閲覧可能な状態にして，臓器移植希望患者を募集し，その頃，日本国内において，同ホームページを閲覧して被告法人に

問合せをしてきた腎臓移植を希望する慢性腎臓病患者であるCに対し，同月19日頃，横浜市［以下省略］所在の被告法人事務所において，「アメリカは代金が高い。」「ブルガリア，キルギスは，すぐにできる。」「ドナーは国によって死体の場合もあれば生体の場合もある。」などと説明し，同年12月18日頃，被告人方において，「ベラルーシかカンボジアなら，すぐに移植ができる。」「ベラルーシは，特別に死体ドナーから移植を受ける外国人の枠があり，その外国人枠に登録して選ばれることになる。」などと言って渡航移植を勧めた上，令和4年1月29日頃から同年3月29日頃までの間，Cに，渡航移植費用等として，東京都品川区［以下省略］所在の株式会社D銀行E支店に開設された被告法人名義の普通預金口座に合計1850万円を振り込ませるなどして，Cから死体から摘出される腎臓の移植手術のあっせん依頼を受けるとともに，同月4日頃，被告法人従業員に，Cと共に東京都大田区内の東京国際空港からトルコ共和国を経由してベラルーシ共和国へ渡航させ，その頃から同月11日頃までの間に，同人をベラルーシ共和国所在のF病院に案内して，同人に対し，同病院を腎臓移植実施施設として紹介し，同病院において，同人に外国人枠のレシピエント登録及び治療契約を締結させて，同月13日頃，Cを日本国内に帰国させ，同年6月4日頃，被告法人従業員に，Cと共に前同様の経路でベラルーシ共和国へ渡航させ，同年7月2日頃，同病院において，同人に腎臓の移植手術を受けさせ，もって厚生労働大臣の許可を受けずに業として移植術に使用されるための死体から摘出される腎臓の提供を受けることのあっせんをした。

（2）　令和3年10月頃，日本国内のいずれかの場所において，パーソナルコンピューターを用いて，「内閣府認証NPO法人A」「腎・肝・心臓・肺移植の海外渡航に関する支援及び情報提供が私たちの活動です。」「活動を始めてから十数年今日まで百数十名のサポートをして来た実績と経験があります。患者様が聞きたいこと，知りたいこと，医師との意思の疎通を，翻訳並び通訳し仲立つのが私どもの活動です。」「海外の各医療機関へ照会検査結果，診療情報を英文または中国文に翻訳して海外の医療機関に送信します。」「海外の各医療機関から回答医師の所見及びの通達がNPO宛てに届きます。移植可否の判断については現地の病院で精密検査を受けて頂く必要があります。」「移植治療の申し込み手術費用や諸条件を比較検討の上，医療機関を選択します。」「移植手術　手術前の最終検査及びドナーとのマッチング検査を行います。※出発から帰国まで概ね腎・肝移植で1ヶ月〜2ヶ月，心臓・肺移植は3ヶ月程度を要します。」「私どもは2003年の創設以来（NPO登録2007年6月），亡くなられた方（脳死を含む）の臓器を採用する方針を一貫して守り支援活動して参りました。待機リストへ登録し，ドナーの順

〈判例研究〉〈3〉臓器売買あっせん事件〔甲斐克則〕

番を待つ方式が一般的であり，国内外問わず公知の事実です。」「私どもでは渡航移植の相談を受けた時点で複数の医療機関に照会をして移植希望者の要望に合わせて諸条件（ドナーを含む）の比較検討をきめ細かくおこないます。」「お問合せ▲▲▲－▲▲▲－▲▲▲▲▲」などと表示した被告法人のホームページのデータファイルを前記サーバーコンピューター内に記録・保存させ，インターネットを利用する不特定多数の者に閲覧可能な状態にして，臓器移植希望患者を募集し，日本国内において，同ホームページを閲覧して被告法人に問合せをしてきた肝臓移植を希望する肝硬変患者であるGの親族に対し，令和3年11月13日頃，前記事務所において，「渡航移植の料金については，2800万円と予備費500万円が必要です。」「ベラルーシかウズベキスタンかキルギスの3か国のうちのいずれかで臓器移植を受けることができますが，臓器については，生体はあり得ません。」「ぎりぎりの数値だから早くした方がよいですよ。」などと言ってGの親族を介してGに早期の渡航移植を勧めた上，同月18日頃から同年12月27日頃までの間，同人に，渡航移植費用等として，前記被告法人名義の普通預金口座に合計3300万円を振り込ませるなどして，Gから死体から摘出される肝臓の移植手術のあっせん依頼を受けるとともに，同月28日頃，ベラルーシ共和国所在のHセンターと被告法人との間でGに関する治療契約を締結し，令和4年1月9日頃，被告人が，Gと共に東京都大田区内の東京国際空港からトルコ共和国を経由してベラルーシ共和国へ渡航し，その頃から同年2月10日頃までの間，同人を同センターに案内して，同人に対し，同センターを肝臓移植実施施設として紹介し，その頃，同センターにおいて，同人に肝臓の移植手術を受けさせ，もって厚生労働大臣の許可を受けずに業として移植術に使用されるための死体から摘出される肝臓の提供を受けることのあっせんをした。

弁護人は，①臓器移植法12条1項にいう「業として行う臓器のあっせん」は，日本国内で行われる移植術に係る臓器の提供等のあっせん行為のみを指し，日本国外で行われる移植術に係る同あっせん行為は含まれない上，②同項の「あっせん」は，臓器提供施設又は臓器提供者と移植実施施設又は移植術を必要とする者との間で，その双方からあっせんの依頼又は承認を受けた同一の者によりあっせん行為が行われることを要するところ，被告人は，日本国外における移植術について移植術を必要とする者と移植実施施設との間の仲介を行ったにすぎず，同項が禁止する「あっせん」に当たらないから，無罪であるなどと主張した。これに対して東京地裁は，次のように述べて，被告法人Aを罰金100万円に，被告人Bを懲役8月の実刑に処する判決を下した（求刑は，被告法人につき罰金100万円，被告人につき懲役1年及び罰金100万円。被告人控訴。）。

## Ⅱ 判　　旨

「①国外で実施される移植術に関する臓器移植法12条1項の適用について

　（1）　臓器移植法12条1項が，業として行う臓器のあっせんをしようとする者は，厚生労働大臣の許可を要するものと定め，同条2項が営利を目的とするおそれがある者や移植術を受ける者の選択を公平かつ適正に行わないおそれがある者には許可をしないこととしたのは，移植術を必要とする者に対して，臓器の移植が適切に実施されること，移植術を受ける機会が公平に与えられるよう配慮されること，臓器売買や臓器の有償あっせん（国民の国外犯も処罰される。臓器移植法20条）により臓器が経済取引の対象とされることなく，臓器の提供は人道的精神に基づき任意にされるべきこと（臓器移植法2条，11条）等の基本的理念に適う移植医療の適正な実施を確保するためであると解される。

　（2）　そして，国外における移植術に関し，日本国内及び国外であっせん行為が行われる場合においては，○ア業としてあっせんを行う者が，法外な価格を提示するなどして国外における臓器の提供が臓器売買や有償あっせん等を通じて行われた結果，臓器の提供が任意にされないことがあり得る。また，○イ業としてあっせんを行う者が，移植術を必要とする者の提示する対価の多寡により恣意的に国外で提供される臓器を配分するなどして，日本国内で臓器あっせん機関等による移植術を必要とする者等の記録・情報の管理の下に形成され定められていた移植術を受ける機会の序列等が乱され，日本国内における同機会の公平性や提供された臓器に応じた移植術の効果的な実施が著しく損なわれる等の事態を招くおそれがある。同様に，㋒日本国外における臓器の移植であっても，移植術を必要とする者に対して一定以上の医学的基準に則して移植術を行うのに十分な環境の下適切に行われなければならないところ，日本国内で移植術が行われて臓器あっせん機関が関与する場合とは異なり，上記のような移植術の適正な実施が確保されず，移植術を受ける者の医療上の安全が脅かされる危険性が否めない。加えて，㋔移植術に係る判定等に関する記録（臓器移植法10条1項，同法施行規則7条）の医師による作成や同記録の閲覧が保障されない上（同規則8条），無許可で業としてあっせんを行う者は，臓器あっせん機関とは異なり，臓器のあっせんの帳簿の備付け等が義務付けられず（同規則13条），秘密保持義務（臓器移植法13条，23条1項3号）等も負わないのであって，日本国外で移植術を受ける者のプライバシーや情報の保護，更には移植術後の日本国内における継続的な医療的措置の実施にも支障を来しかねない。

「(3) そうすると，国外における移植術に関して業として行う臓器のあっせんがなされた場合，そのあっせん行為の一部又は全部が日本国内で行われる限り，臓器移植法の基本的理念に反する上述した事態が生じかねないから，上記あっせんをしようとする者は，臓器移植法12条1項の定める厚生労働大臣の許可を受けなければならないと解するのが相当である。」

「②臓器移植法12条1項にいう『あっせん』の意義について

（1） 上記のような臓器移植法12条1項の趣旨や国外における移植術に関して業として行う臓器のあっせんが同項の許可なくされた場合の種々の弊害に照らすと，移植術を必要とする者のうち国外における移植術を受けることを希望する者を日本国内で募集し，その登録を行う行為や，移植術を必要とする者と国外での移植術を行う医師又はその所属する医療機関との間の連絡・調整を行う行為であっても，上記……○アから㊁までの弊害をもたらす危険性がある。また，同項は『臓器…を提供すること又はその提供を受けることのあっせん』と規定しており，弁護人が主張するように移植術に使用されるための臓器の提供にまつわる連絡・仲介行為の全過程を同一の者が担う場合のみがこれに当たると解することは困難である。

したがって，同項の『あっせん』には，国外における移植術を受けることを希望する者の募集・登録，移植術を必要とする者と国外での移植術を行う医師又はその所属する医療機関との間の連絡・調整等の行為も含まれると解するのが相当である。

（2） 弁護人は，他の法令における『あっせん』行為の意義に関する解釈との均衡などを縷々主張するが，各法令の規制対象となる行為ごとにあっせん行為の内実は異なり得るのであって，独自の見解にすぎない。」

「これらを本件についてみると，被告人は，被告法人の業務として，日本国外における移植術に関し，日本国内において同移植術を受けることを希望する者を募集し，募集に応じて登録を行った2名の者についてベラルーシ共和国で移植術を行う医師が所属する医療機関に紹介して治療契約を締結させるなどの連絡調整行為を行って現に腎臓及び肝臓の移植術を受けさせ，この際，被告法人は同項の厚生労働大臣の許可を受けていなかったから，同項の許可を受けないで『業として行う臓器のあっせん』をしたと認められる。」

「(量刑の理由) 被告人は，被告法人の業務として，インターネット上のホームページを設けるなどして，不特定多数の者に対し，反復継続して，国外における移植術を受けることを希望する者を募集・登録し，国内・国外双方の医療機関と連携し，登録した者が国外における移植術を受けられるよう，業として行う臓器

のあっせんをする体制を整えた上，国内での臓器あっせん機関による臓器のあっせんの実現には現状において相当長期間を要するところ，実際に募集に応じた者らに対し数か月以内に各自の必要とする臓器に係る移植術を受けることを可能にしている。日本国民が国外で提供された臓器を使用した移植術を受けることは禁じられておらず，上記国内移植医療の現状や我が国で移植術を必要とする者に対する国外での移植医療の適正な実施の在り方については今後検討される必要があるにせよ，本件のように国外での移植術の実施を組織的に援助することにより結果として臓器移植法が基本的理念とする移植術を受ける機会の公平性が大きく損なわれたことは明らかである。また，被告人は，判示各行為が処罰の対象になる違法行為ではないと思っていた旨述べるものの，相当数の専門家等からの意見聴取や厚生労働省のヒアリング等を通じ，判示各行為について違法性を認識する可能性は十分にあったものと認められる。被告人及び被告法人の責任を軽くみることはできない。

　他方で，上記の国内における移植医療の実状を踏まえ，自らの生命をつなごうと国外で移植術を受けることを希望する者に助力した結果，被告人の被告法人を通じた活動に謝意を示す者もあること，本件で移植術を受けた者らが支払った費用が提供された臓器を使用した国外での移植術等に要する費用として通常必要であると認められるものを超えた営利性のあるものとはいえないことなどの事情を考慮しても，被告法人に対しては，主文の罰金刑を科すのが相当である。

　以上に加え，被告人に対しては，累犯前科を含む複数の前科がありながら，上記のような認識の下本件に及んだことを併せ考えると，主文の実刑は免れない。もっとも，関係証拠によっても，本件各あっせんが営利性のあるものとまでは認められないことに加え，被告人の述べる報酬額を前提にしても個人的な利得が大きかったとも認められないことからすれば，罰金刑を併科するのは相当でないと判断した。」

## Ⅲ　研　　究

　（1）「臓器の移植に関する法律」（以下「臓器移植法」という）12条は，「(業として行う臓器のあっせんの許可)」について，1項で，「業として移植術に使用されるための臓器（死体から摘出されるもの又は摘出されたものに限る）を提供すること又はその提供を受けることのあっせん（以下「業として行う臓器のあっせん」という）をしようとする者は，厚生労働省令で定めるところにより，臓器の別ごとに，厚生労働大臣の許可を受けなければならない。」と規定し，2項で，「厚生労

働大臣は，前項の許可の申請をした者が次の各号のいずれかに該当する場合には，同項の許可をしてはならない。」と規定して，「一　営利を目的とするおそれがあると認められる者」および「二　業として行う臓器のあっせんに当たって当該臓器を使用した移植術を受ける者の選択を公平かつ適正に行わないおそれがあると認められる者」を記している。そして，その違反行為に対して22条で「一年以下の懲役若しくは百万円以下の罰金に処し，又はこれを併科する。」旨を規定する。

本件は，被告法人および被告人の海外に跨る上記行為が同法12条１項に規定する「あっせん」に該当するかが争われた初めてのケースであり，社会的にも大きな関心を集めた[1]。量刑が実刑である点も，本判決の特徴を表している。

（２）　また，臓器移植法は，11条で「臓器売買等の禁止」を規定しており，20条でその違反に対して「五年以下の懲役若しくは五百万円以下の罰金に処し，又はこれを併科する。」旨を規定する（以下「臓器売買罪」という）。同法11条によれば，この臓器売買罪は，「何人も，移植術に使用されるための臓器を提供すること若しくは提供したことの対価として財産上の利益の供与を受け，又はその要求若しくは約束をしてはならない。」（１項）とする規定，および「何人も，移植術に使用されるための臓器の提供を受けること若しくは受けたことの対価として財産上の利益を供与し，又はその申込み若しくは約束をしてはならない。」（２項）とする規定が中心であるが，併せて，「何人も，移植術に使用されるための臓器を提供すること若しくはその提供を受けることのあっせんをすること若しくはあっせんをしたことの対価として財産上の利益の供与を受け，又はその要求若しくは約束をしてはならない。」（３項）という規定と「何人も，移植術に使用されるための臓器を提供すること若しくはその提供を受けることのあっせんを受けること若しくはあっせんを受けたことの対価として財産上の利益を供与し，又はその申込み若しくは約束をしてはならない。」（４項）という規定も有していて，「何人も，臓器が前各項の規定のいずれかに違反する行為に係るものであることを知って，当該臓器を摘出し，又は移植術に使用してはならない。」（５項）とされている。もっとも，「第一項から第四項までの対価には，交通，通信，移植術に使用されるための臓器の摘出，保存若しくは移送又は移植術等に要する費用であって，移植術に使用されるための臓器を提供すること若しくはその提供を受けること又はそれらのあっせんをすることに関して通常必要であると認められるも

---

（１）読売新聞社会部取材班『ルポ　海外『臓器売買』の闇』（新潮新書，2024年）では，入念な取材に基づく記録が記載されている。なお，宍戸圭介「海外臓器移植無許可あっせん事件」年報医事法学39号（2024年）215頁以下参照。

のは，含まれない。」（5項）とされている。しかも，同法20条2項で，「前項の罪は，刑法（明治四十年法律第四十五号）第三条の例に従う。」と明記している。すなわち，刑法3条は，国民の国外犯を処罰する規定であることから，臓器移植法11条の上記臓器売買罪は，「あっせん行為」も含めて国民の国外犯として処罰可能である。本判決は，正当にも，当然にこのことを前提としているのだが，一般的にこの点が十分に理解されていないことがある。

　このように，臓器売買罪に「あっせん行為」が含まれているのであるが，これまでの裁判例としては，国内犯としての11条1項違反の典型的な臓器売買罪に関する事案のみであった（松山地宇和島支判平成18・12・26（判例集未登載）(2)，東京高判平成24・5・31（判例集未登載）(3)。いずれも有罪）。特に東京高判平成24・5・31は，保護法益として「臓器移植の公平性」を強調しており，学説でも，「臓器の分配の公平性・適正に関連したもの」を保護法益と解する見解が根強く主張されてきた(4)。しかし，それだけは不十分であり，第一次的には，「人間の尊厳」に根ざした「人体構成体としての臓器の不可売買性」に本罪の保護法益を求めるべきであり，第二次的に，「臓器移植の公平性と公正性」が保護法益として認められるべきであろう(5)。しかし，臓器売買罪については，明確な国外犯処罰規定があるとはいえ，前述のように，十分に理解されていないところがある。世界的には，2018年のいわゆる「イスタンブール宣言」（国際移植学会（TTS）および国際腎臓学会（ISN））において，臓器取引（organ trafficking）等について厳格な立場が11の原則という形で示され，とりわけ第3原則において，「人の臓器の取引や臓器摘出のための人身取引は禁止され，犯罪とされるべきである。」と謳われている。これは，条約ないし法律ではないが，法的にも参照すべき重要なルールである。

　以上のことを前提として，「あっせん行為」について検討してみよう。「あっせん」とは，「移植術の実施のために必要な臓器の提供者・受容者・移植術を行う

---

(2) 本判決については，甲斐克則『臓器移植と刑法』（成文堂，2016年）121頁以下および131頁以下参照。被告人両名は，懲役1年執行猶予3年の刑に処されている。
(3) 本判決については，神馬幸一「判批」甲斐克則＝手嶋豊編『医事法判例百選（第3版）』（有斐閣，2022年）202頁以下参照。臓器移植法11条違反により被告人Xを懲役3年，Yを懲役2年6月の実刑に処している。
(4) 中山研一＝福間誠之編『臓器移植法ハンドブック』（日本評論社，1998年）82頁（川口浩一執筆）。なお，川口浩一「臓器売買罪の保護法益」城下裕二編『生体移植と法』（日本評論社，2009年）109頁以下をも参照。
(5) この点の詳細については，甲斐・前掲注（2）3頁以下参照。なお，法益論の詳細については，甲斐克則『法益論の研究』（成文堂，2023年）の随所参照。

医療機関の間にあって、媒介的活動を行うことをいう。」[6] という理解が立法当初からなされている。これは、適切な理解である。「あっせん行為」がなければ、レシピエントは、臓器提供について情報を得ることが相当に限定されることになろう。それゆえに、12条で、例外として、「業として行う臓器のあっせん」を行う者について、「厚生労働省令で定めるところにより、臓器の別ごとに、厚生労働大臣の許可を受けなければならない。」と規定し、適正なコントロールをしているのである。また、「あっせん行為」は、国内外に向けて実行可能である。本件では、「被告人は、被告法人の業務として、日本国外における移植術に関し、日本国内において同移植術を受けることを希望する者を募集し、募集に応じて登録を行った2名の者についてベラルーシ共和国で移植術を行う医師が所属する医療機関に紹介して治療契約を締結させるなどの連絡調整行為を行って現に腎臓及び肝臓の移植術を受けさせ、この際、被告法人は同項の厚生労働大臣の許可を受けていなかったから、同項［12条1項：甲斐］の許可を受けないで『業として行う臓器のあっせん』をしたと認められる。」との認定がなされているので、12条1項違反の罪を肯定せざるをえないであろう。そして、本判決が述べているように、「国外における移植術に関して業として行う臓器のあっせんがなされた場合、そのあっせん行為の一部又は全部が日本国内で行われる限り、臓器移植法の基本的理念に反する上述した事態が生じかねないから、上記あっせんをしようとする者は、臓器移植法12条1項の定める厚生労働大臣の許可を受けなければならないと解するのが相当である。」と言えよう。本判決が、「移植術を必要とする者のうち国外における移植術を受けることを希望する者を日本国内で募集し、その登録を行う行為や、移植術を必要とする者と国外での移植術を行う医師又はその所属する医療機関との間の連絡・調整を行う行為であっても、上記……○アから㋶までの弊害をもたらす危険性がある。」と念を押しているのは、そのことを補足する趣旨と解される。

（3）　なお、臓器移植法の運用を補足するため、「『臓器の移植に関する法律』の運用に関する指針（ガイドライン）」（平成9年10月8える。日制定。9度目の改正が平成24年5月1日（一部改正）がなされている。）が制定されている。

「第12　死体からの臓器移植の取扱いに関するその他の事項」では、「1　公平・公正な臓器移植の実施移植医療に対する国民の信頼の確保のため、移植機会の公平性の確保と、最も効的な移植の実施という両面からの要請に応えた臓器の配分が行われることが必要であることから、臓器のあっせんを一元的に行う臓器

---

（6）　中山＝福間編・前掲注（4）85頁（川口執筆）。

移植ネットワークを介さない臓器の移植は行ってはならないこと。また，海外から提供された臓器についても，臓器移植ネットワークを介さない臓器の移植は行ってはならないこと。なお，角膜については，従来どおり，眼球あっせん機関を通じて角膜移植を行うものとすること。」「2　法令に規定されていない臓器の取扱い臓器移植を目的として，法及び施行規則に規定されていない臓器を死体（脳死した者の身体を含む。）から摘出することは，行ってはならないこと。」が規定されている。このように，わが国では，臓器移植ネットワークが臓器のあっせんを一元的に行う機関として認定されていることから，それ以外の者が業として「あっせん行為」を行うことができないシステムになっている。その点からしても，本件の被告人および被告法人は，業として「あっせん行為」を行う適格性を欠くと言えよう。かくして，本判決は，論理においても結論においても妥当なものである。なお，量刑事情の所で，「本件で移植術を受けた者らが支払った費用が提供された臓器を使用した国外での移植術等に要する費用として通常必要であると認められるものを超えた営利性のあるものとはいえないこと」を認定している点，そして，「国内移植医療の現状や我が国で移植術を必要とする者に対する国外での移植医療の適正な実施の在り方については今後検討される必要がある」と指摘している点にも留意すべきである。

（4）　そこで，最後に，医事法的観点から今後の課題について若干言及しておこう。

第1に，臓器売買罪については，臓器移植法20条2項で，国民による国外犯処罰規定（刑法3条）の適用が規定されているが，一般にはやや分かりにくいかもしれないので，もう少し分かりやすい表現による規定に改正すべきではないか，という点を慎重に検討する必要がある。

第2に，公式に業として「あっせん行為」を行うことが認可されているのが，現在，臓器移植ネットワークのみであるが，今後その枠を条件付きで増やすべきか，という点を検討する必要があろう。1機関だけでは，マンパワー不足や情報掌握不足に陥る懸念がある。

第3に，生体移植についても，臓器移植法に組み込むべきではないか，という点も検討すべきであろう。「第13　生体からの臓器移植の取扱いに関する事項」では，より詳細な次のような規定がなされている。「1　生体からの臓器移植は，健常な提供者に侵襲を及ぼすことから，やむを得ない場合に例外として実施されるものであること。生体から臓器移植を行う場合においては，法第2条第2項及び第3項，第4条，第11条等の規定を遵守するため，以下のとおり取り扱うこと。」「2　臓器の提供の申し出については，任意になされ他からの強制でない

ことを，家族及び移植医療に関与する者以外の者であって，提供者の自由意思を適切に確認できる者により確認しなければならないこと。」「3　提供者に対しては，摘出術の内容について文書により説明するほか，臓器の提供に伴う危険性及び移植術を受ける者の手術において推定される成功の可能性について説明を行い，書面で提供の同意を得なければならないこと。」「4　移植術を受けて摘出された肝臓が他の患者の移植術に用いられるいわゆるドミノ移植において，最初の移植術を受ける患者については，移植術を受ける者としてのほか，提供者としての説明及び同意の取得を行わなければならないこと。」「5　移植術を受ける者に対して移植術の内容，効果及び危険性について説明し書面で同意を得る際には，併せて提供者における臓器の提供に伴う危険性についても，説明しなければならないこと。」「6　臓器の提供者が移植術を受ける者の親族である場合は，親族関係及び当該親族本人であることを，公的証明書により確認することを原則とし，親族であることを公的証明書により確認することができないときは，当該施設内の倫理委員会等の委員会で関係資料に基づき確認を実施すること。」「7　親族以外の第三者から臓器が提供される場合は，当該施設内の倫理委員会等の委員会において，有償性の回避及び任意性の確保に配慮し，症例ごとに個別に承認を受けるものとすること。」「8　疾患の治療上の必要から腎臓が摘出された場合において，摘出された腎臓を移植に用いるいわゆる病腎移植については，現時点では医学的に妥当性がないとされている。したがって，病腎移植は，医学・医療の専門家において一般的に受け入れられた科学的原則に従い，有効性及び安全性が予測されるときの臨床研究として行う以外は，これを行ってはならないこと。また，当該臨床研究を行う者は「臨床研究に関する倫理指針」（平成20年厚生労働省告示第415号）に規定する事項を遵守すべきであること。さらに，研究実施に当たっての適正な手続の確保，臓器の提供者からの研究に関する問合せへの的確な対応，研究に関する情報の適切かつ正確な公開等を通じて，研究の透明性の確保を図らなければならないこと。」

　これは，今後，ガイドラインを超えて，臓器移植法本体に一定の範囲で取り込むべきである。

書評

武藤　眞朗

甲斐克則編『高齢社会と医事法（医事法講座第14巻）』（信山社，2024年）

## I　はじめに

　周知のように，日本をはじめとして，諸国において高齢化が進んでいる。人間は，一定の年齢をピークとして，身体的・精神的能力が下降線をたどることは，やむを得ない。医療は人生のあらゆる場面で関わるが，高齢になるにつれその頻度が高くなることは否定しがたい。また，それまでの仕事中心の生活から，自宅中心の生活へとスタイルを変えることが多い。さらに，医療と併せて介護を受けることの頻度も増す。そして，人生のゴールの迎え方も，医療と深く関わる。

　高齢社会においては，上記のような点から，高齢者の医療に関わる問題一般，医療財政，医療の前提となる同意の問題，それを補完し，サポートする問題，終末期医療の問題がクローズアップされる。本書はこれらの問題に関する諸分野の法学者，法実務家，医療関係者によって「高齢社会と医事法」について解き明かそうとする。編者による第1章「高齢社会と医事法の関わり」において，概要が示されているため，本書評は，屋上屋を架す感は否めないが，書評者の観点を一部採り入れつつ，紹介する。

## II　本書の概要
### 1　本書の構成

　本書は，「1　高齢者と医事法の関わり（甲斐克則執筆，以下執筆者名を記す。）」，「2　臨床現場からみた高齢者医療をめぐる問題の現状と課題（箕岡真子）」，「3　高齢社会と医療経済（中部貴央）」，「4　成年後見制度と医事法（神野礼斉）」，「5　高齢者医療における同意能力をめぐる医事法上の問題（石田瞳）」，「6　高齢社会における在宅医療・訪問看護・介護の法的・倫理的問題（和泉澤千恵）」，「7　高齢者医療・介護と医療事故・介護事故（小島崇宏）」，「8　高齢者の終末期医療と医事法（新谷一朗）」，「9　高齢社会における医療供給体制（佐藤雄一郎）」，「10　イギリスにおける高齢者医療の法的問題の現状と課題──高齢患者の最善の利益の保障への取り組み（柳井圭子）」，「11　フランスにおける高齢者医療の現状と課題──意思決定に関する一考察（小林真紀）」，「12　アメリカにおける高齢者医療の法的問題の現状と課題（宮下毅）」，「13　ドイツ

における高齢者医療の法的問題の現状と課題 —— 世話制度を用いた医療上の自己決定支援（村山淳子）」から構成される。全体構成の適切な分類は容易でないが，一応，掲載順に従って，（1）総論，（2）高齢社会と医事法をめぐる現状，（3）医療関係を中心とする高齢者の意思決定およびその支援，補完制度，（4）高齢者の医療・介護をめぐる諸問題，（5）比較法的考察に大別して，紹介する。

## 2　各章（論稿）の紹介
### （1）総　論

「高齢社会と医事法の関わり」は，編者が，本書の問題意識を明確にして，全体構造を提示する。各論的課題として，①成年後見制度と医事法のリンク，②成年後見制度と医事法の関わり，③同意能力をめぐる医事法上の問題，④高齢者医療・介護に伴う事故の法的処理の問題，⑤高齢者の終末期医療をめぐる問題として，論点を整理している。なお，比較法的検討は，以上の問題について，それぞれ重点の置き方に差異はあるものの，各国の制度，問題点を紹介し，日本との相違，適用・応用可能性について論じる。

### （2）高齢社会と医事法をめぐる現状

「2　臨床現場から見た高齢者医療をめぐる問題の現状と課題」は，認知症ケアの問題等を専門とする臨床医による論稿である。高齢者は，加齢による身体的衰え（フレイル）と，意思決定能力の衰えである脆弱性による自律の阻害という特徴をもつと指摘する。そして，高齢者ケアについて，「自立」と「自律」からなる尊厳への配慮の重要性を説く。個別的な問題として，①認知症ケア，②摂食嚥下障害，③終末期医療，④DNAR指示，⑤介護，⑥リハビリテーションに関する倫理を取り上げる。とりわけ認知症の人の自律の問題について，「新しい認知症ケアの倫理」は，抜け殻仮説からの脱却の必要性を説き，パーソン論に挑戦しているとする。また，自律を臨床原理の根幹であるとしつつ，意思決定能力が境界領域にある人々への配慮が必要であると説く。そして，自律の概念には，家族や医療チームによる意思決定への「積極的サポート」も含まれ，自己決定か代理かではなく，自己決定と代理判断を連続体と捉え，関係性的自律，共感的自律という概念を提唱する。

「3　高齢社会と医療経済」は，少子高齢化に伴い医療費および介護費が増大することから，医療・介護保険制度の持続可能性を問題の出発点とする。医療は，「公正性」および「公平性」が重視されることを確認したうえで，医療政策における費用対効果の問題を取り上げ，医療経済評価の手法とその日本への導入の経緯を紹介する。次に，高齢者介護，とりわけ，認知症罹患者介護の問題を医

〈書評〉甲斐克則編『高齢社会と医事法（医事法講座第14巻）』〔武藤眞朗〕

療経済学視点から分析する。介護は介護保険サービスによるフォーマルケアとインフォーマルケアから構成されるが，その中でインフォーマルケアのコストの評価に着目し，居住形態等も指標として，分析・評価方法を提示する。有限である医療費・介護負担の支出を伴うフォーマルケアと，家族等の経済的負担を伴うインフォーマルケアのバランスを考慮して，共生社会の充実が求められるとする。

（3）医療関係を中心とする高齢者の意思決定およびその支援，補完制度

「4　成年後見制度と医事法」は，医療行為に関する決定権・同意権が規定されていない日本の成年後見制度の問題点を，医療現場の実態，判例を素材として検討する。医療に関して成年後見人に決定権・同意権はなく，家族に一般的に同意権が認められているかどうかも不明確であり，とりわけ，この問題が先鋭化する延命治療中止については，正当化根拠，要件について法規定はなく，ガイドラインも同意権者について明確にしていないとする。また，非自発的入院および身体的拘束一般についても成年後見人の同意権は規定されていないことから，ドイツの世話制度を参照しつつ，意思決定支援の法整備をし，虐待防止，人権保障という観点から，成年後見人や裁判所等の関与も含めた解釈上，立法上のセーフガード強化の必要性を主張する。

「5　高齢者医療における同意能力をめぐる医事法上の問題」は，医療行為を適法とする同意が同意能力を前提とするため，同意能力を喪失，低下した患者の支援について検討する。まず，医療行為の正当化要件の1つである同意原則がインフォームド・コンセント法理へと展開し，医師の説明義務を前提とした患者の自己決定権が中心に据えられることを出発点とする。医療同意能力は，民法上の行為能力とも，民法上，刑法上の責任能力とも異なり，「自らが受ける医療について説明を受けたうえで自らが判断を下すことができる能力」であるとし，成年後見制度は医療同意にはなじまないとする。医療同意能力の有無に関し，ロボトミー手術，信仰上の理由からの輸血拒否，手術中の範囲拡大，明示的拒否に反する手術に関する裁判例を挙げ，民事判例上も，患者の同意が治療行為の正当化要件の1つであることが確立され，同意能力を有している場合には家族・親族による同意で代替できないことが示されたとする。そして，同意能力は有無ではなく，段階的レベルがあり，認知機能が低下した高齢者についても，程度に対応する支援をして，患者の意思を医療行為に反映させることの必要性を説く。

（4）高齢者の医療・介護をめぐる諸問題

「6　高齢社会における在宅医療・訪問看護・介護の法的・倫理的課題」は，高齢者人口の増加に対応して，介護保険制度創設，高齢者医療体制の整備が行われている現状をふまえ，在宅医療における訪問看護の現状およびその課題に焦点

を当てて検討する。厚生労働大臣通知における指針よれば，在宅医療は，住み慣れた地域で自分らしい生活を続けられるよう，入院・通院医療等と相互補完しながら患者の日常生活を支える医療であり，在宅医療の提供体制には，地域における多職種連携，安定的な訪問看護サービスの整備が必要であるとする。訪問看護は，居宅における継続的療養者に対する看護師等による療養上の世話または診療の補助であり，後期高齢者医療制度または介護保険制度によって提供されるが，本章は，その実施主体，サービス提供内容等を説明する。在宅療養者とその家族等に，医師不在の単独で業務を行うことになるため，対象者の人物像や環境等を多方面に捉えて療養生活を支援する必要があり，医師と連携して在宅療養者の生活の質を向上させるより柔軟な看護提供体制整備の必要性を説く。また，在宅医療においては，（同居）家族との関係が問われ，単独世帯の増加に伴う諸問題から，地域でのつながりのあり方を模索する必要があるとする。「地域包括ケアシステム」は，地域の実情に合わせて構築されるはずであるとする。

「7 高齢者医療・介護と医療事故・介護事故」は，加齢による身体的・精神的機能低下に伴う転倒・転落や誤嚥が医療・介護現場で発生した場合の法的問題を検討する。病院や介護施設内における高齢者の転倒・転落事故による負傷，死亡について法的責任追及が頻繁に行われるが，転倒・転落の予見可能性は肯定されやすく，結果回避義務としては，具体的に予見される転倒等の内容・程度，病院の性質・規模，人員配置等の要素が考慮されているとする。病院内での転倒により受傷した事案について看護師に結果回避義務違反を認めた裁判例を挙げ，医療現場の実情に関する裁判所の理解に疑問を呈し，転倒・転落事故防止策としての身体拘束が人権侵害とされることとの矛盾を指摘する。また，病院や介護施設で発生した誤嚥も責任が追及され，予見可能性および結果回避義務（誤嚥予防措置，発生後の救命措置）が問題とされる。介護施設における誤嚥による窒息死させた事案について業務上過失致死罪の成立を認めた第1審判決（控訴審で破棄）について，医療従事者および介護従事者への刑事責任は故意に匹敵するような重大な過失に限定すべきであると批判する。

「8 高齢者の終末期医療と医事法」は，延命治療の中止の違法性について，刑法的観点から検討する。患者の真摯な同意に基づく治療中止は同意殺人罪の構成要件に該当し，患者の自己決定権に基づく違法性阻却の可能性があるとする。裁判例として，治療中止を経て致死薬投与により患者を死亡させた事案について，致死薬投与部分のみが公訴事実とされたが傍論で治療中止の許容性にも言及した東海大学病院事件判決，治療中止を併せて公訴事実とした川崎協同病院事件における各審級の判断について紹介する。前者は，患者の「自己決定権」と「医

〈書評〉甲斐克則編『高齢社会と医事法（医事法講座第14巻）』〔武藤眞朗〕

師の治療義務」（の限界）を治療中止の適法化根拠とし，客観的状況と患者の意思に関する要件を挙げ，後者第1審は同様の適法化根拠を前提とするものの，控訴審はこの両根拠について批判的な立場を取り，最高裁は一般的根拠論に言及せずに事例判断に留めていると分析する。そこで，日本医師会生命倫理懇談会，厚生労働省，日本老年医学会等による各種ガイドラインは自己決定の充実化を志向していると評価する。そして，患者の意思推定困難場面に備えて，事前指示書，医療者側によるPOLST等の重要性を指摘し，普及を期待する。さらに，許容される治療中止の内容として人工的栄養・水分補給（AHN）を含めるべきかという論点について，種々のセーフガードを前提として肯定する可能性を説き，他方，認知症患者に対するAHN導入について本人・家族に選択肢を示すとする老年医学会のガイドラインを適切と評価する。

「9　高齢社会における医療供給体制」は，持続可能な医療制度維持という観点から，医療・介護・福祉の連携，医療制度，社会保障制度および高齢者医療の特殊性を検討する。社会保障改革プログラム法および「地域における医療及び介護の総合的な確保の促進に関する法律（WAC法）」を受けて医療供給体制について具体的に規定する医療法が，理念として機能分化を挙げ，他の医療機関への紹介，公開を前提とした医療機能の報告等，その具体化が逐次加えられたことを紹介する。また，社会保障制度としての高齢者医療という観点からは，老人保健法による対応から後期高齢者医療制度への変遷，高齢者の「社会的入院」の問題，介護保険制度の導入，地域包括ケアシステムについて概観したうえで，問題点を指摘する。これらをふまえて，高齢者医療の特殊性にふさわしい医療のあり方を提言する。また，後期高齢者診療報酬，主治医「登録制度」に関する問題点，「かかりつけ医」について説明したうえで，「かかりつけ医機能報告制度」は基本的に高齢者医療の課題に対応しうると評価する。

（5）比較法的考察

「10　イギリスにおける高齢者医療の法的問題の現状と課題」は，①イギリスにおける地域包括医療制度の構築に係る課題，②高齢患者の意思決定能力，③意思能力に欠けた高齢患者の最善の利益を適切に決定するための法的課題について解説する。①は，NHSが無償で提供する医療と自治体が費用を賄う（利用者が応分の負担を伴う）介護の区別を前提として，医療と福祉と協働する地域包括医療制度構築に際して紆余曲折があったことを，裁判例を参照しながら概観する。また，脆弱な成人に対しては，インフォームド・コンセントにおいて特別な配慮が求められるとする。②は，最善の利益による意思決定手続きを定めた意思能力法について，その趣旨，意思能力評価項目，裁判所の権限と保護裁判所の設置等を

解説する。さらに，それと関連して，意思能力が否定される者の安全を保護するための身体拘束的措置に関する法整備についても説明する。③については，意思能力を欠く者の最善の利益は客観的に決定されるべきであるが，最善の利益となる医療・ケアの質は，財政や人員確保の問題と関わることを指摘する。そして，生命維持治療継続が患者の最善の利益でない場合における中断を合法とした最高裁判所の判断を紹介して，問題を提起する。

「11 フランスにおける高齢者医療の法的問題の現状と課題」は，特別な高齢者医療制度が存在しないフランスにおける現状と課題を，①脆弱性を抱えた成年者に対する意思決定支援制度，②医療現場における高齢者の意思推定，③終末期に固有の問題に分類して，検討する。①は，民法で成年被保護者とされた（高齢）者に対して，裁判上の保護，保佐，後見（および親族授権）と段階的に意思決定支援が行われること，医療行為については公衆衛生法によって前記民法上の法的保護が行われること，被保護者自身の意思決定を支援することを原則として，例外的に，裁判所の関与を前提として，代理権を有する法的保護者による医療同意が認められていることを説明する。②は，意思決定支援や代理の他に，医療に関して本人の意思を推定する制度として，本人の意思をふまえて内容を証言する信任者制度と，終末期の医療についてあらかじめ「意思を表明する」ための事前指示書が公衆衛生法に規定されていることを紹介する。③は，事前指示書の拘束力が3年期限付から無期限に変更されたことで，事前指示書記載内容と本人の現状の乖離が生じる場合に事前指示書の適用を医師が排除できるとした公衆衛生法規定を合憲とした憲法院判決と，これに対する学説による複数の観点からの批判を挙げ，事前指示書の拘束力には複雑な論点が内包することを指摘する。

「12 アメリカにおける高齢者医療の法的問題の現状と課題」は，私的医療保険が主要となっているアメリカにおける高齢者医療の問題の中で，終末期医療と後見制度に焦点を当てて検討する。終末期医療は重篤な状態の継続と自律権の相克の中で，あり得べき医療を探す課題をもつが，延命治療の中止，死ぬ権利，医師による自殺幇助へと展開する判例の流れを紹介し，それらが各州の立法に影響したとする。各州の立法の中で，一部の州で合法化された医師による自殺幇助のほか，全州で立法化された「事前指示書」としてのリビング・ウィルまたは医療代理委任について，それぞれの内容を紹介し，問題点を挙げる。また，州の権限に属する後見制度に関し，モデル法形式によって各州で立法された統一身上後見保護取決法（UGCOPAA）のうち，成年身上後見および保護的取決について概観する。終末期医療および後見制度ともに，個人の尊厳と尊重を重要課題としていると総括する。

〈書評〉甲斐克則編『高齢社会と医事法（医事法講座第14巻）』〔武藤眞朗〕

「13 ドイツにおける高齢者医療の法的問題の現状と課題」は，高齢者医療について，日本との類似点を見出しながら，高齢者に対する要保護性への対応の中で，世話法による医療上の自己決定支援や補完のあり方に焦点を当てて検討する。世話法以前の成年後見制度が行為能力剥奪・制限の宣告と後見との組み合わせを中心としており，残存能力を考慮せず過剰に介入していたこと等の問題意識から世話制度が導入され，その後改正を経た経緯を説明する。それをふまえて，事前指示による任意後見と法定後見である世話人の統一的規律，世話制度の対象拡大，世話人の選任手続き等を説明する。その際，法的世話が被世話人の権利への介入であることから，世話人の選任・職務範囲が必要性原則・補充性原則に従って規制されていること，自己遂行支援優先や被世話人の希望優先原則等の行動規範が条文化されていることを紹介する。医療等の身上監護に関する世話が，被世話人の生命・身体の保護と被世話人の権利への過剰な介入の中でバランスを図った制度となっており，意思確認手段としての「事前指示書」が条文化されたこと等について詳述し，その問題点を指摘する。そして，患者の事前指示書と医療同意取得制度との整合性，医療分野における倫理的・社会的課題に対する事前指示書規律の意義を検討する。

## Ⅲ 若干の考察

本書で重要論点とされている点について総括し，若干の考察をする。各論稿が複数の論点を扱い，他方，複数の論稿が共通の論点を扱っていることから，冒頭で示した区分とは別の観点からの考察になる。

医療が同意原則をとり，自己決定権を尊重しているため，患者が同意能力を有し，真意に基づいて自己決定していることが原則とされるが，高齢になると自由に意思決定できるとは限らない。とりわけ，高齢者は認知症発生リスクが高まるとされているために，医療同意の問題はクローズアップされる。本書の第1のテーマは，高齢者の意思決定の支援および推定，代替という問題である。同意が医療行為の適法化要件であることは，判例・学説上前提とされていること，医療同意能力が行為能力とも責任能力とも異なり，医療の特殊性を考慮した実質的判断が必要であること，同意能力には量的概念が含まれ，不十分な部分については支援による補完が望ましいとするのが，各論稿の共通理解である。成年後見人は意思決定の支援に重要な役割を果たすべき点は争いがないものの，被後見人に同意能力が欠如する場合に，成年後見人に同意権を与えるべきかについては，各論稿の間でニュアンスの差が見える。もっとも，この場合でも，病院，施設関係者等の情報交換により本人の意思をできる限り反映させるべきであるとする点は，

共通である。現実には，医療に関する判断を家族に委ねることが多いとしても，本人と家族との意向が，また，家族間での意向・利害が一致しないことも稀ではなく，その調整は問題となろう。

第2の問題は，身体的，精神的自由が十分に維持されていない状況において，生命・身体の安全と，身体的自由およびその前提となる自己決定権の対立をどのように調整していくかという問題である。とりわけ高齢者は身体的に衰弱しており，少しの刺激によって負傷し，健康状態が悪化する危険を伴う。しかも，認知機能低下により，自らの身体活動を安全にコントロールすることが困難になりやすい。これを防止するための身体的拘束による安全措置が虐待と評価されれば，生命・身体の安全か自由かという二律背反に陥り，また，拘束に至らない緩やかな管理による安全を保護は人的・物的資源不足という現実の前に立たされる。限られた資源の中で対象者の自由を尊重しつつ安全確保すべき方策は，なお探求されるべきであろう。

第3の問題は，自己決定権が終末期においてどのように取り扱われるべきかという問題である。生命維持治療も身体的侵襲と危険を伴う以上，同意原則の対象となるが，他方，生命侵害は自己決定によっても原則的に許容されないため，通常の医療と比べても，生命保護と自己決定尊重の衡量を複雑化させる。延命治療中止時点で明示の意思表明ができない場合にも同意原則を貫くとすれば，その時点における意思を探求する必要が生じる。成年後見制度や信任者等に委ねる制度，事前指示書等の文書による意思表明等の対応が紹介，提案されるが，ガイドライン等に委ねるか，立法による明確化を図るか等も含めて，今後の活発な議論が期待される。

第4に，高齢者に対する医療および介護の供給体制について，そして，その財政的問題である。医療体制は全体として十分ではなく，とりわけ需要の多い高齢者医療は逼迫しており，財政上の問題も重要である。これに対応すべく，医療の機能分化が進められ，他方，医療と介護を連携した地域におけるケアが進められてきた。限られた資源の中で手厚い医療・介護を受け，住み慣れた地域で暮らすことは望ましいことであるが，医療の地域格差，単身家族を含めた家族構造の変化，希薄になった地域社会の結びつきをどのように立て直すかという社会学的課題も与えられる。また，高齢者は，長い人生経験と身体的衰弱は共通であるとしても，経済的・社会的には必ずしも一様でないことも考慮すべきであろう。

## Ⅳ　おわりに

本書で扱われた医療の課題は，高齢社会に凝縮したものであるが，医療一般に

〈書評〉甲斐克則編『高齢社会と医事法(医事法講座第14巻)』〔武藤眞朗〕

も課せられたものである。自己決定権尊重のための同意原則という理念と認知症や終末期における意識喪失等の現実,平等に手厚い医療を施すべきであるという理念と限りある人的・物的・財政的資源という現実等,理念と現実とのジレンマに直面していることを本書は再確認させる。現実が重要なファクターであることは当然であるが,理念が一方的に現実に引き寄せられないようにする努力は忘れるべきではない。本書は,諸外国の制度も参考にしつつ,問題点を提起し,解決へと導く役割を果たすものである。

〈責任編集〉

甲 斐 克 則（かい・かつのり）
早稲田大学元教授
広島大学名誉教授

◆ 医事法研究 第10号 ◆
2025（令和7）年4月25日 第1版第1刷発行 27030-01012

責任編集 甲 斐 克 則
発行者 今井 貴 稲葉文子
発行所 株式会社 信 山 社
〒113-0033 東京都文京区本郷6-2-9-102
Tel 03-3818-1019 Fax 03-3818-0344
info@shinzansha.co.jp
出版契約 No.2025-27030-01012 Printed in Japan

Ⓒ編著者, 2025 印刷・製本／藤原印刷
ISBN978-4-7972-7030-3：012-060-005-N20 C3332
P.240 分類328.700. a001

JCOPY 〈(社)出版者著作権管理機構 委託出版物〉
本書の無断複写は著作権法上での例外を除き禁じられています。複写される場合は、
そのつど事前に、(社)出版者著作権管理機構（電話 03-5244-5088, FAX03-5244-5089,
e-mail:info@jcopy.or.jp）の許諾を得てください。

# ◆ 医事法研究 ◆

甲斐克則 責任編集

◇第8号

◆特集◆生まれてくるこどものための医療(生殖・周産期)に関わる「生命倫理について
　　　審議・管理・運営する公的プラットホーム」創設の提言

◇はじめに〔木村　正〕

◆1　報告書の概説〔三上幹男〕

◆2　生まれくるこどものための医療(生殖・周産期)に関わる生命倫理について,継続して
　　　審議する必要性について—日本産科婦人科学会の立場〔鈴木　直〕

◆3　小児科医として,子どものアドボカシーの立場から〔岡　明〕

◆4　第三者を介する生殖補助医療—国ならびに学会のこれまでの対応〔吉村?典〕

◆5　英国の公的機関設置の経緯・運用から学ぶ制度設計〔甲斐克則〕

◆6　生殖補助医療の規制—公的プラットフォーム設置の必要性〔永水裕子〕

◆7　生殖技術に関する倫理的・法的・社会的課題(ELSI)の全体像〔神里彩子〕

◆おわりに:今後の展望〔加藤聖子〕

---

**甲斐克則 編集**
**医事法講座シリーズ**

| | |
|---|---|
| 1 | ポストゲノム社会と医事法 |
| 2 | インフォームド・コンセントと医事法 |
| 3 | 医療事故と医事法 |
| 4 | 終末期医療と医事法 |
| 5 | 生殖医療と医事法 |
| 6 | 臓器移植と医事法 |
| 7 | 小児医療と医事法 |
| 8 | 再生医療と医事法 |
| 9 | 医療情報と医事法 |
| 10 | 精神科医療と医事法 |
| 11 | 医療安全と医事法 |
| 12 | 医行為と医事法 |
| 13 | 臨床研究と医事法 |
| 14 | 高齢社会と医事法 |

---

〒113-0033　東京都文京区本郷6-2-9-102　東大正門前
TEL:03(3818)1019　FAX:03(3811)3580　E-mail:order@shinzansha.co.jp

 信山社
http://www.shinzansha.co.jp

# 研究雑誌一覧

信山社の研究雑誌は、確実にお手元に届く定期購読がおすすめです。
書店・生協・Amazonや楽天などオンライン書店でもお買い求めいただけます。

2025年2月現在

## 憲法研究
辻村みよ子 責任編集　既刊15冊　年2回(5月・11月)刊
変容する世界の憲法動向をふまえて、基礎原理論に切り込む憲法学研究の総合誌

## 行政法研究
宇賀克也 創刊（責任編集：1〜30号）
行政法研究会 編集（31号〜）　既刊58冊　年4〜6回刊
重要な対談や高質の論文を掲載、行政法理論の基層を探求し未来を拓く！

## 民法研究 第2集
大村敦志 責任編集　既刊11冊　年1回刊
国際学術交流から日本民法学の地平を拓く新たな試み

## 民法研究（1〜7号 終）
広中俊雄 責任編集　全7冊　終刊
理論的諸問題と日本民法典の資料集成で大枠を構成、民法理論の到達点を示す

## 消費者法研究
河上正二 責任編集　既刊15冊　年1〜2回刊
消費者法学の現在を的確に捉え、時代の変容もふまえた確かな情報を提供

## 環境法研究
大塚 直 責任編集　既刊20冊　年2〜3回刊
理論・実践両面からの環境法学の再構築をめざす、環境法学の最前線がここに

## 医事法研究
甲斐克則 責任編集　既刊9冊　年1回刊
「医療と司法の架橋」による医事法学のさらなる深化と発展をめざす

## 国際法研究
岩沢雄司・中谷和弘 責任編集　既刊14冊　年1回刊
国際法学の基底にある蓄積とその最先端を、広範かつ精緻に検討

## EU法研究
中西優美子 責任編集　既刊16冊　年1〜2回刊
進化・発展を遂げるEUと〈法〉の関係を、幅広い視野から探究するEU法専門雑誌

## 法と哲学
井上達夫 責任編集　既刊10冊
法と哲学のシナジーによる〈面白き学知〉の創発を目指して

## 社会保障法研究
岩村正彦・菊池馨実 編集　既刊21冊　年1〜2回刊
法制度の歴史や外国法研究も含め政策・立法の基礎となる論巧を収載

## 法と社会研究
太田勝造・佐藤岩夫・飯田 高 責任編集　既刊9冊　年1回刊
法と社会の構造変容を捉える法社会学の挑戦！法社会学の理論と実践を総合的考察

## 法の思想と歴史
大中有信・守矢健一 責任編集　既刊4冊　年1〜2回刊
【石部雅亮 創刊】法曹の原点に立ち返り、比較史的考察と現状分析から、法学の「法的思考」に迫る

## 法と文化の制度史
山内 進・岩谷十郎 責任編集　既刊6冊　年2回予定
国家を含む、文化という広い領域との関係に迫る切り口を担保する

## 人権判例報
小畑 郁・江島晶子 責任編集　既刊9冊　年2回刊
人権論の妥当普遍性の中身を問う。これでいいのか人権論の現状

## ジェンダー法研究
浅倉むつ子・二宮周平・三成美保 責任編集　既刊11冊　年1回刊
既存の法律学との対立軸から、オルタナティブな法理を構築する

## 法と経営研究
上村達男・金城亜紀 責任編集　既刊7冊　年2回刊
「法」と「経営」の複合的視点から、学知の創生を目指す

## メディア法研究
鈴木秀美 責任編集　既刊2冊　年1回刊
メディア・放送・表現の自由・ジャーナリズムなどに関する法学からの総合的検討

## 農林水産法研究
奥原正明 責任編集　既刊4冊　年2回刊
食料安全保障を考える。国際競争力のある成長産業にするための積極的考察・提案

詳細な目次や他シリーズの書籍は、信山社のホームページをご覧ください。

https://www.shinzansha.co.jp
またはこちらから →

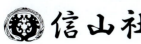

〒113-0033　東京都文京区本郷6-2-9
TEL：03-3818-1019　FAX：03-3811-3580
03-3818-0344（代表）

# 憲法研究 第15号

辻村みよ子 責任編集

菊変・並製・180頁　定価：3,960円（本体3,600円+税）

**特集 日本の人権状況への国際的評価と憲法学**〔企画趣旨：毛利　透〕

国際組織・国際 NGO の人権保障のための諸活動と憲法学〔手塚崇聡〕
日本における国内人権機関の可能性〔初川　彬〕
国家主体の国籍から個人主体の国籍へ〔髙佐智美〕
外国人の退去強制手続に際しての身柄収容に対する国際人権基準からの評価と憲法〔大野友也〕
ジェンダー不平等に関する国際指標のレレバンスについて〔西山千絵〕
日本の人権状況への「国際的評価」を評価する〔齊藤笑美子〕
憲法上の権利としての親権と国際人権〔中岡　淳〕
報道の自由〔君塚正臣〕
人権条約における憎悪扇動表現規制義務と日本の対応〔村上　玲〕
民族教育の自由と教育を受ける権利〔安原陽平〕
【投稿論文】議会における規律的手段の日英議会法比較〔柴田竜太郎〕
【書評】赤坂幸一『統治機構論の基層』〔植松健一〕／森口千弘『内心の自由』〔堀口悟郎〕

# 行政法研究 第58号

宇賀克也 創刊（責任編集：1〜30号）
行政法研究会 編集（31号〜）

菊変・並製・256頁　定価：4,620円（本体4,200円+税）

【巻頭言】スマホ競争促進法による規制〔宇賀克也〕
1　同性婚訴訟の現状〔渡辺康行〕
2　個人情報保護法と統計法の保護に関する規定の比較〔横山　均〕
3　違法性の承継に関する一事例分析・再論〔興津征雄〕
4　〈連載〉事実認定と行政裁量（1）〔船渡康平〕
5　ドイツ電気通信法制小史〔福島卓哉〕

東アジア行政法学会第15回学術総会
1　日本におけるデジタル改革と行政法の役割〔寺田麻佑〕
2　デジタル技術と行政法〔稲葉一将〕

# 民法研究 第2集 第11号〔フランス編2〕

大村敦志 責任編集

菊変・並製・184頁　定価3,960円（本体3,600円+税）

**第1部　ボワソナードと比較法，そして日本法の将来**
はじめに〔山元　一〕
ボワソナードの立法学〔池田眞朗〕
「フランス民法のルネサンス」その前後〔大村敦志〕
ボワソナードの比較法学の方法に関する若干の考察〔ベアトリス・ジャリュゾ（辻村亮彦 訳）〕
「人の法」を作らなかった二人の比較法学者〔松本英実〕
失われた時を求めて〔イザベル・ジロドゥ〕

**第2部　講　演**
【講演1】フランス契約法・後見法の現在
　トマ・ジュニコン（岩川隆嗣 訳）、シャルロット・ゴルディ＝ジュニコン（佐藤康紀 訳）
【講演2】連続講演会「財の法の現在地」
　横山美夏、レミィ・リブシャベール（村田健介 訳、荻野奈緒 訳）

## 民法研究レクチャー 高校生との対話による次世代のための法学レクチャー

**憲法・民法関係論と公序良俗論** 山本敬三 著
四六変・並製・144頁 定価1,650円(本体1,500円+税)

**所有権について考える** 道垣内弘人 著
四六変・並製・112頁 定価1,540円(本体1,400円+税)

**グローバリゼーションの中の消費者法** 松本恒雄 著
四六変・並製・124頁 定価1,540円(本体1,400円+税)

**法の世界における人と物の区別** 能見善久 著
四六変・並製・152頁 定価1,650円(本体1,500円+税)

**不法行為法における法と社会** 瀬川信久 著
四六変・並製・104頁 定価968円(本体880円+税)

# 民法研究　広中俊雄 責任編集

## 第7号
菊変・並製・160頁 定価3,850円(本体3,500円+税)

近代民法の原初的構想〔水林　彪〕
《本誌『民法研究』の終刊にあたって》二人の先生の思い出〔広中俊雄〕

## 第6号
菊変・並製・256頁 定価5,720円(本体5,200円+税)

民法上の法形成と民主主義的国家形態〔中村哲也〕
「責任」を負担する「自由」〔蟻川恒正〕

## 第5号
菊変・並製・152頁 定価3,850円(本体3,500円+税)

近代民法の本源的性格〔水林　彪〕
基本権の保護と不法行為法の役割〔山本敬三〕
『日本民法典資料集成』第1巻の刊行について（紹介）〔瀬川信久〕

# 消費者法研究　河上正二 責任編集

## 第15号
菊変・並製・156頁 定価3,300円(本体3,000円+税)

【巻頭言】食品規制について〔河上正二〕

### 特集 消費者法の現代化をめぐる比較法的検討
1　消費者法の比較法的検討の意義〔中田邦博〕
2　EU消費者法・イギリス消費者法の展開と現状〔カライスコス アントニオス〕
3　ドイツにおける消費者法の現代化〔寺川　永〕
4　フランス消費法典の「現代化」〔大澤　彩〕
5　アメリカ消費者法と現代化の諸相〔川和功子〕
6　比較法から見た日本の消費者法制の現代化に向けた課題と展望〔鹿野菜穂子〕

【翻訳1】EU私法とEU司法裁判所における不公正契約条項
〔ユルゲン・バーゼドー／(監訳)中田邦博，(訳)古谷貴之〕
【翻訳2】ディーゼルゲート
〔バルター・ドラルト，クリスティーナ・ディーゼンライター／(監訳)中田邦博，(訳)古谷貴之〕

# 環境法研究 第20号　大塚　直 責任編集

菊変・並製・164頁　定価：本体4,180円（3,800円+税）

**特集1　循環に関する国の政策・立法**
1　資源循環の促進のための再資源化事業等の高度化に関する法律〔角倉一郎〕

**特集2　太陽光発電パネルの資源循環**
　　特集に当たって〔大塚　直〕
1　英国における太陽光発電パネル資源循環〔柳憲一郎・朝賀広伸〕
2　アメリカの使用済み太陽光発電パネルに関する法政策〔下村英嗣〕
3　オーストラリアの使用済み太陽光発電パネルに関する法制度〔野村摂雄〕
4　中国における太陽光パネルリサイクルの法的枠組み〔山田浩成〕
【論説】生物多様性ネットゲインの政策的意義〔二見絵里子〕

---

## 環境法研究 別冊
### 気候変動を巡る法政策　大塚　直 編

A5変・並製・448頁　定価7,480円（本体6,800円+税）

大転換する気候変動対策の緊急的課題と、世界と日本の法状況を掘り下げ、最新テーマを展開・追究する充実の「環境法研究別冊」第2弾。

### 持続可能性環境法学への誘い〔浅野直人先生喜寿記念〕
### 柳　憲一郎・大塚　直 編

菊変・並製・184頁　定価4,180円（本体3,800円+税）

持続可能性環境法学を問う『環境法研究別冊』。浅野直人先生の喜寿を記念して、環境法研究の第一人者6人による注目の論文集。

---

# 医事法研究 第9号　甲斐克則 責任編集

菊変・並製・224頁　定価4,290円（本体3,900円+税）

**第1部　論　説**
　　医事法的観点からみた着床前遺伝学的検査〔江澤佐知子〕
**第2部　国内外の動向**
1「共生社会の実現を推進するための認知症基本法」について〔加藤摩耶〕
2　第53回日本医事法学会研究大会〔天田　悠〕
3　旧優生保護法調査報告書についての検討と残された課題〔神谷惠子〕
4　統合的医事法学を志したアルビン・エーザー博士のご逝去を悼む〔甲斐克則〕
【医事法ポイント判例研究】
　　日山恵美・辻本淳史・上原大祐・増田聖子・大澤一記・清藤仁啓・勝又純俊・小池　泰・平野哲郎
【書評】1　甲斐克則編『臨床研究と医事法（医事法講座第13巻）』（信山社，2023年）〔瀬戸山晃一〕
　　　　2　川端　博『死因究明の制度設計』（成文堂，2023年）〔武市尚子〕

# 国際法研究 第14号

岩沢雄司・中谷和弘 責任編集

菊変・並製・228頁　定価4,620円（本体4,200円+税）

- WTO貿易と環境委員会の教訓〔早川　修〕
- EUにおける自由貿易と非貿易的価値との均衡点の模索〔中村仁威〕
- 越境サイバー対処措置の国際法上の位置づけ〔西村　弓〕
- 条約の締結と国会承認〔大西進一〕
- 気候変動訴訟における将来世代の権利論〔鳥谷部壌〕
- エネルギー憲章条約とEU内投資仲裁〔湊健太郎〕
- 「代理占領」における非国家主体としての武装集団とその支援国家との関係が派生する種々の法的帰結に関する考察（下）〔新井　穰〕
- 千九百九十四年の関税及び貿易に関する一般協定第21条の不確定性（下）〔塩尻康太郎〕
- 【書評】中村仁威著『宇宙法の形成』（信山社，2023年）〔福嶋雅彦〕
- 【判例1】カンボジア特別法廷におけるJCE法理〔後藤啓介〕
- 【判例2】潜在的受益適格者数，賠償金額の算出，共同賠償責任，強姦および性的暴力の結果生まれた子どもの直接被害者認定〔長澤　宏〕

# EU法研究 第16号

中西優美子 責任編集

菊変・並製・148頁　定価3,960円（本体3,600円+税）

- 【巻頭言】欧州委員会委員の承認における欧州議会の権限〔中西優美子〕
- 欧州議会の権限強化と欧州委員会の政治化〔中西優美子〕
- ヨーロッパ人権裁判所と性的マイノリティの権利〔エドアルド・ストッピオーニ（渡辺　豊 訳）〕
- 【最新動向】国際海洋法裁判所「気候変動事件」勧告的意見裁判におけるEUの主張〔佐古田　彰〕
- EU運営条約102条ガイダンスの改訂〔杉崎　弘〕
- 【第5回ヨーロッパ法判例研究】予防原則の適用と「便益と費用の検討」〔増沢陽子〕
- 【第6回ヨーロッパ法判例研究】プロバイダの役割と責任〔加納昌彦〕
- 【書評】山根裕子著『歴史のなかのEU法』〔多田英明〕

# 法と哲学 第10号

井上達夫 責任編集

菊変・並製・396頁　定価4,950円（本体4,500円+税）

【巻頭言】この世界の荒海で〔井上達夫〕

## 特集I　戦争と正義

松元雅和・有賀　誠・森　肇志・郭　舜・内藤葉子

## 特集II　創刊10周年を記念して

- 【特別寄稿】カントの法論による道徳と政治の媒介構想についての一考察〔田中成明〕
- 『法と哲学』創刊10周年記念座談会〕『法と哲学』の「得られた10年」，そして目指す未来
  〈ゲスト〉加藤新太郎／松原芳博／宇野重規／中山竜一／橋本祐子
  〈編集委員〉井上達夫／若松良樹／山田八千子［司会］／瀧川裕英／児玉聡／松元雅和
- 【書評と応答】浅野有紀・玉手慎太郎・西　平等・若松良樹・井上達夫

〔法と哲学新書〕

**法律婚って変じゃない？** 新書・並製・324頁　定価1,628円(本体1,480円+税)
山田八千子 著
安念潤司・大島梨沙・若松良樹・田村哲樹・池田弘乃・堀江有里 著

**ウクライナ戦争と向き合う** 新書・並製・280頁　定価1,320円(本体1,200円+税)
井上達夫 著

**くじ引きしませんか？** 新書・並製・256頁　定価1,078円(本体980円+税)
瀧川裕英 編著
岡﨑晴輝・古田徹也・坂井豊貴・飯田　高 著

**タバコ吸ってもいいですか** 新書・並製・264頁　定価1,078円(本体980円+税)
児玉　聡 編著
奥田太郎・後藤　励・亀本　洋・井上達夫 著

# 社会保障法研究
## 第21号
岩村正彦・菊池馨実 編集
菊変・並製・180頁　定価3,850円(本体3,500円+税)

特集 **困難を抱える若者の支援**

第1部 座談会〔困難を抱える若者の現況と支援のあり方〕
　菊池馨実・朝比奈ミカ・遠藤智子・前川礼彦・常森裕介・嵩さやか

第2部 研究論文
　困難を抱える若者の社会保障〔常森裕介〕
　こども・若者の自立と生活保護制度〔倉田賀世〕
　若年障害者の自立・社会参加に向けた法政策上の課題〔永野仁美〕
【立法過程研究】次元の異なる少子化対策と安定財源確保のためのこども・子育て支援の見直しについて〔東　善博・渡邊由美子〕

岩村正彦・菊池馨実 監修
## 社会保障法研究双書

社会保障法を法体系の中に位置づける理論的営為。政策・立法の検討・分析のベースとなる基礎的考察を行なう、社会保障法学の土台となる研究双書。

## 社会保障法の法源
山下慎一・植木　淳・笠木映里・嵩さやか・加藤智章 著
　菊変・並製・210頁　定価2,200円(本体2,000円+税)
研究雑誌「社会保障法研究」から、〈法源〉の特集テーマを1冊に。横断的な視座から社会保障法学の変容と展開と考察。

# 法と社会研究　太田勝造・佐藤岩夫・飯田 高 責任編集

## 第9号
菊変・並製・168頁　定価4,180円（本体3,800円＋税）

【巻頭論文】法社会学とはどのような学問か〔馬場健一〕
【特別論文】法社会学における混合研究法アプローチの可能性〔山口　絢〕
　　　　　『日本の良心の囚人』の執筆について〔ローレンス・レペタ〕
　　　　　「社会問題」を発信する法学者〔郭　薇〕

**小特集　弁護士への信頼と選択**
　　村山眞維、太田勝造、ダニエル・H・フット、杉野　勇、飯　考行、石田京子、森　大輔、椛嶋裕之

# 法の思想と歴史　大中有信・守矢健一 責任編集
〔創刊　石部雅亮〕

## 第4号
菊変・並製・164頁　定価4,180円（本体3,960円＋税）

序　言〔大中有信・守矢健一〕
1　ハイデルベルクの佐々木惣一「洋行日記」の紹介と翻刻
　〔小野博司＝大泉陽輔＝小石川裕介＝兒玉圭司＝辻村亮彦〕
2　(翻訳)ピオ・カローニ『スイス民法導入章』(1)〔小沢奈々〕
3　(翻訳)ベルント・リュッタース「1933年から1945年までのドイツ法の発展における国民社会主義イデオロギー」〔森田　匠〕
4　穂積陳重と比較法学〔石部雅亮〕

# 法と文化の制度史　山内　進・岩谷十郎 責任編集

## 第6号
菊変・並製・224頁　定価4,180円（本体3,800円＋税）

**特集　伝統法と近代法の混交と融合**
1　地域コミュニティの連続性と不連続性〔松尾　弘〕
2　モンゴル1924年憲法の構造と特質に関する比較法的考察〔中村真咲〕
3　公園制度の継受と所有者的意識の連続と不連続〔深沢　瞳〕
【論説】明治の吟味願〔髙田久実〕
【書評】『明治中期の民法教育・民法学習』〔岩谷十郎〕／『火薬の母　硝石の大英帝国史』〔大中　真〕
【査読論文】佐々木惣一と穂積八束〔大和友紀弘〕

# 人権判例報　小畑　郁・江島晶子 責任編集

## 第9号
菊変・並製・148頁　定価3,520円（本体3,200円＋税）

【論説】性的マイノリティに関するヨーロッパ人権裁判所の判例〔齊藤笑美子〕
【判例解説】ゴーラン判決〔山本龍彦〕／グルゼダ判決〔須網隆夫〕／NIT対モルドバ判決〔杉原周治〕／ヴィラビアン勧告の意見〔前田直子〕／カバラ判決（不履行確認訴訟）〔竹内　徹〕／ダルボーおよびカマラ判決〔川村真理〕／ドゥレロン判決〔北村理依子〕／H. F. 対フランス判決〔秋山　肇〕／デ・レジェ判決〔中島洋樹〕／モルティエ判決〔小林真紀〕／ブトン判決〔橋爪英輔〕／ムハンマド判決およびバス判決〔奈須祐治〕／クピンスキー判決〔里見佳香〕

# ジェンダー法研究　浅倉むつ子・二宮周平・三成美保 責任編集

## 第11号　菊変・並製・232頁　定価4,400円（本体4,000円+税）

**特集1　日本のジェンダーギャップ指数はなぜ低いのか？**
　三成美保、大山礼子、川口　章、野田滉登、小玉亮子、白井千晶

**特集2　トランスジェンダーの尊厳**
　二宮周平、大山知康、臼井崇来人、永野　靖、石橋達成、立石結夏、渡邉泰彦

〈小特集〉性売買をめぐる法政策　大谷恭子、浅倉むつ子
【立法・司法・行政の新動向】黒岩容子

# 法と経営研究　上村達男・金城亜紀 責任編集

## 第7号　菊変・並製・226頁　定価4,950円（本体4,500円+税）

【対談】『制定法』は多彩なlawの表現〔三瓶裕喜・上村達男〕
1　四十歳　パイオニアの軌跡　米国弁護士 本間道治〔平田知広〕
2　新しい株式会社(観)を考える〔末村　篤〕
3　会社解散命令と取締役の資格剥奪制度について〔西川義晃〕
4　日本における取締役会構成の現状と多様性確保のためのルールメイキング〔菱田昌義〕
5　連結会計制度と総合商社の事業投資〔畑　憲司〕
【連載】久世暁彦・佐藤秀昭　【講演記録】上村達男
【大人の古典塾】近藤隆則　【コラム】尾関　歩・田島安希彦・内藤由梨香

# メディア法研究　鈴木秀美 責任編集

## 第2号　菊変・並製・192頁　定価3,960円（本体3,600円+税）

**特集　ヘイトスピーチ規制の現在**
1　カナダのヘイトスピーチ規制の現在〔松井茂記〕
2　ドイツにおけるヘイトスピーチ規制の現在〔鈴木秀美〕
3　Mode of Expression規制の可能性〔駒村圭吾〕
4　差別的表現規制の広がりと課題〔山田健太〕
5　人種等の集団に対する暴力行為を扇動する表現の規制についての一考察〔小谷順子〕
6　「プラットフォーム法」から見たヘイトスピーチ対策〔水谷瑛嗣郎〕
7　北アイルランドにおける同性婚に関する表現の自由及び信教の自由の保護〔村上　玲〕
【海外動向】メルケル首相によるAfD批判と「戦う民主主義」〔石塚壮太郎〕

# 農林水産法研究　奥原正明 責任編集

## 第4号　菊変・並製・168頁　定価3,300円（本体3,000円+税）

Ⅰ　政策提案
　農地の集積・集約化に関する政策提案〔奥原正明〕／「未来の農業を考える勉強会」の提言について〔平木　省〕／三重県の新たな農地利用の取り組み〔浅井雄一郎、村上　亘〕

Ⅱ　2024年に制定された農林水産法について
　基本政策〔大泉一貫〕〔佐藤庸介〕／有事対応〔小嶋大造〕／農地関連法〔奥原正明〕／スマート農業〔井上龍子〕／水産業〔辻　信一〕